顾森　苏士澍　著

溯古鉴今

顾森　苏士澍汉画题跋

文物出版社

图书在版编目（CIP）数据

汲古铸今：顾森　苏士澍汉画题跋 / 顾森, 苏士澍著. -- 北京：文物出版社, 2020.12

ISBN 978-7-5010-6917-0

Ⅰ. ①汲… Ⅱ. ①顾… ②苏… Ⅲ. ①画像石—研究—中国—汉代②题跋—作品集—中国—当代 Ⅳ. ①K879.424②I267

中国版本图书馆CIP数据核字（2020）第252685号

汲古铸今——顾森　苏士澍汉画题跋

著　　者：顾　森　苏士澍

责任编辑：张　玮
封面设计：程星涛
责任印制：苏　林

出版发行：文物出版社
社　　址：北京市东直门内北小街2号楼
邮　　编：100007
网　　址：http://www.wenwu.com
邮　　箱：web@wenwu.com
经　　销：新华书店
印　　刷：北京荣宝艺品印刷有限公司
开　　本：889mm × 1194mm　1/16
印　　张：19.75
版　　次：2020年12月第1版
印　　次：2020年12月第1次印刷
书　　号：ISBN 978-7-5010-6917-0
定　　价：360.00元（全二卷）

话说汉画题跋（代序）

两汉文化有两个与众不同的地方：一是中国本土文化的复苏。这种复苏是经历了秦始皇焚书毁掉了民间的先秦文化，又经历了项羽火烧秦咸阳宫毁掉了皇家收藏的先秦文化后，汉代人集残拾遗，重建了一个先秦文化体系。二是纯洁性。两汉文化是佛教未全面影响中国前的文化，可视为中华固有文化。因此，两汉文化是比较纯净的中国本土文化、根文化；是中国本土文化的集大成者。即是说，两汉文化中所记载的，不仅是汉代的，还有大量的先秦和远古的文化。这些神话、传说、信仰、风俗等等，都带有中国原初的特色。强大的汉文化在今天国际文化交流、建立文化自信等方面，都会起到一种正本清源的作用。

了解汉文化，有大量的历史文献、典籍可供阅读和学习。但直捷和可靠的方式，就是看汉画。

汉画是中国两汉时期的艺术，其所含盖的内容主要是两部分：一、画绘（壁绘、帛绘、漆绘、各种器绘等）；二、画像石、画像砖、画像镜、瓦当等浮雕及其拓片。两汉四百多年，留下了数量极丰的文物。今天存世的（不包括待发现、待发掘的）汉画数量有几百万件，其中画像石有上万块，画像砖有几百万块，壁画墓有几十座，画像镜、瓦当也有万件以上……。丰富的遗存给今天留下了数量巨大的图像材料，这一宝库是一切研究的坚实基础。汉画内容庞杂，记录丰富，其中那些神话传说、历史故事、生产活动、仕宦家居、社风民俗等，形象繁多而生动，被今天许多学者视为一部形象的先秦文化和汉代社会的百科全书。正因为如此，汉画不仅吸引了文物考古界、艺术界，也吸引了包括历史、哲学、宗教、民俗、民族、天文、冶金、建筑、酿造、纺织等学科和专业的注意。自然也是我们认知汉文化的绝佳读本。

题跋是汉画的一种研究方式，也是一种释读方式。

中国的题跋之风本起于汉画。唐张彦远《历代名画记·卷四·后汉》记汉灵帝诏蔡邕画赤泉侯五代将相图，兼命为赞及书。蔡邕的书法、画艺、文才皆善，故所作赤泉侯五代将相图、书及赞，被时人称为『三美』。其中『赞』是一种有韵的文体。蔡邕题『赞』于画上，即开中国诗书画一体的先河，也开了题跋的先河。蔡邕作品今日已不可见，但山东嘉祥武氏祠画像中，多处图像有『赞』文题记，证实了蔡邕三美的真实性。此外，四川中江塔梁子汉代崖墓壁画，墓主人后方大片的墨书题记，除注明画中人物，还用不少文字述说了一个家族的迁徙发展史。这些题记，都是对图绘内容的说明、补充和发挥。

卷轴画的出现，题跋形式和内容更丰富多彩，但基本未越出汉代的规矩。正因为题跋是围绕图绘本身，许多题跋起到了补史之缺佚的作用。例如《千里江山图》作者王希孟，正史和画史均未载其人，全仗画後北宋蔡京及明代浦光的题跋，方知王希孟大概情况。

今天的汉画题跋主要是指在汉代石、砖、镜、当诸物图像拓本上的文字题写。由于宋代兴起的金石学着力在文字，图像偶有提及。而对汉画图像的研究，真正的起始应是清乾隆时的黄易。因此今日所谓之汉画题跋，其历史远远晚于书画题跋和碑帖题跋。题跋汉画者，今天所见最早也多是乾隆后的清人所为。民国以来，由于诸多文化人和艺术家对汉画像产生了兴趣，关注多的同时，也间有题跋。汉画题跋大量出现是在改革开放之后。与过去拓片主要存于文博部门的状况有所不同，社会上汉画拓片也有大量流动。于是就带动了汉画的题跋之风。兴之所至，笔墨随之。各种文化层次的人都在汉画上留下了痕迹。这其中，有的是极有价值的文化珍品；自然也有相当部分偏离了题跋的初衷，成为任性的发泄。

有价值的汉画题跋，应如蔡邕的『三美』。做不到三美，题跋至少不能是丑书、拙文，更不能是任意涂鸦。汉画拓片本身具有文物价值，一张好的汉画拓片就是一件艺术品，值得我们尊重和珍惜。题跋应本着不偏离画像内容之原则，对其说明、补充，进而发挥之。此事不能强求于人，志同道合者勉力而为可矣。

二〇二〇年十二月二日于京

序言

启功先生在《中国画像石全集》前言中写道：『中华民族的文化，从时间久远来讲，已有五千多年历史，中国是个多民族的国家，各族之间自古即随时随处互相习染，互相融合，才有现在所见的惊人灿烂的文化及其成果。没有割断中华文化传统，所以说中华文化是五千多年绵延未断的文化，可称当之无愧的。』而强悍的汉代绘画艺术，亦是中华文化一枝盛开的奇葩。以其丰富的思想内容展示了奋发向上、满怀豪情及富于浪漫主义色彩的时代精神和大汉王朝所特有的简朴雄浑、奔放有力的艺术气质，独领风骚数百年。至今人们纷纷为之赞叹感佩，散发出独特的魅力。汉承周秦，伟大的汉画艺术乃是中华民族的本根文化之一，这是秦汉绘画所达到的高度与具有永恒之所在。在世界文明史上，为一颗璀璨的明珠，永放光芒。

在中西文化交流碰撞的今天，坚守文化自信至关重要。习近平总书记说，『文化是一个国家、一个民族的灵魂。文化兴国运兴，文化强民族强。没有高度的文化自信，没有文化的繁荣兴盛，就没有中华民族伟大复兴』。一个民族的文化是一个民族文明程度和时代精神的反映。汉画当中，镌有多幅『孔子问礼老子』、『周公辅成王』等古代圣贤故事，作为镜鉴，警戒激励后人。当孔子竭力宣扬推行其道德理想，困厄受人诘难之时，他的弟子子路曾豪迈地言道：『不仕无义』。积极有为，敢为天下先。当今我们更应该奏出时代的最强音，『天下兴亡，匹夫有责』。元圣周公恭谦勤政，辅助成王之高行，『敬德保民』之为政理念，受到推崇，树为榜样。周公鞠躬尽瘁，披肝沥胆，一沐三握发，一饭三吐哺，死而后已，忧国忧民之精神，更值得我们去学习与倡扬。我们要『自强不息』，『厚德载物』，汲古铸今，天下为公，再创辉煌，实现世界大同。我们有责任用我们手中的笔墨书写、讴歌、弘扬中华优秀传统文化的壮丽诗篇。故有此汉画题跋展，与大家共赏共勉，希冀求教于大家。

金石学滥觞于魏晋隋唐之际，到了两宋逐渐兴盛，清代受乾嘉学派影响，金石学进入鼎盛；清末民初，金石学研究范围又包括新发现之甲骨简牍，并扩及明器等各种杂项。近代考古学先驱马衡先生在北京大学历史系讲授中国金石学课程，著《中国金石学概要》讲义，堪称是全面的学科导论性文献，被誉为近代金石学研究的开山之作。郭沫若先生评价他：『马衡先生是中国近代考古学的前驱。他继承了清代乾嘉学派的传统，而又锐意采用科学的方法，使中国金石博古之学趋于近代化。』我们在沿用以证经补史为研究目的外，还应推向思想性、艺术性等方面研究，扩大研究方向，在院校开办中国金石学学科，通过系统深入的学习，沾溉经典，生敬畏之心，重树民族自信，开启心智，增加才智，贡献社会，服务国家。以达文化强国，走向世界，永远屹立东方。即学好中国文化，做好中国人。

通过这次汉画题跋，再次深深地感觉到，应该更加增强文物保护和追索力度。有些精美的文物过去或被盗卖域外，或人为破坏，或经自然风化等等，令人痛惜。清代金石学家黄易挖掘保护嘉祥武氏石祠，原处购地建室时云：『有堂蔽覆，椎拓易施，翠墨流传益多。从此人知爱护，可以寿世无穷，岂止二三同志饱嗜好于一时也哉。』，古人有此情怀，何况吾辈乎！金石拓片是记录中华民族文化之重要载体之一，作为中华民族独特技艺，对文化传承有不可代替作用。拓制技术申遗，有关方面应早日启动。加强古籍文物的保护，重新制定相应标准，积极开发文创产品，广泛传播，以达兴盛，普惠育化民众百姓。

钩沉索隐，借古思今，吾辈应树理想，立壮志，担大任，拼搏奋斗，振我中华！正如中国近现代史学先驱柳诒徵先生在其著作《中国文化史》中振臂而呼的那样：『固积若干圣哲贤智，创垂赓续，以乞今兹。吾人继往开来，所宜择精语详，以诏来学，以贡世界。』诗以赞曰：

汉画遗珍历代传，以刀代笔百科全。
千般形像万般态，摹拓长存锦绣篇。

是为序。

羅士澍

目录

汲古铸今

顾森卷

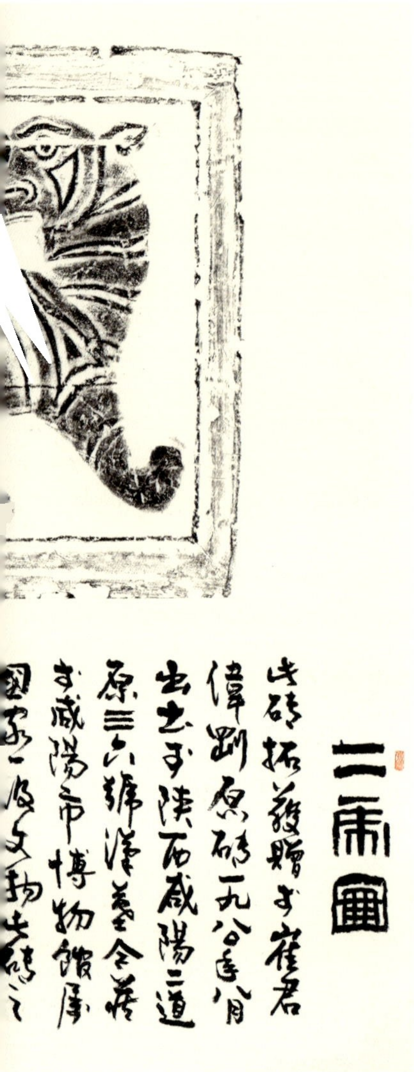

二虎图

尺寸：130cm × 77cm

释文：

此砖拓获赠于崔君伟刚。原砖一九八〇年八月出土于陕西咸阳二道原三六号汉墓，今藏于咸阳市博物馆。属国家一级文物。此砖之画像，曾收录于《中国画像砖全集·第三卷》，即其书之四四图。陕西出土之秦汉画像砖与它区最大不同之处，即因多出自帝王宫室或陵墓而规格高。中国古代，图样往往由宫中流出遂风行天下。故陕西秦宫室、秦始皇陵、汉景帝阳陵、汉武帝茂陵所出之精美而体量大之画像砖，对我们今天开展诸如汉画像砖流布之研究，汉画像砖风格传承之研究，均极为重要。此砖虽不能断定与帝王陵有关，然其风格明显直接承袭于帝王陵。如砖棱之相背而行之二走虎，几可看作汉武茂陵走虎之翻版。此拓为砖面二虎也，颇有开张雄强之气。

十一行首之『与』字后漏『它』字，十七行末『文』字当为『景』字。

顾森戊戌重阳日识于京

即是書之四圖陝西出土之之秦漢畫像磚興區最大不同之處即因多出土帝王宮室或陵墓之觀材多中國古代畫像磚由宮中流出遙風行了此故陝西秦宮室秦始皇陵漢文帝陽陵漢武帝義陵一所出土之精美可體量大之畫像磚對我們之天下展語如漢畫像磚流布之術家磚有風科傳承之術究均多重要此承禮之能斷定興之帝之陵如往樣之和省之有矣然至早揚步驟直接承龍書帝之陵二素晨徒手之首此作武義陵建築物館歲之和敏岩名多龍西之席也脚矣之開張揚張之氣

戊寅陽日
曾翔

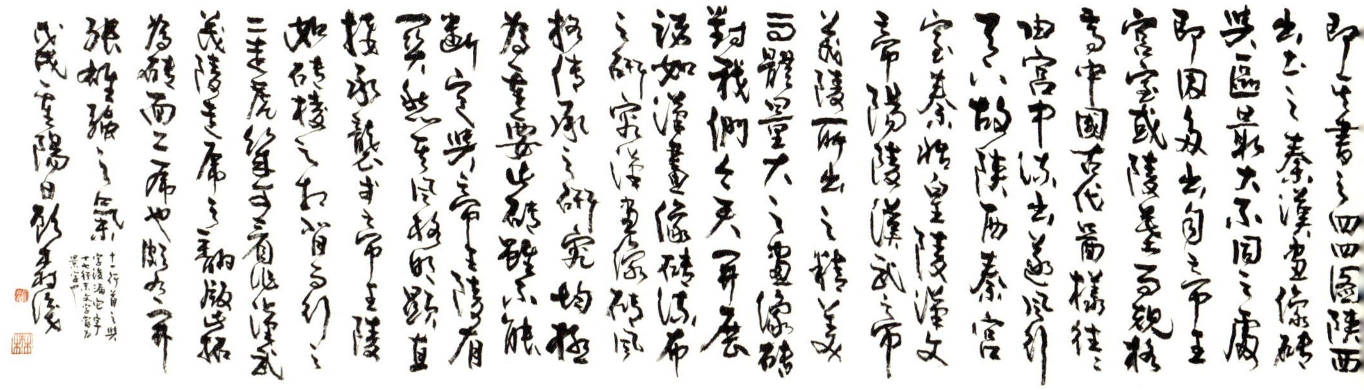

二虎图局部

二虎圖

二虎图题跋

此砖拓发赠予崔君
伟断原砖一九八六年八月
出土于陕西咸阳二道
原三六号汉墓 垄 今藏
于咸阳市博物馆 属
国家二级文物 出砖之
画像曾相赠予中国
画像砖全集第三卷
即今之书之四图陕西
出土之秦汉画像砖
此区最大不图之虚

由宫中流出之画风引
之、胡陕西秦宫
宝与秦始皇陵汉文
帝阳陵汉武帝
茂陵所出之精美

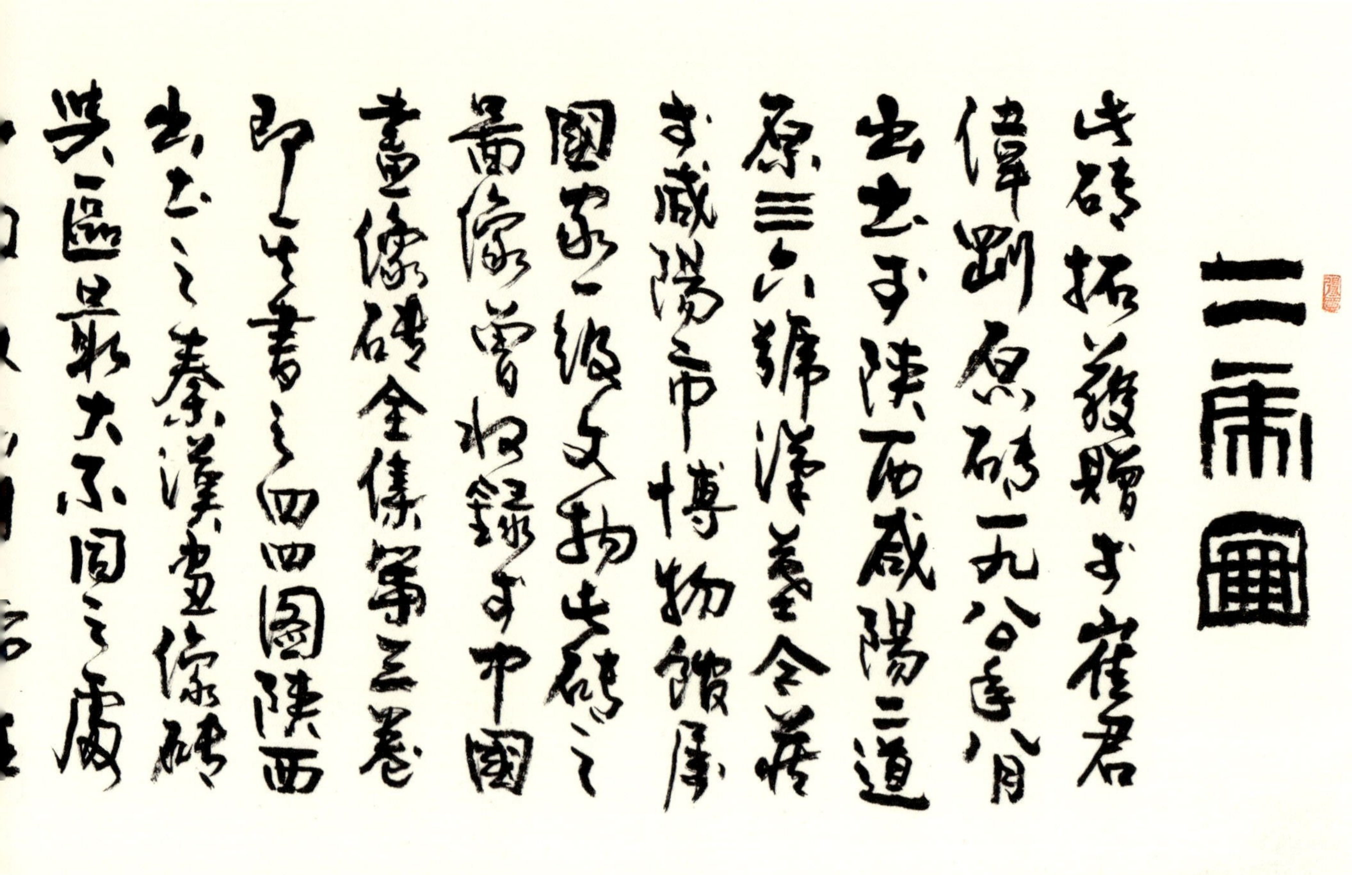

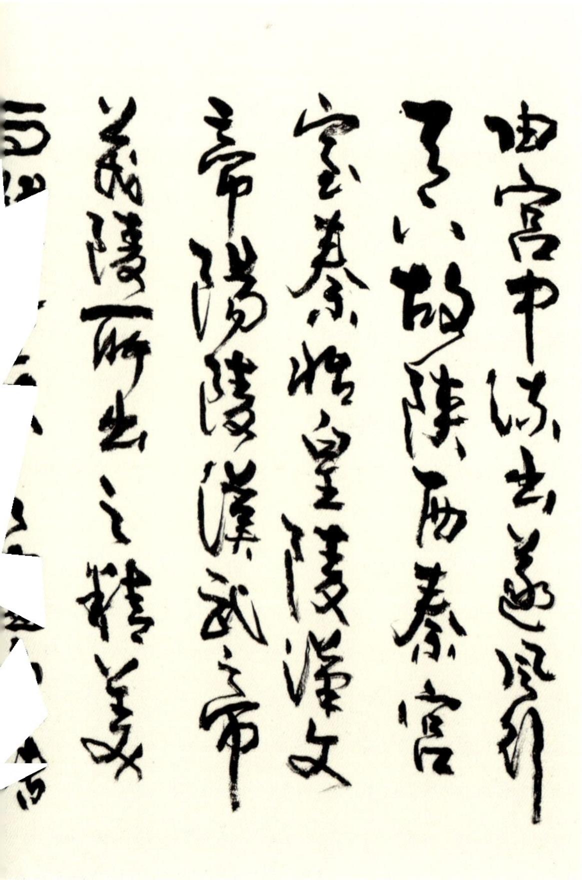

為中國古代畫樣往往
由宮中流出遂風行
民間以故陝西秦宮
室秦始皇陵漢文
帝陽陵漢武帝
茂陵所出之精美
而體量大之畫像磚

語如漢畫像磚流布
之研究漢畫像磚風
格傳承之研究均極
為重要此磚雖不能
斷定為某帝某陵所
出然其風格顯與直
接承襲某帝某陵
如磚右樣之紋首為行之
二虎後之三角形紋武
茂陵主陵之翔紋出格
為磚而之席也斷然可辨
張揚跋扈之氣

十一行首之與字後漏它字十七行末文字當為景字也

戊戌之年陽日張羽翔

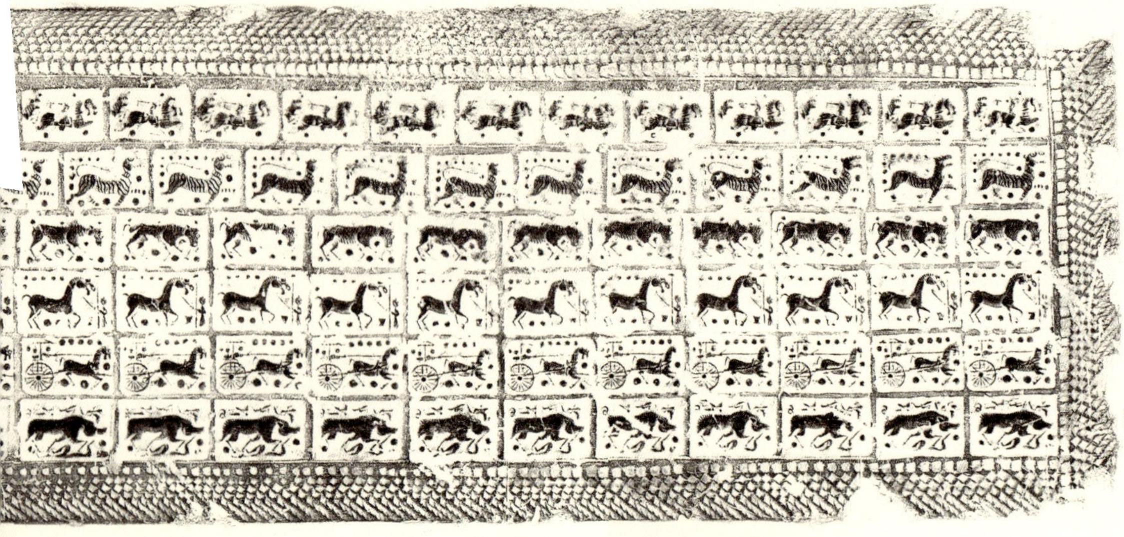

荥阳重模砖画像

尺寸：280cm ×45cm

释文：

此拓获赠于张新宽先生。原砖出河南荥阳，现藏青岛崇汉轩汉画馆。汉代画像砖之制作工艺传承于商周青铜器制作之法当无疑矣。如模压拍打诸法，皆常见于砖瓦造作之成型即可证矣。此图应是东周以来青铜器制作中之拍打法之余绪。此法之妙乃积土成山、积水成渊，以细微之集合而成蔚然大观。有如战事，不以单兵独卒之力战显其勇，而是摆堂堂之阵张扬其军威。美术话语称之为『重复之美』，即某一细小图样不断重复，达一定之量时，便可出现升华，产生一种超越初始图样之大美。此幅两千年前之汉画，可为此理论之绝好范本矣。

题荥阳重模画像砖，戊戌深秋顾森识于京

生拓石獲贈于張江汀寬先生所修

出于南燕陽現之新青島崇漢軒藏

畫館漢代畫像磚之製化之藝傳承

多之銅印青銅以製化之淺古意云云

多如樸雅拍打活法當帝見其侍

瓦造化之樂理印子淺古生番庭

是東周以及青銅以製作中拍打法

之餘結古法之細乃採土環山積乃泉

湖以西漢之集合已成就此大流如

戰古列軍車此搨拓多戰題之多

而是擺筆之陣張揚具軍藏美

佛話語鑄之為至後之多如其面

小尚樣不純重後古一宅之量時便

寸出現井之筆產生一種超越初姑

萬樣之大美生幅為十達有之淺

重可多生理論之經好沈舉之

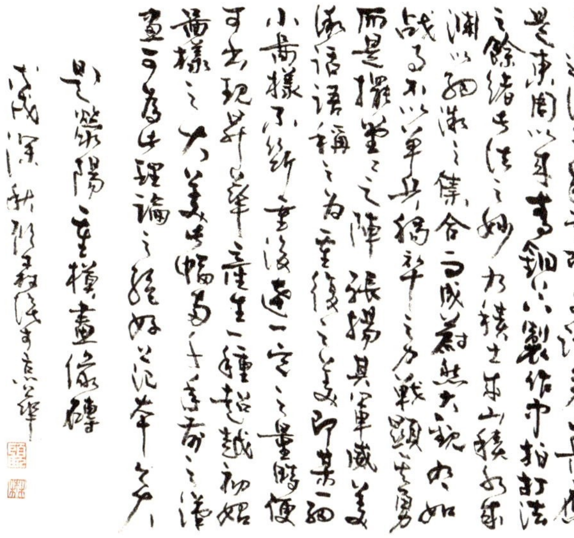

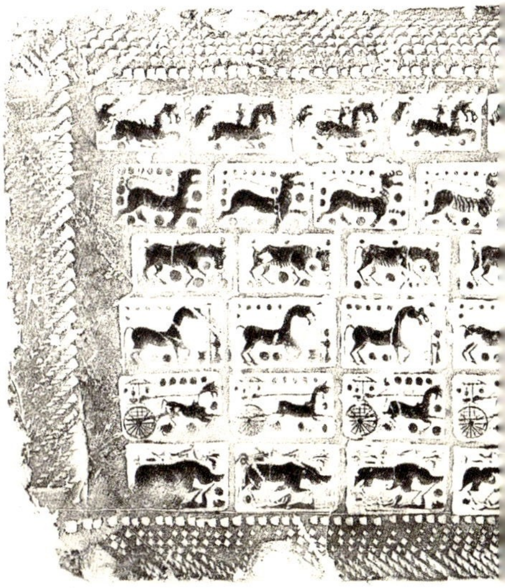

荥阳重模砖画像局部

此拓為獲贈於張林寬先生原磚出河南洛陽現藏青島崇漢軒漢畫館漢代畫像磚之製作工藝傳承我之同門青銅器製作之谷老師云疑多如模壓拍打法法皆常見于傳瓦造形之坯型印證矣至高應是東周以降青銅器製作中拍打法之餘緒先法之妙乃積土成山積水成淵以細滴之集合而成蔚然大觀如識者不以[illegible]與為許之為我須[illegible]

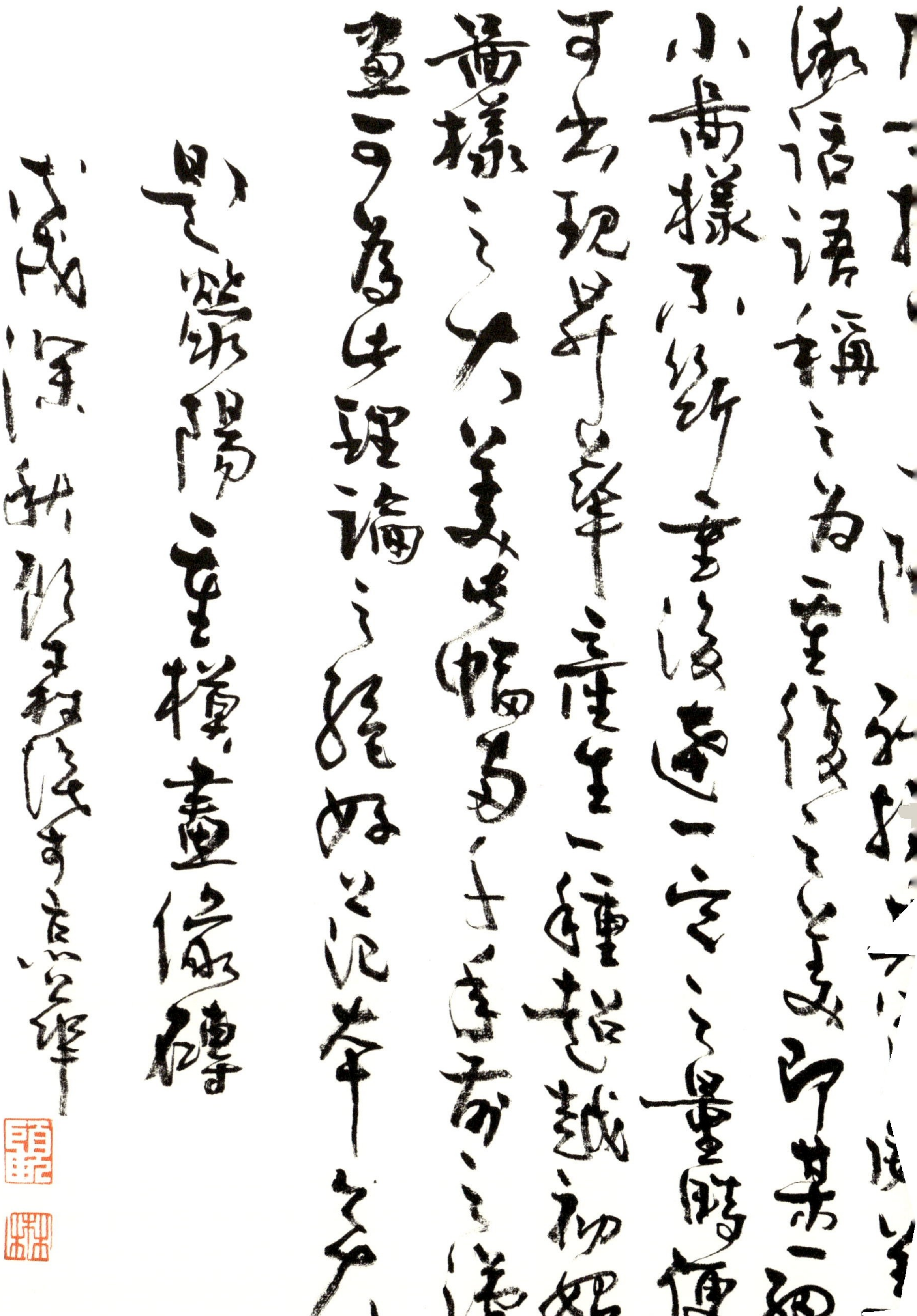

荥阳重模砖画像题跋

捧盾门吏像

尺寸：130cm×75cm

释文：

此拓片乃多年前中国汉画学会某次年会期间，一南阳朋友所赠，名姓已不记取，甚憾。细察图像，知为南阳新野画像砖之拓本也。余素闻郑州南阳等地有人试彩拓之法，因被讥失真而颇招非议。余则以为此法有何不可，何也？夫汉时墓葬，今之称画像石、砖者，最后均须彩绘方显其生气及富丽。今日各地零零星星所出带彩绘或色彩残留之画像石、砖即为明证。然今日所见之汉画像石、砖，全数几为素面。非它，皆因两千来年之地下埋藏，岁月使色彩消失殆尽。今日之素面石、砖者，实为汉时等待加工绘彩之半成品也。今之彩拓虽无力还汉时色彩真貌，然实则更近原貌矣。故余曰有何不可。今观此拓，较之纯色拓如黑色朱色之类，更多几分妩媚生动之气而愉悦人之心目。亦为汉画传拓别开生面者也。

顾森戊戌九月识于京华

捧盾門吏像

此拓片乃卅年前中國漢畫學會某次年會期一南陽朋友所贈名姓已不記取甚憾細閲圖像知為南陽新野畫像磚之拓本也余素聞鄭州南陽等地有人試彩拓之法曰被譏失真而頗招非議余則以為此法有何不可何也夫漢時墓葬之稱畫像石磚者刻後均須彩繪方能顯其生氣及富麗今日各地零星星所出彩繪或色彩殘留之圖像石磚即為明證然今日所見之漢畫像石磚全數幾為素面非它皆因兩千年來之地下埋藏歲月使色彩消失殆盡今日之素面石磚者實為漢時待加工之待采繪半成品也今之采拓雖無力還原漢時色彩真貌然實則更近原貌矣故余曰有何不可今觀此拓較之純色拓如黑色朱色之類更多幾分嫵媚生動之氣亦愉悅人之心目亦為漢畫傳拓別開生面者也

戊戌九月顧森識於京華

捧盾門吏像

此拓片乃三年前中國漢画學會某次年會期一南陽朋友所贈名姓已不記取甚憾細審留
像知為南陽新野畫像磚之拓本也余素聞鄭州南陽等地有人試彩拓之法曰被譏失真
而頗招非議余則以為此法有何不可何也夫漢時墓葬今之稱畫像石磚者原設均須彩
繪方能顯其生氣及富麗今日各地零零星所出彩繪或色彩殘留之画像石磚即為明
證然今日所見之漢畫像石磚全數幾為素面非它皆因兩千來年之地下埋藏歲月使色
彩消失殆盡今日出土画石磚者實為漢時待加工之待采繪半成品也今之采拓雖無力
還漢時色彩真貌然實則更近原貌矣故余曰有何不可今觀此拓較之純色拓如黑色朱
色之類更多幾分嫵媚生動之氣亦愉悅人之心目亦為漢畫傳拓別開生面者也
戊戌九月顧森識於京華

捧盾门吏像题跋

捧盾门吏像

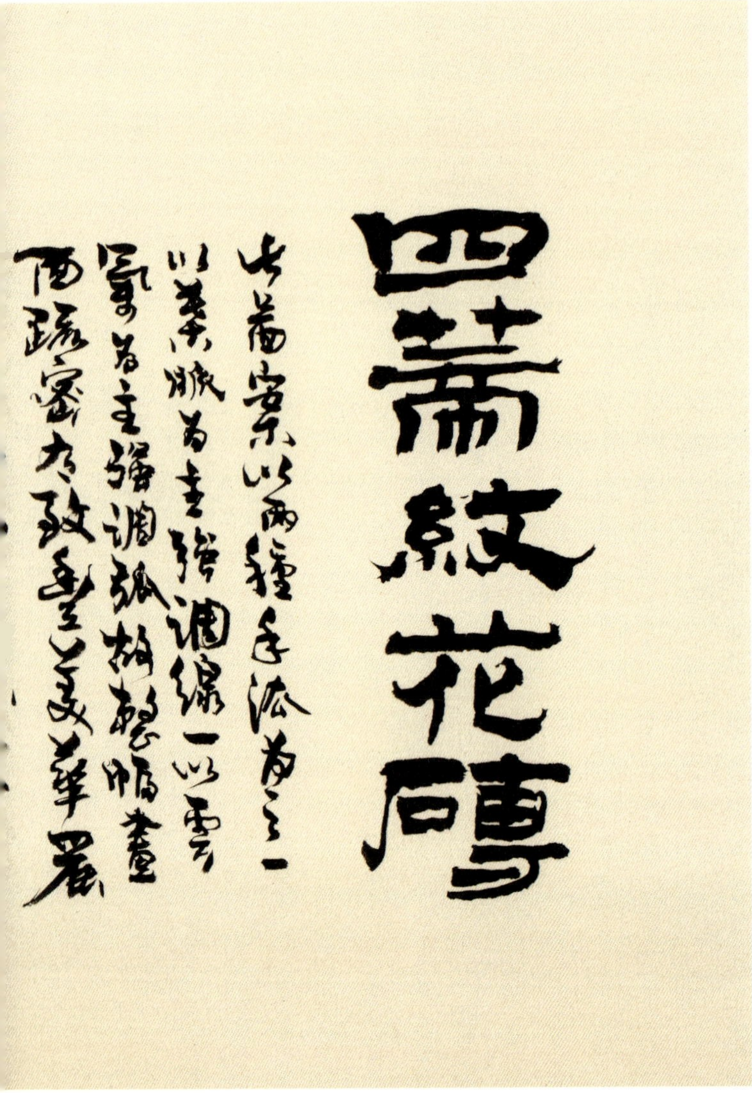

四蒂纹花砖

尺寸：72cm×33cm

释文：

此图案以两种手法为之。一以叶脉为主，强调线；一以云气为主，强调弧。故整幅画面疏密有致，丰美华丽。 丙申冬月顾森于京

此砖为广东高剑父纪念馆藏。虽是残砖，已含全砖面貌矣。 又记

此拓获赠于高馆馆长李琰也。

余館儀題是殘磚已
今全磚面觀矣又記

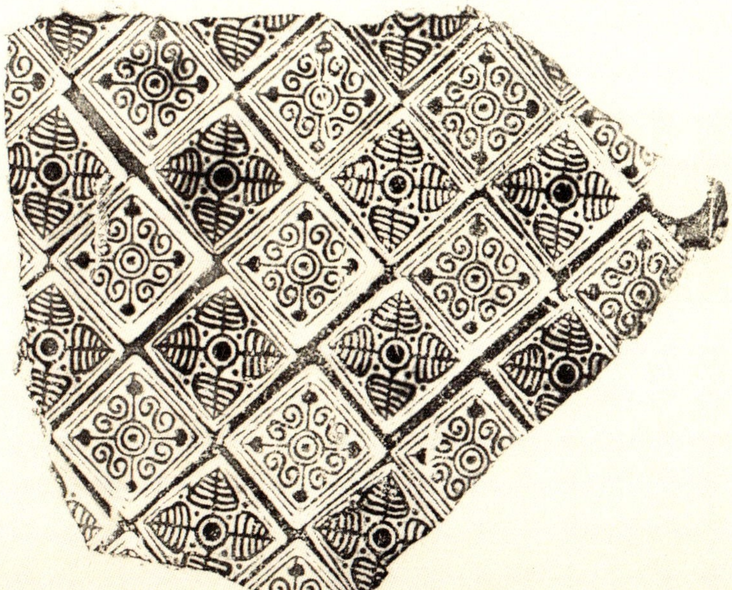

古拓獲贈於高館館長李琪也

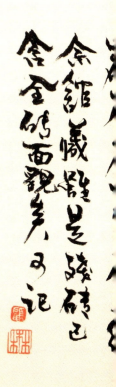

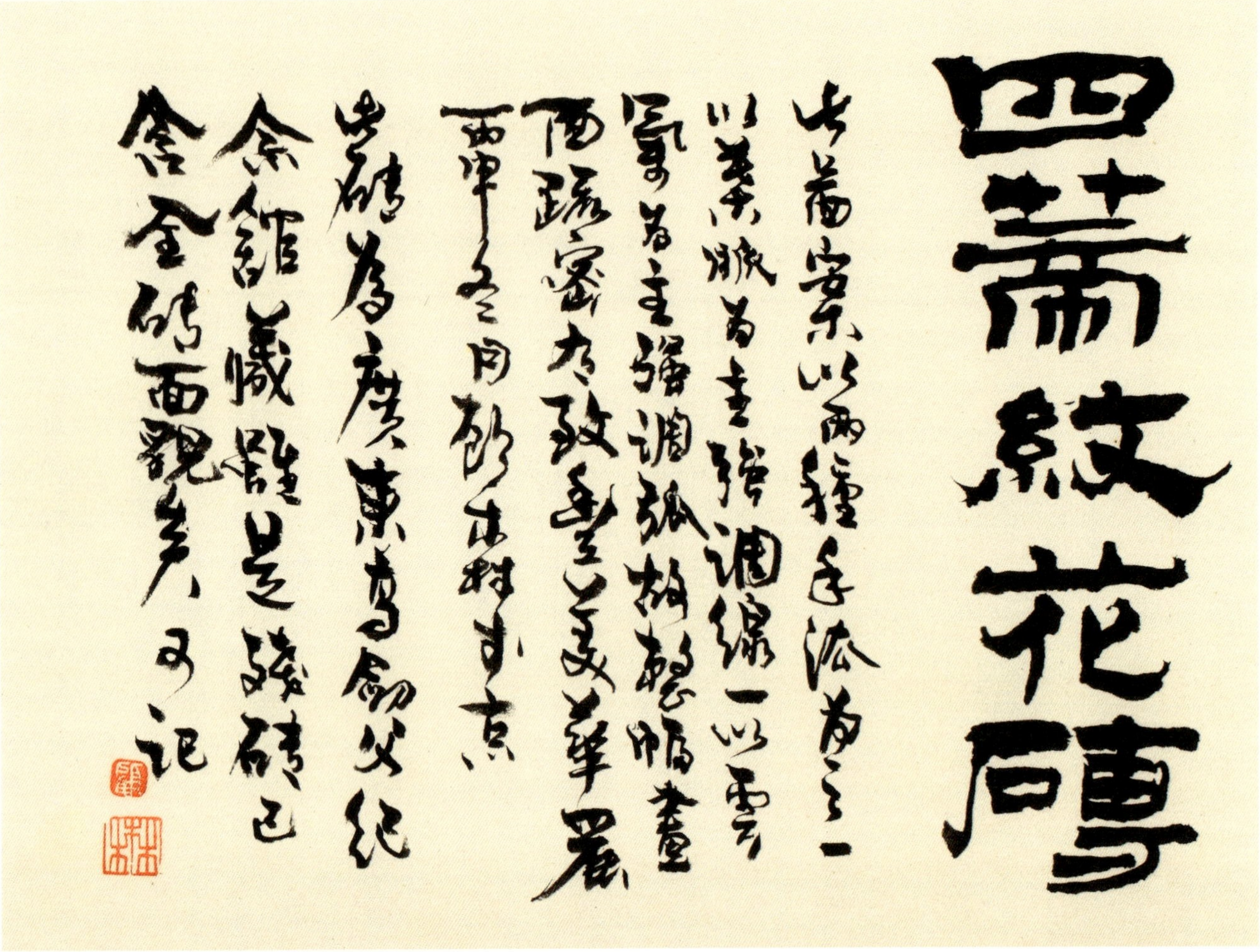

四蒂纹花砖题跋

此拓蒦贈吾高鍇二長李瑛也

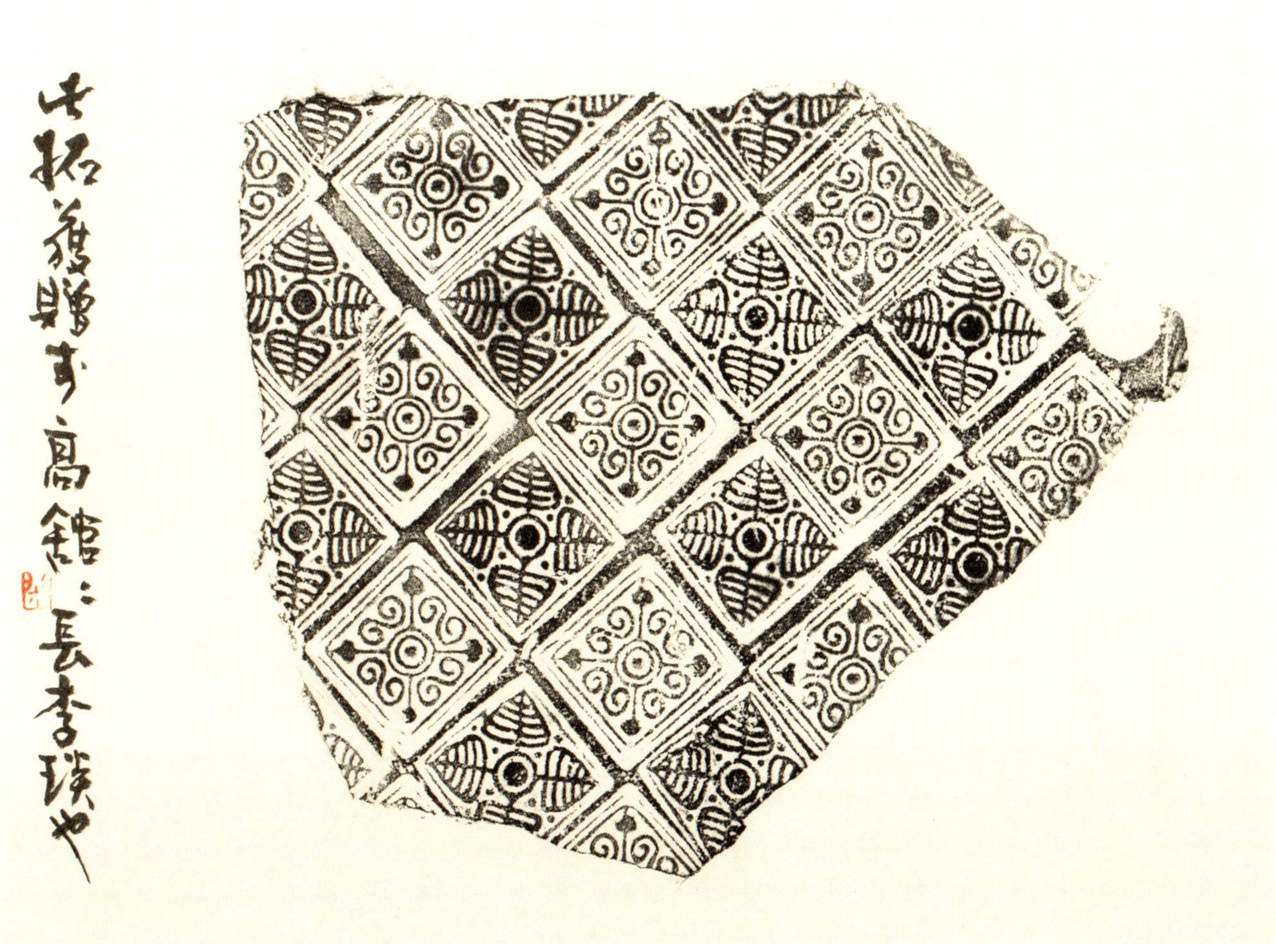

四蒂纹花砖及题跋

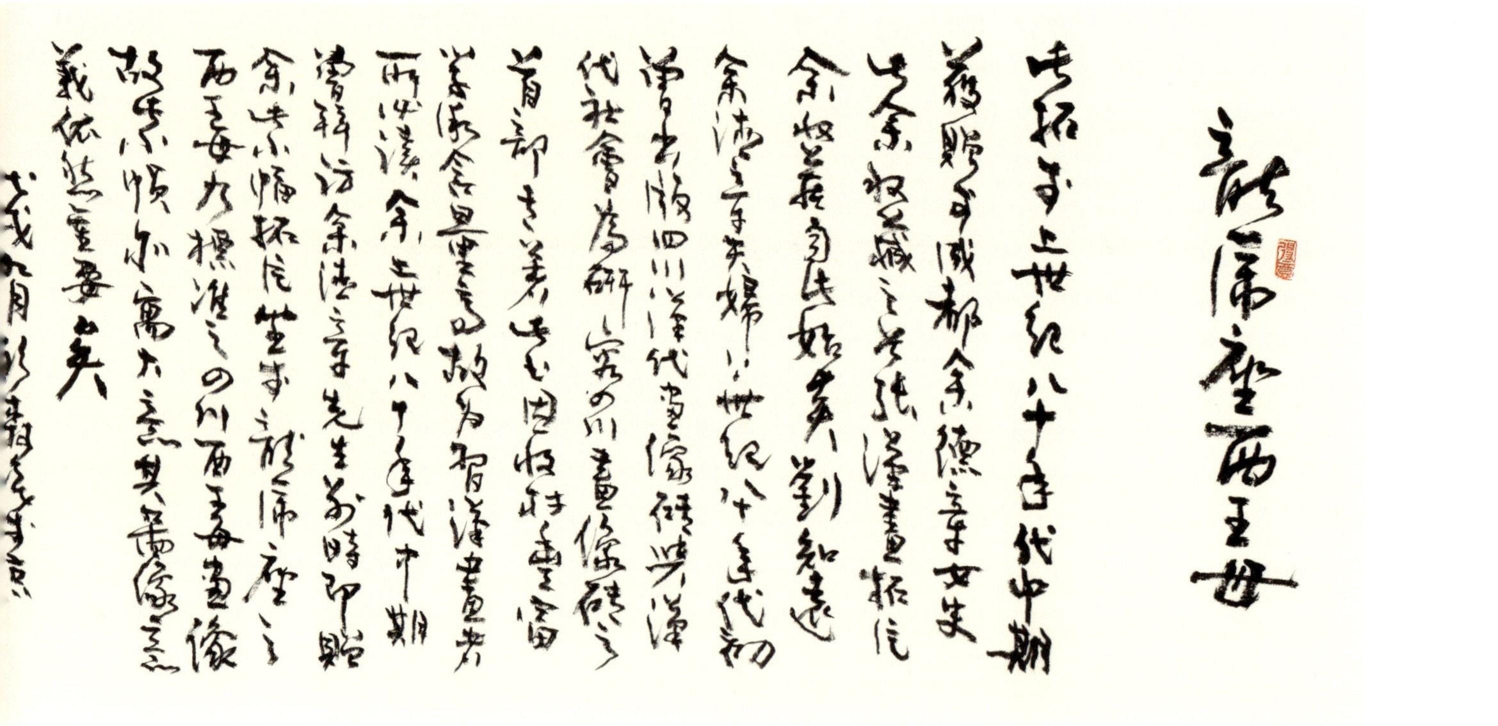

龙虎座西王母

尺寸：96cm×25cm

释文：

此拓于上世纪八十年代中期，获赠于成都余德章女史。此余收藏之首张汉画拓片，余收藏自此始矣。刘知远、余德章夫妇上世纪八十年代初曾出版《四川汉代画像砖与汉代社会》，为研究四川画像砖之首部专著。此书因收材丰富、学术含量高，故为习汉画者所必读。余上世纪八十年代中期曾拜访余德章先生，别时即赠余此小幅拓片。坐于龙虎座之西王母乃标准之四川西王母画像，故此小帧亦寓大意，其图像意义依然重要矣。

戊戌九月顾森识于京

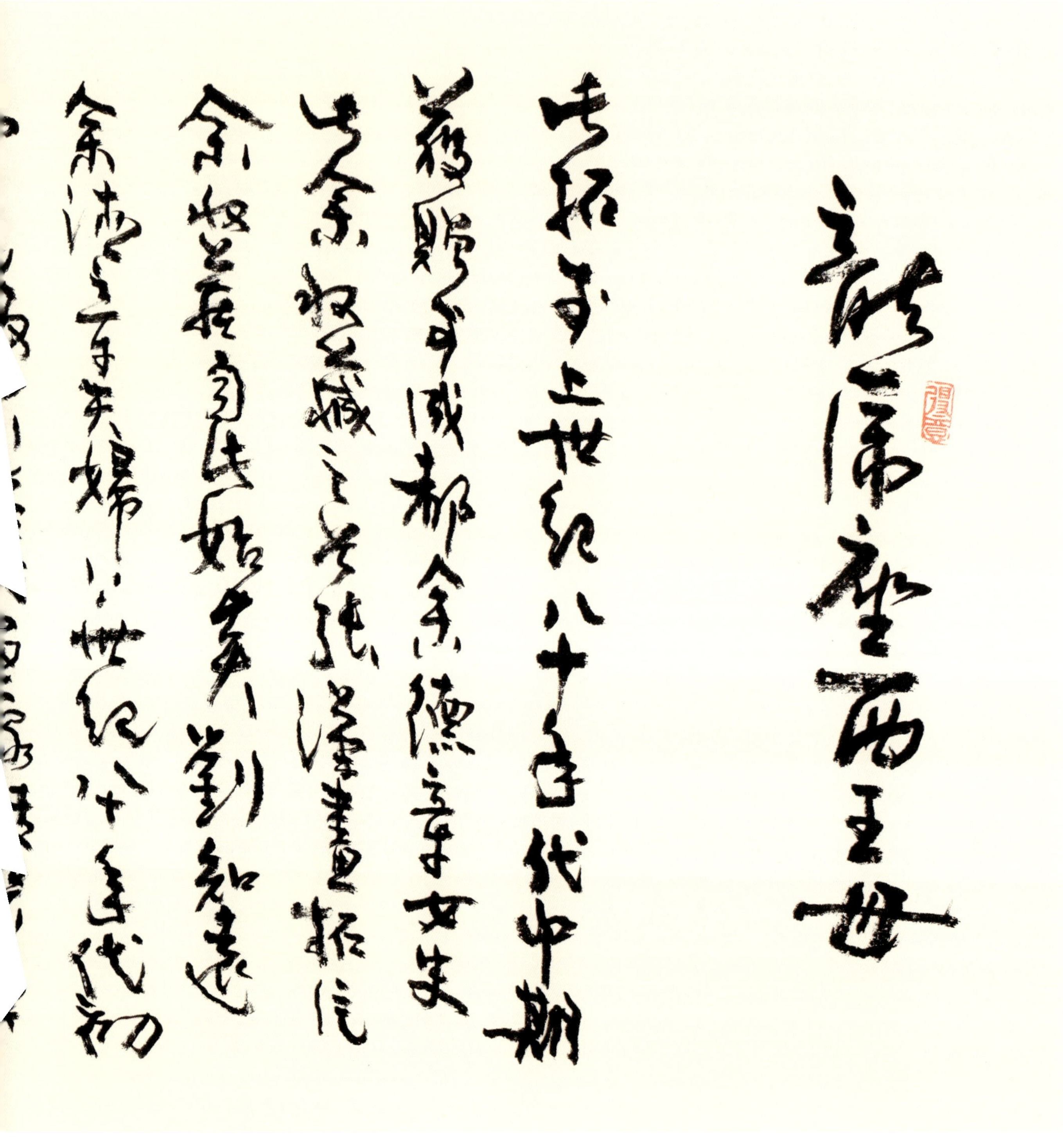

龙虎座西王母图题跋

……
首都書法者也思想性書畫
篆隸今草是書家之故乃智慧書者
而以漢人今之世紀八十年代中期
書稱訪余沈之年先生前時即聯
余尚小幅拓臨楷書之說佛座之
而書每大標準之所而書每畫像
故余小幅尔寫大意其氣象之
義依然重要矣

戊戌九月[illegible]書

狩猎图像砖

尺寸：68cm×68cm

释文：

高文先生山西平阳人。一九四九年随军入川，居川几七十年，亦与共和国同龄之老川人也。高先生生性豪爽、为人厚道，其友不分贵贱老少，皆以诚相待。中国汉画学会一次理事会时，高先生手持一卷十数张已题跋好之画像砖拓片，馈赠于到会理事。其风格如此。余此件朱拓即其赠品之一。

高文先生今年已八十八岁之高龄，仍耕耘汉画不辍；出书课徒，乐此不疲，将成都一地之汉画研究弄得风生水起。令人钦佩之至。

高文先生性喜热闹，而此狩猎图之场面亦极欢快。见图如晤高先生面矣。

戊戌九月顾森于京

漢代狩猎塼

人喜兽惊窜追时，风吹雨打更趣，猎人追得喜风驿。历年狩猎有感诗

平阳甫文

此为一幅射猎图，图上三人，中一人骑一骏马正向野兽猛射；左一人双手持一细长之物，向野兽射去；右一人身背弓箭，以箭行。在图的下部有一群野兽正东窜西逃。此砖设计人马野兽生动，为汉砖之精品也。

平阳甫文识

甫文先生山西平阳人，一九四九年随军入川，居川近五十年，与共和国同龄之四川人也。甫先生生性豪爽，为人厚道，其交不分贵贱，老少皆以诚相待。中国汉画学会一次理事会晤，甫文先生手持一卷十数张已裱好之画像砖拓片，赠予我会理事，众皆惊叹如此条件佳拓，所未曾见也。甫文先生今年已八十八岁之高龄，仍耕耘汉画不辍，出书课徒，乐而不疲，为成都市之汉画研究开创风气之先，令人钦佩之致。甫文先生性喜热闹而此狩猎篇之拓，西不……欣快见者如晤甫文先生而矣。

戊戌九月

三多义先生山西平陽人
一九四九年随軍入川君
川籍如千年不興其和圃
因談之若川令爲先生
生性豪爽為人厚道其
友交勿婪贱老少皆誠
而待中國洋畫金二次
珍玩令得言先生好卷
十數張已此波好之畫像
待拓泥饌贈書勒會理之
以書此年朱拓

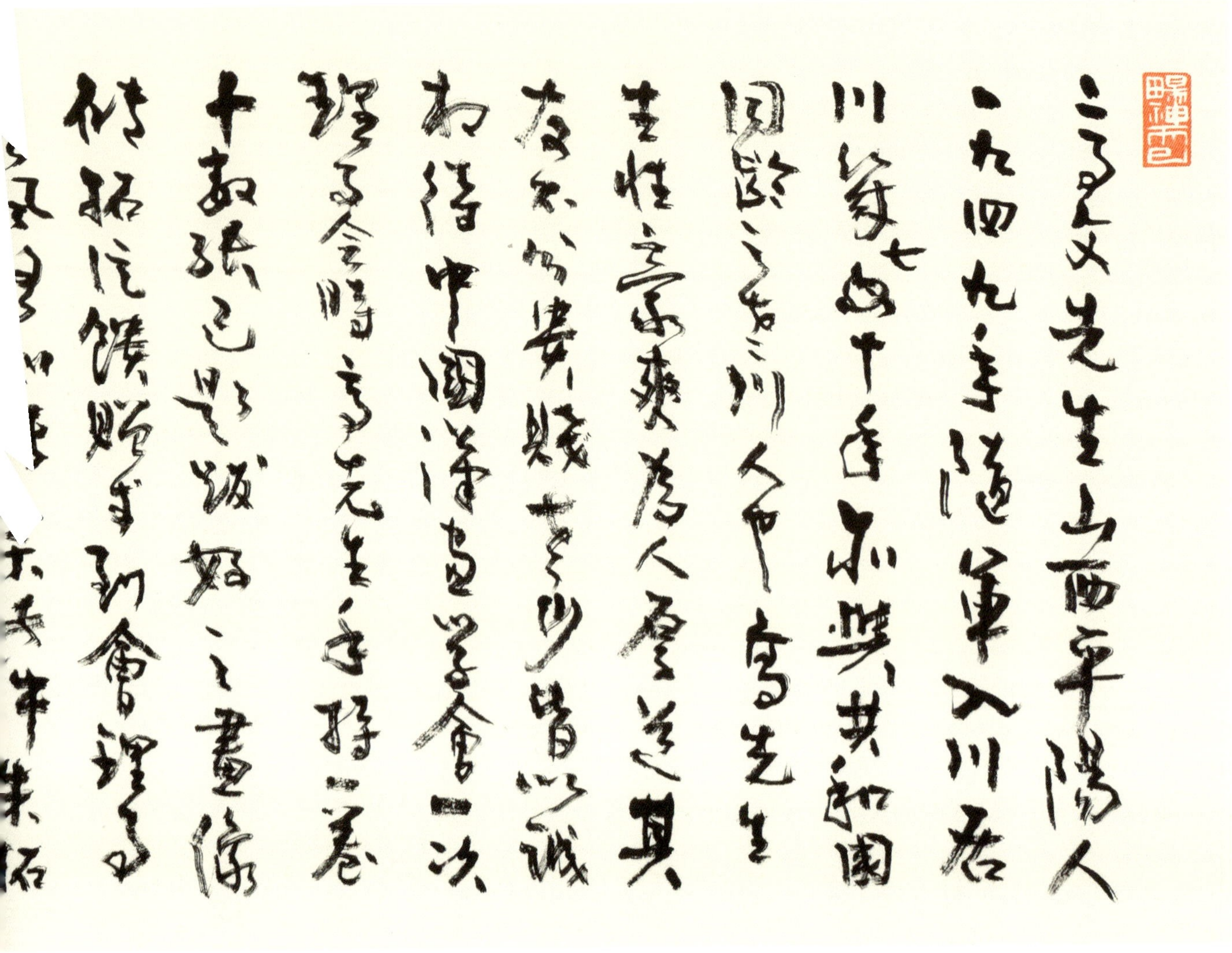

子文先生今年已八十八岁
之高龄仍耕耘翰墨不辍
出青课徒乐此不疲得
成都一地之之翰墨重研究
并得风气之先令人
钦佩之致
我与先生性喜热闹言
谈得融融之情而不拘
致快见画如晤言子先生面矣
戊戌九月张和材书于京

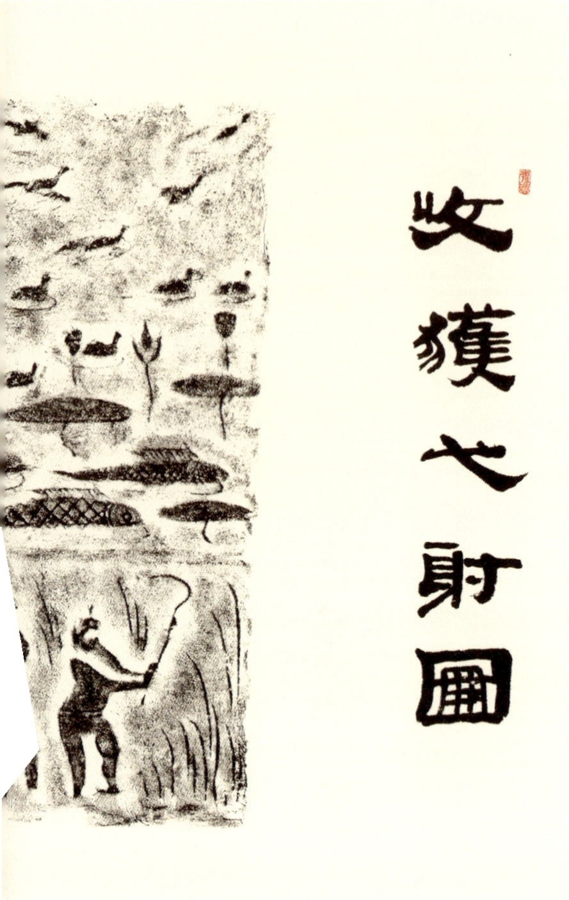

收获弋射图

尺寸：120cm ×50cm

释文：

此拓获赠于新津颜开明先生。汉代画像砖多以模印制，再经烧而成，故易出现雷同画面者。如收获弋射砖，相同画像者国内之公私收藏即有多处。此拓之原砖出土于新津，收藏于该县文管所。此拓上部之弋射场景中，收纳连接箭矢之丝缕工具觳之形象，清晰可见。亦补史籍之有文无图之缺憾矣。

戊戌秋末顾森识于京

此拓收獲贈予新津顏再彬先生漢代畫像磚多以摸印製再經燒陶而成故易出現雷同畫面者如收獲弋射磚相同畫像者園內之出私收之藏即有之多處此拓之原磚出土于新津收藏於該縣文管所此拓之即之弋射場景中收獲連結篇矣之総緩工具簸之形象清晰可見尔補史以籍之之有文無圖之缺憾矣

戊戌之秋余孫木村溪書之京

收获弋射图及题跋

此拓蒙发赠于津镇□□先生

汉代画像砖多以摸印制成再经

烧成故易现雷同画面

无如收获弋射砖相同番像者

国内之公私收藏亦不多见尤其

拓之原砖出土于新津收之难得

县文管所生活弋射场景

中牧牛连结等失之丝工具器

之所出清晰可见不补生籍之

有之图之缺憾矣

戊辰秋东张村漫叟记

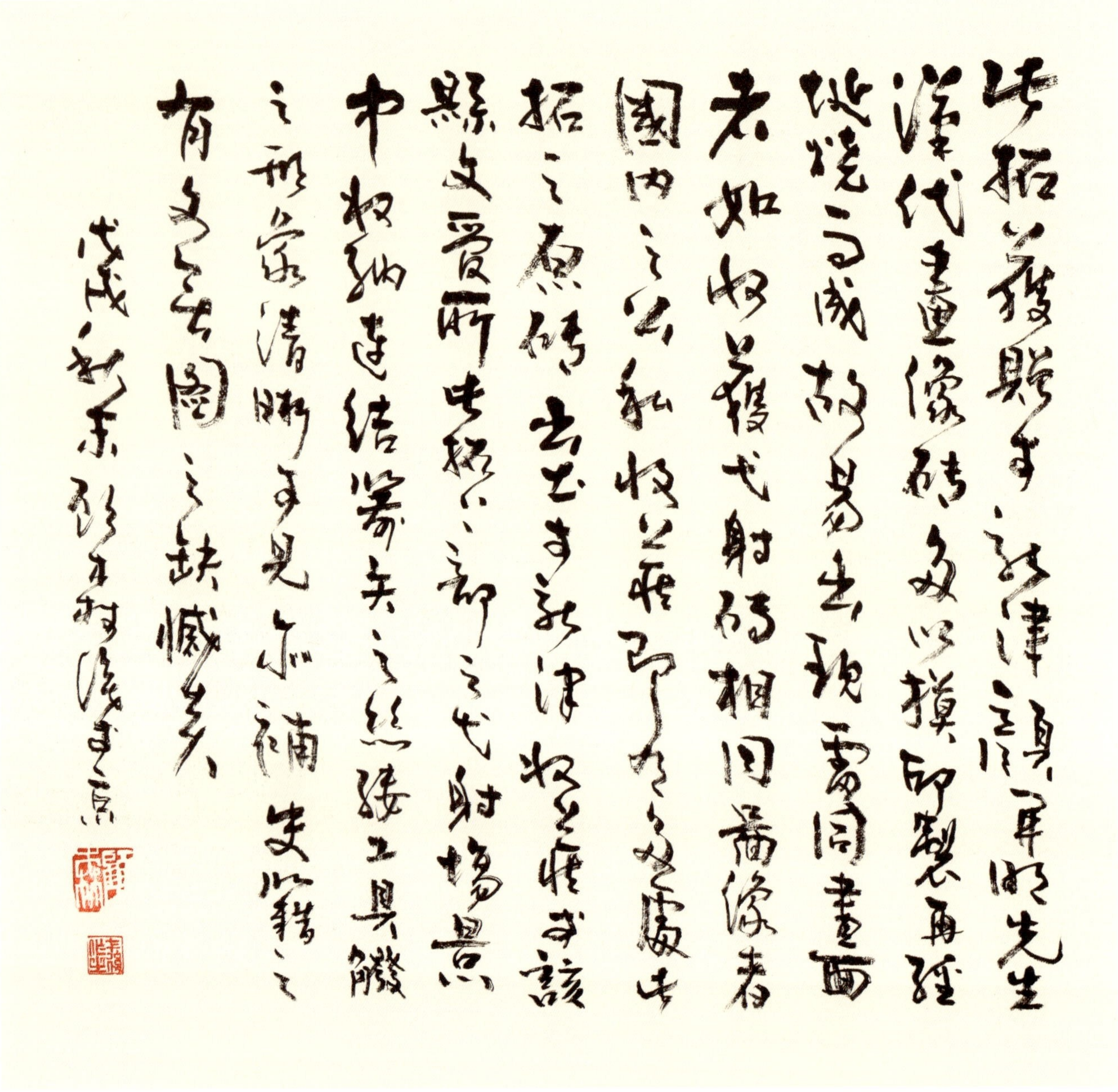

收获弋射图题跋

收获弋射图局部

轺车

尺寸：60cm×46cm

释文：

此轺车砖拓获赠于成都郫县友人吴国先。郫县汉时经济发达、多出名士，如扬雄、严君平、何武等，均为郫人。此地留下汉墓亦多。今日之经济开发引汉时文物大量出土，促成蓉城及郫县诸地不仅官方机构收藏颇丰，民间收藏也颇多大家。此砖即为私人收藏。从画面可看出，此砖并未清理彻底，保留有出土时之部分信息，故拓本中尚传递出泥土之气息，亦别有天趣矣。

顾森戊戌九月识于京

此輜車磚拓蔡輝贈我成都
郫縣友人吳國先郫縣
漢時經濟發達多出名
士如揚雄嚴君平何武等
均為郫人此地留下漢墓
亦多七十年代經濟開發引
漢墓文物大量出土保存
甚纖及郫縣諸地不僅官
方搜購收藏頗豐民間收
藏也頗多大家此磚即為
私人收藏從畫面看出此
磚并未清理徹底保留
剛出土時之部分信息故
拓本中尚傳遞出泥土之
氣息亦算有點趣矣
張耕戊戌九月清書于京

少轺车砖拓萨赠卞成都
郫县友人吴国先邛崃县
汉时经济繁荣之名
士如扬雄严君平何武等
均为郫人此即汉下洋鉴
不多见之经济军事农引
汉明之勃兴大量出土使官
后郫县流沙中不仅官

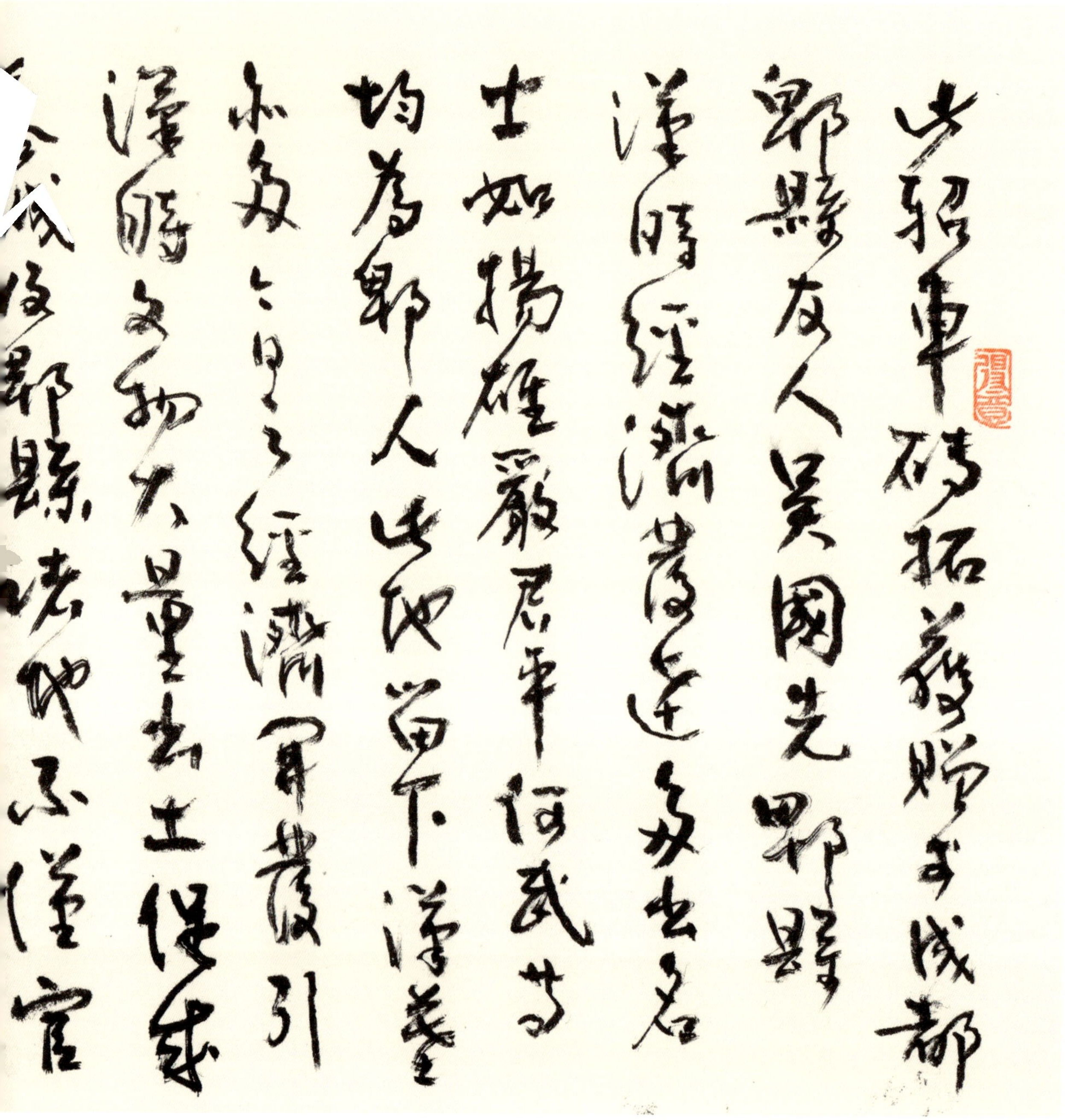

症也顾多大家少待即为

私人临……尽面于看出也

砖莽未清理犹底保留

背出土时之部分信息故

拓本中尚传递出混土之

童趣如此有了趣多人

辛卯民九月澂之于京

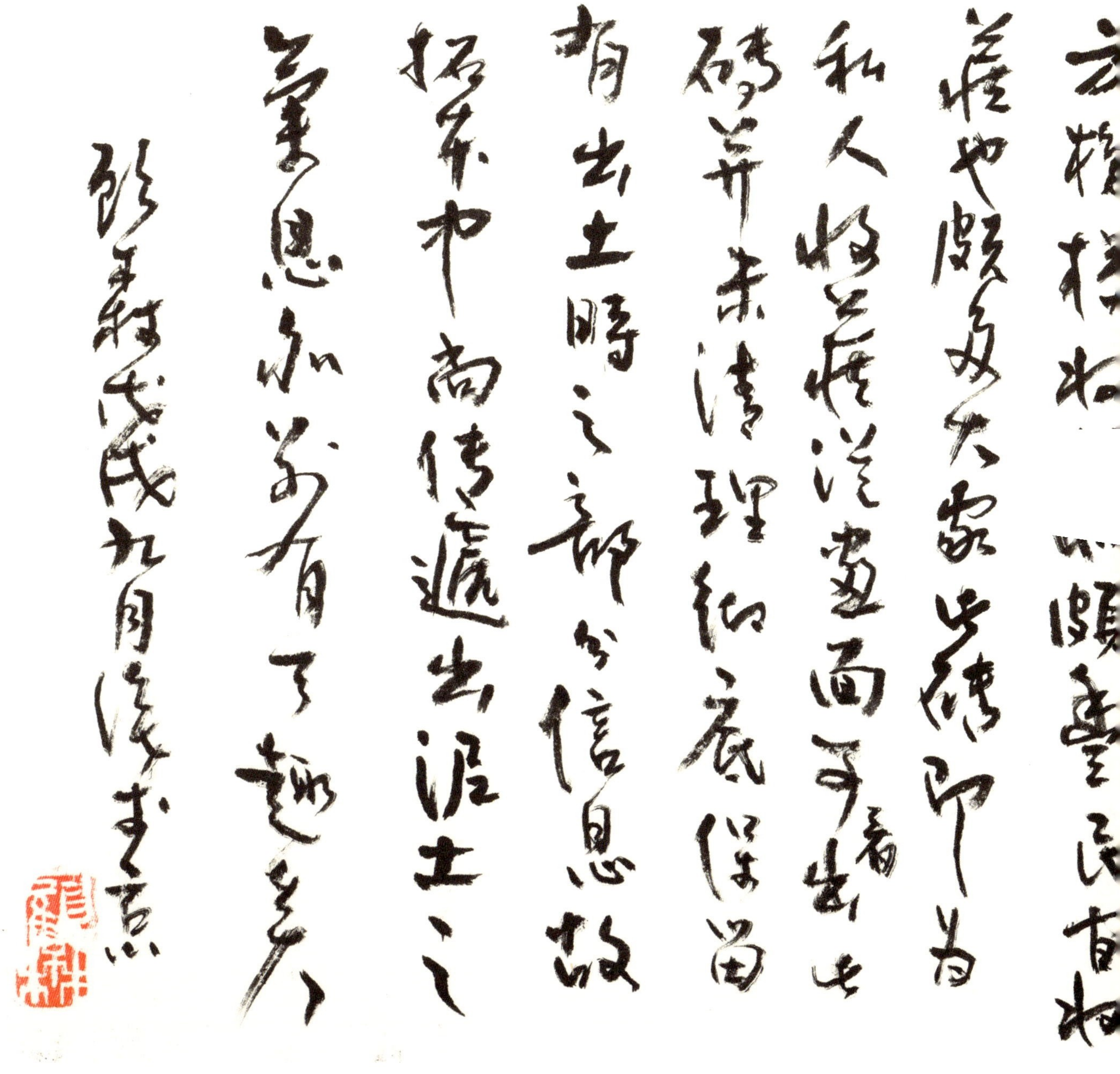

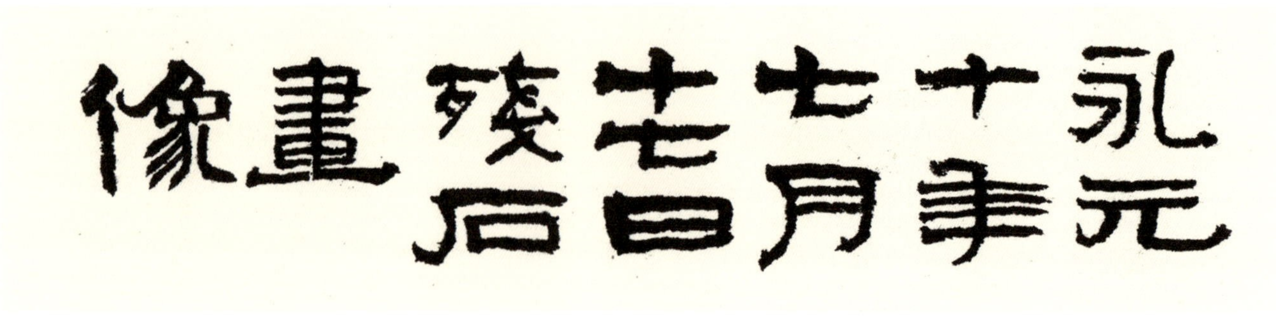

永元十年七月二十七日残石画像

尺寸：25cm×140cm

释文：

此拓原石一九五八年出土于山东滕州水泉镇垌城村。现藏滕州市汉画像石棺，为国家一级文物。一九八二年蒋英炬等人编《山东汉画像石选》，收录此拓图像。即是书351图。蒋氏等人并对此图中题字给予释读。『永元』乃东汉和帝之年号。永元十年即公元九十八年矣。

戊戌秋顾森识于北京

永元十年七月十七日殘石畫像

此拓原石一九五八年出土于山東滕州水泉鎮烟城村現藏滕州市漢畫像石館為國家一級文物一九八二年蔣英炬等人編山東漢畫像石選收錄此拓當係印是書之張圖蔣氏等人并對此畫中影字給予釋讀永元乃東漢和帝之年號永元十年即公元九十八年也

戊戌秋孫春林識于小京

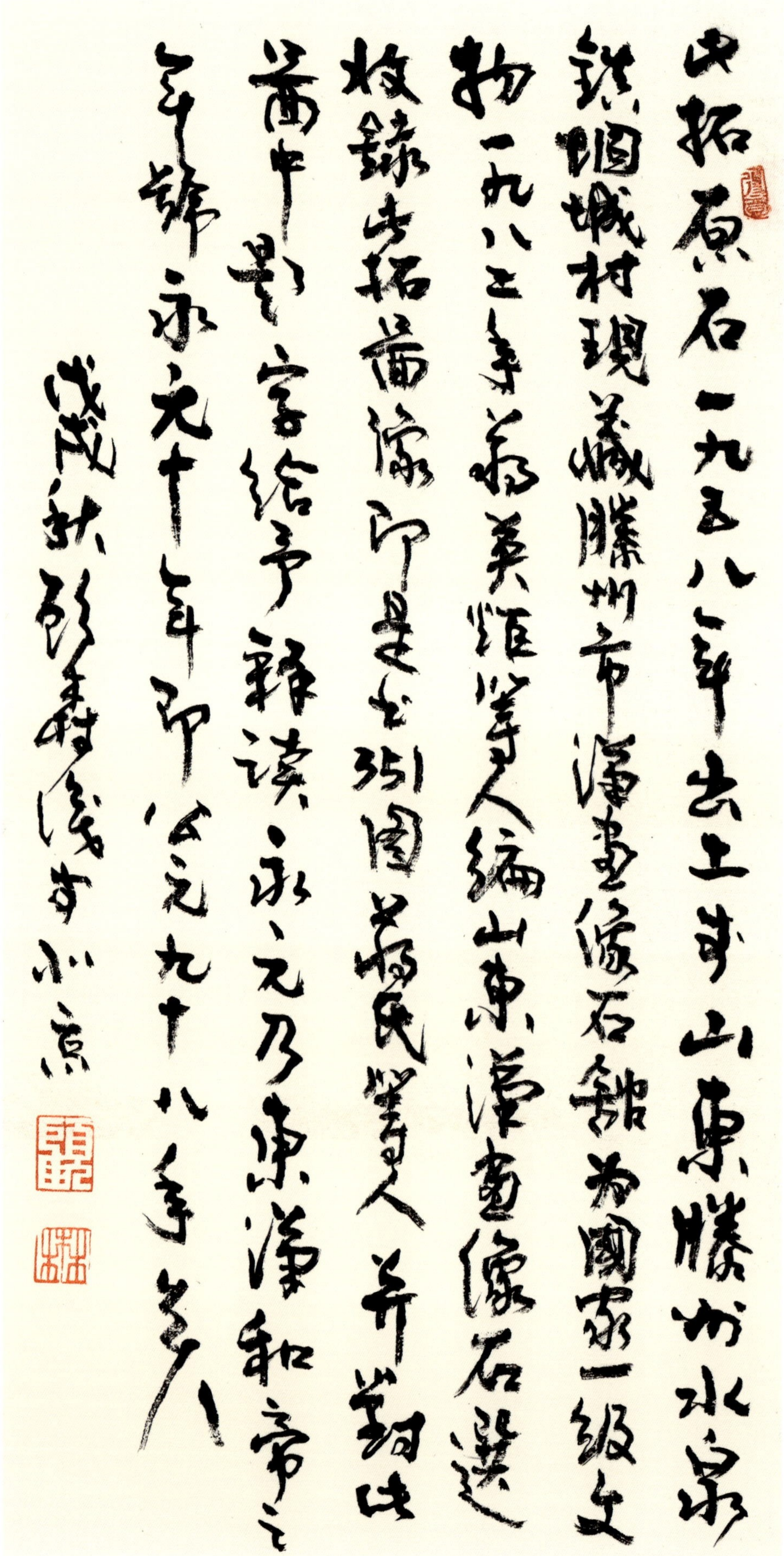

永元十年七月二十七日残石画像题跋

永元十年七月二十七日残石画像局部

门吏射猎动物神异图

尺寸：130cm×220cm

释文：

上穷碧落下九天。人物射猎图，陕西绥德出土。　天池苏士澍题于京华

此拓获赠于榆林康兰英女史。原石出绥德。细观此拓後背，见有细长小印，文曰：『西安碑林1990』。知为廿余年前博物馆拓作资料留存者也。今能索出，绝非易事。其时康曾罹患重病，稍轻即为之奔走。无锱铢之利而倾力付出，仅仅是当初一个承诺。君子重诺。康兰英真君子矣。此图将数层空间如市俗、郊野、荒原、灵界诸种场景合理巧妙置于一平面之内，尽显汉代人之迁想妙得之才。读此图，有如读汉诗赋乐府，深为其上天入地之情态，穿越古今之想象所震撼。言榆林之汉画而缺此图，不周全矣。

题绥德门吏射猎动物神异图。　戊戌九月初三顾森书于京华

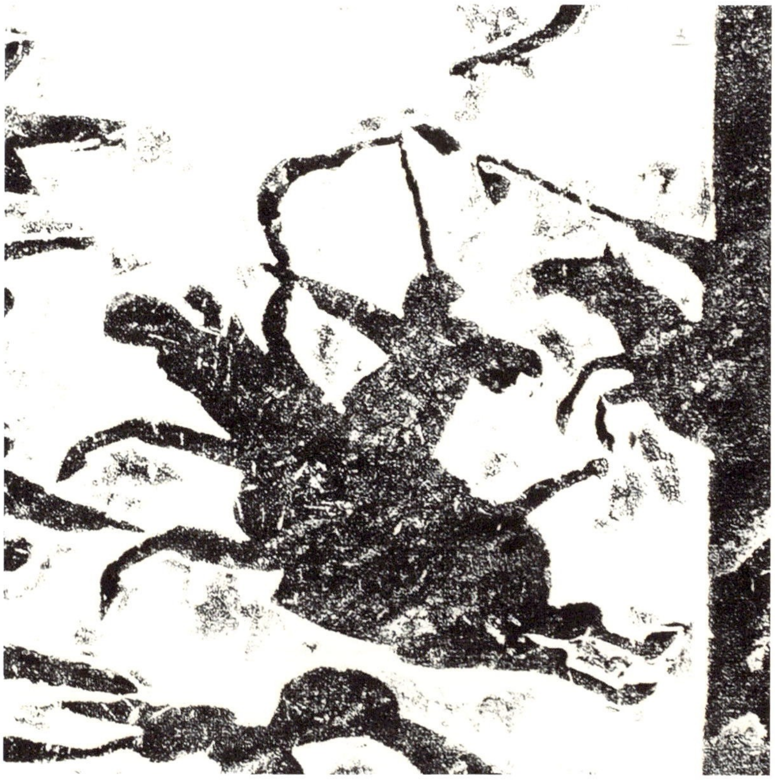

门吏射猎动物神异图局部

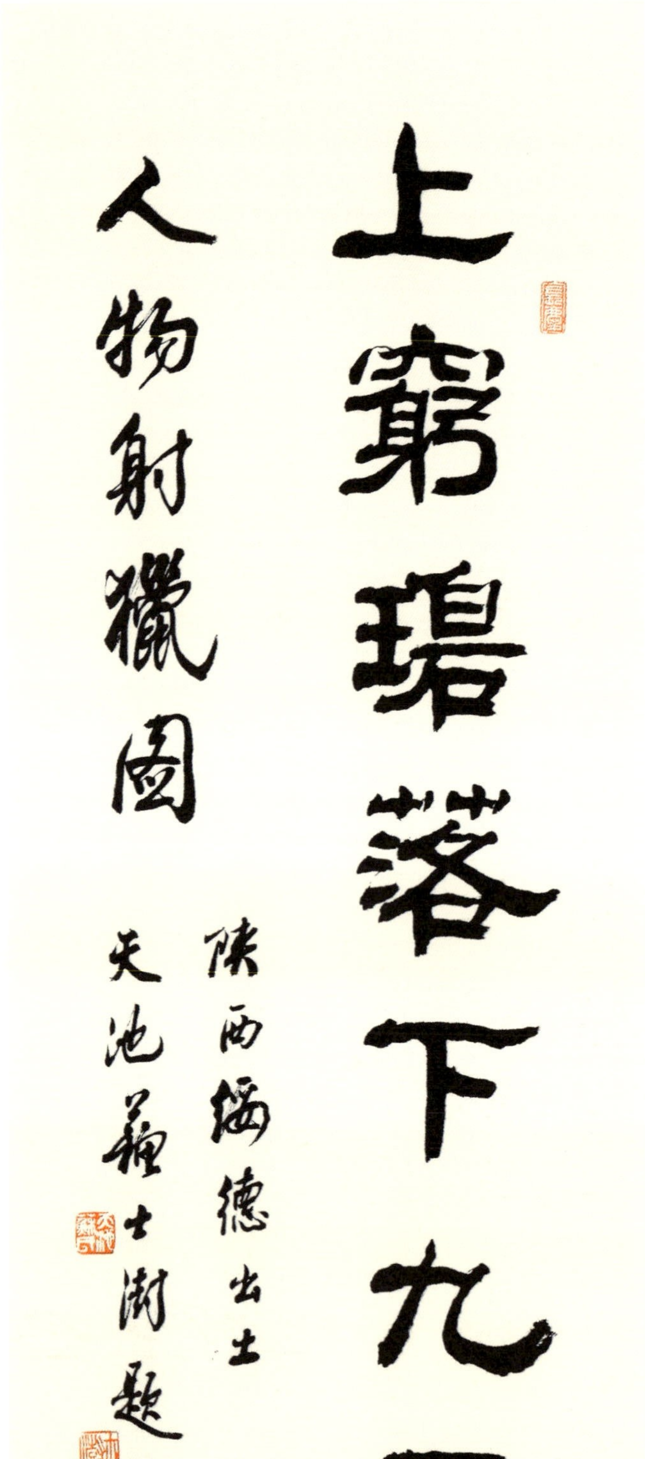
上窮碧落下九天
人物射獵圖
陝西綏德出土
天池藉士澍題於京華

门吏射猎动物神异图题跋

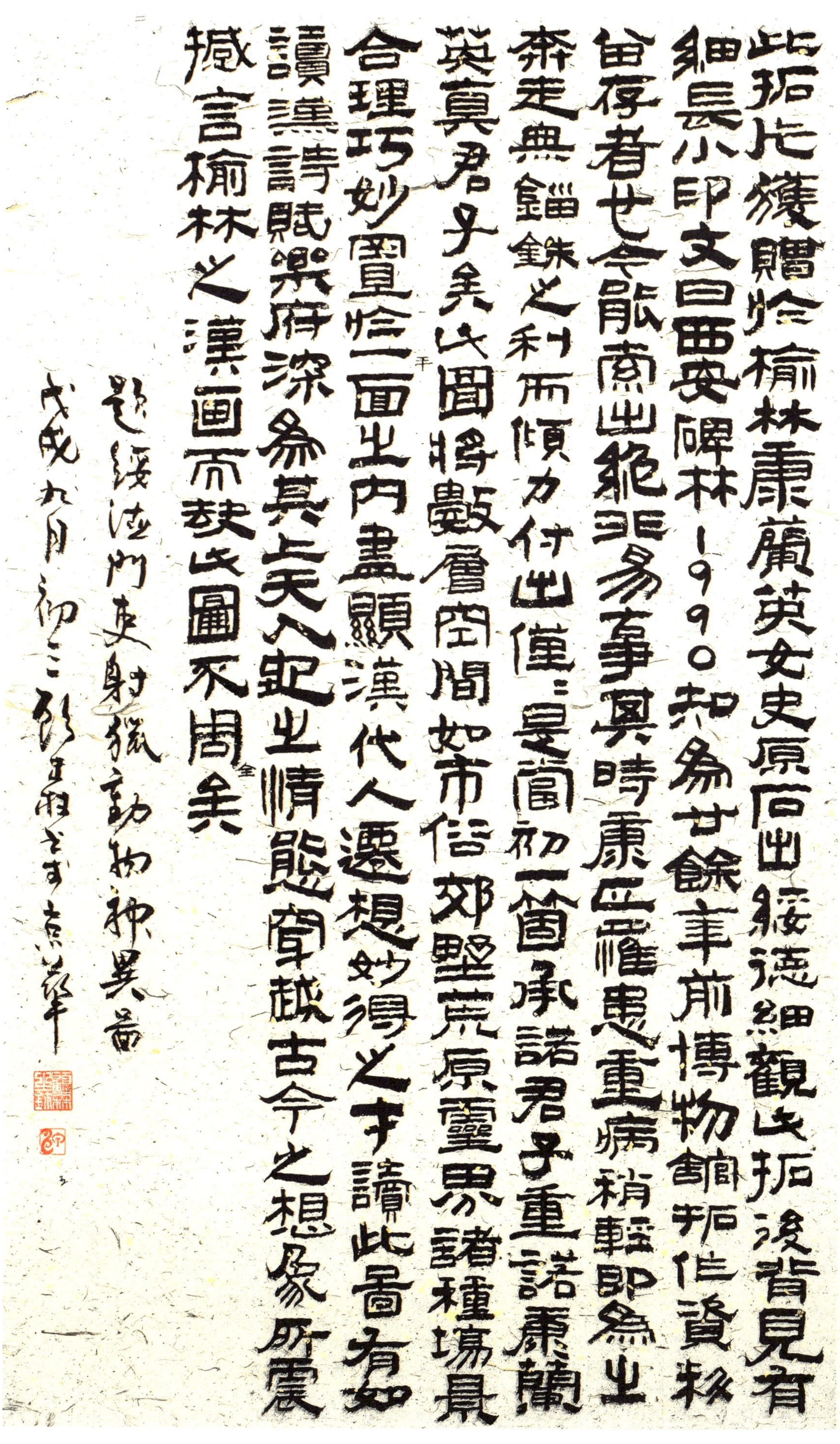

门吏射猎动物神异图题跋

中原斗鸡

尺寸：150cm×62cm

释文：

河南为中国斗鸡主要原产地，所出之鸡曰中原斗鸡。其鸡高大健壮，形似鸵鸟，毛细羽薄，头小而冠呈瘤状，肉垂略存，颈长而粗壮，争斗勇猛。河南南阳所出汉石刻中之斗鸡，即具上述特征，可视为中原斗鸡两千多年前之写真图，弥足珍贵。原石藏南阳汉画馆。

己丑五月顾森题于京

大健壯形似鴕
鳥毛細羽薄頭
小而冠呈扇狀
肉垂略存頸長
而粗壯爭鬥勇
猛河南南陽所
出漢石刻中之
鬥雞即具以述
特征可視為中
原以鬥雞二千多
年前之寫生當
彌足珍貴原石
藏南陽漢畫館

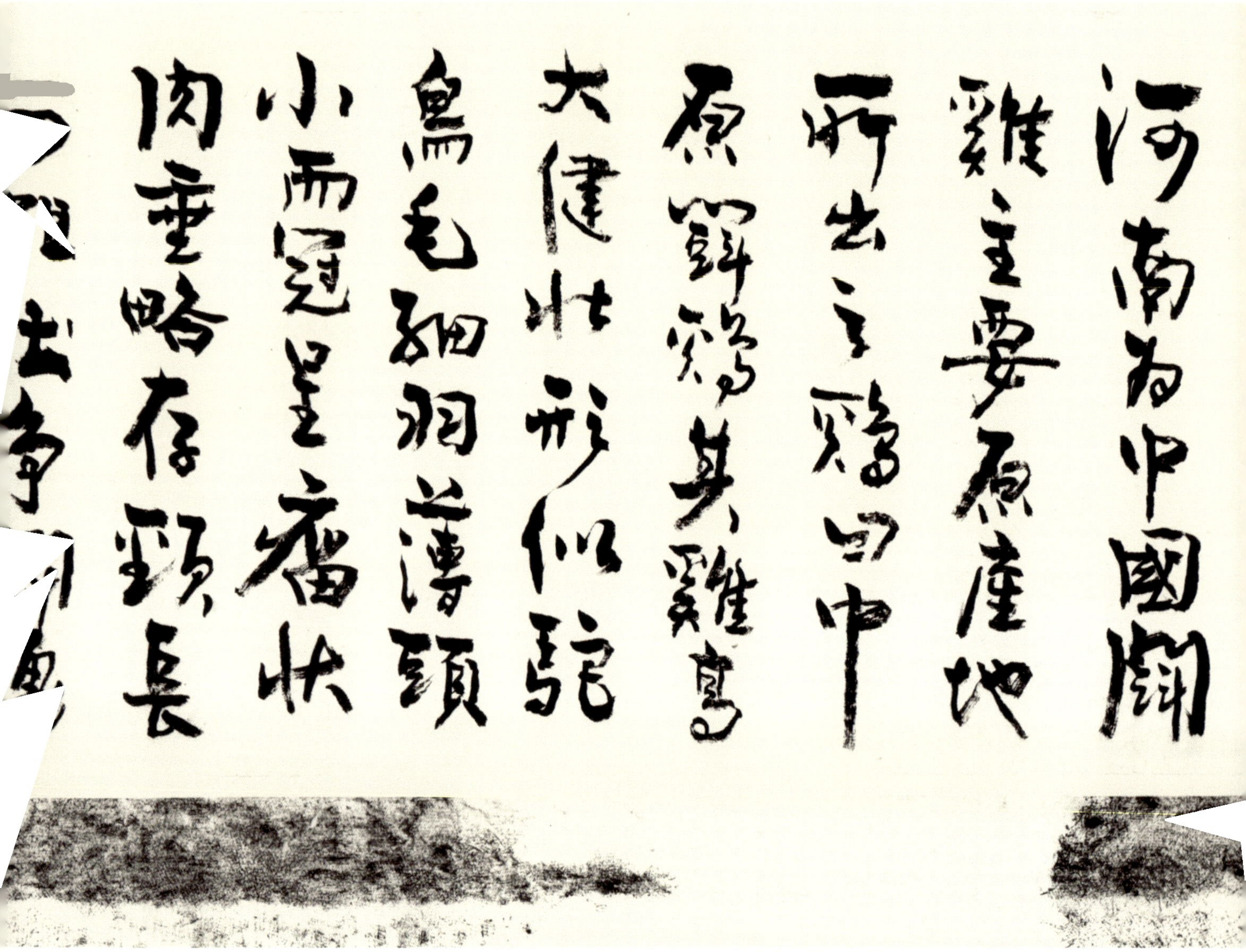

中原斗鸡图题跋

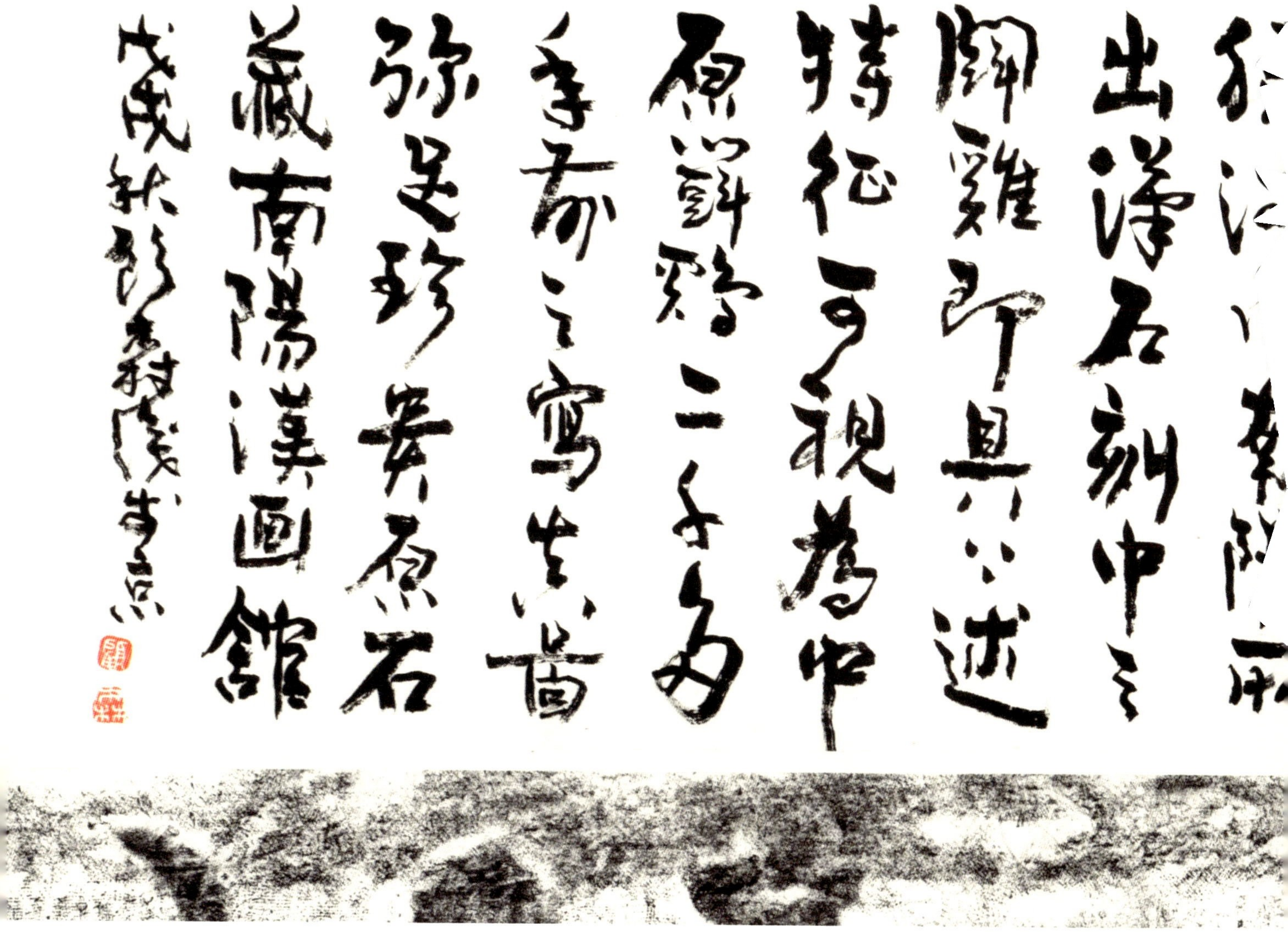
年前之寫生當
彌足珍貴原石
藏南陽漢畫館

建筑人物残石

尺寸：185cm×120cm

释文：

此余自藏石之拓本，为周建军先生所手拓。周氏山东巨野文物保护业界人。其人善于拓。每拓皆先细究所拓之物，而后定工具及方法。故每拓皆劳神费心矣。其传拓时，工具非一，手法非一，务求完善表达金石之神气。且每拓石一次即清洗一次，此亦良工之良习矣。故一石一日数拓，事毕石面依然洁净如初。余曾睹他人此石之拓本，图像均有缺失。唯此拓石面内容完全且清晰，真乃善本也。此石原出徐州。石已裂为大小不一之五段，所幸画面基本完整。图分上下两层。下层图像为一两层建筑。建筑之柱石、斗栱、楼梯清晰可见。室外一马，室内一人持笏登楼谒见一跽坐人物。上层图像三人似在一开阔处。一人面相都丽丰颐，头上冠髻不甚分明。若髻则高髻袍服女子，若冠则高冠袍服男子。另两人在交谈，均戴冠、着短衣大裤。此石画面空旷舒朗，大量留白，在汉画中属罕见。唯岱庙藏肥城汉墓所出之《牛虎图》《树下射鸟图》，为异曲同工者也。人物之眼炯炯有神，亦此图妙绝之处。

戊戌霜降之日顾森识于京

建築人物殘石

此余自藏石之拓本為周建軍先生所手拓周氏山東巨野文物保護業界人其人善於拓每拓皆先細究所拓之物而後定工具及方法故每拓皆勞神費心矣其傳拓時工具非一手法非一務求完善表達金石之神業且每拓石一次即清洗一次此亦是工作良習矣故石一日數拓事畢石面依然潔淨如初余曾睹他人此石之拓本圖像均有缺失惟此拓石面内容完全且清晰真乃善本也此石原出徐州石已裂為大小不一之五段得幸畫面基本完整圖分示兩層下層圖像為一兩層樓宇建築之柱石及拱樓梯清晰可見室外一馬室内一人持笏登樓謁見一跽坐人物上層圖像三人似在一開闊處一人面相都麗豐頤頭上冠髻飛甚分明若髻則高髻袍服女子若冠則高冠袍服男子另兩人在交談均戴冠着短衣大褲此石畫面空曠舒朗大量留白在漢畫中屬罕見惟岱廟藏肥城漢墓所出土牛爾圖樹下射鳥圖為異曲同工者也人物之眼炯炯有神亦此圖妙絕之處

戊戌谷雨降之日

孫林海書于京

建築人物殘石
此余自藏石之拓本為周建軍先生所手拓 周氏山東巨野文物保護
業界人其人善於拓每拓皆
先細究所拓之物而後定工具及
方法故每拓皆勞神費心矣其
傳拓時工具非一手法非一務求完
善表達金石之神棄且每拓石
一次即清洗一次此亦是工作良習矣
故石一日數拓事畢石面依然潔
淨如初余曾睹他人此石之拓本圖
像均有缺失惟此拓石面內容完全
且清晰真乃善本也此石原出
徐州石已裂為大小不一之五段
所幸畫面基本完整畫分上下
兩層下層圖像為一兩層樓宇

建筑人物残石题跋

登樓謁見一跽坐人物上層圖像三人似在一開闊處一人面相都麗豐頤頭上冠髻飛甚分明若謁見高髻袍服女子若冠則高冠袍服男子另兩人在交談均戴冠着短衣大褲此石面闊曠舒朗大量留白在漢畫中屬罕見惟岱廟藏肥城漢墓所出土牛而畫樹下射鳥圖為異曲同工者也人物之眼炯炯有神亦此畫妙絕之處

戊戌雨水降之日
[illegible]森[illegible]書于京

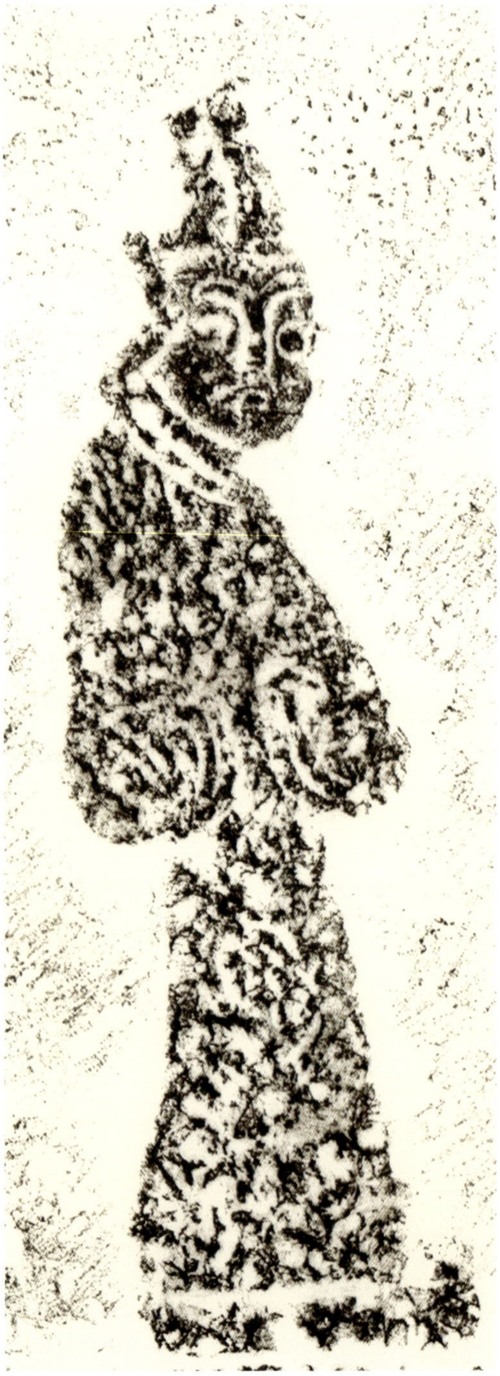

建筑人物残石局部

建筑人物残石局部

建筑人物残石局部

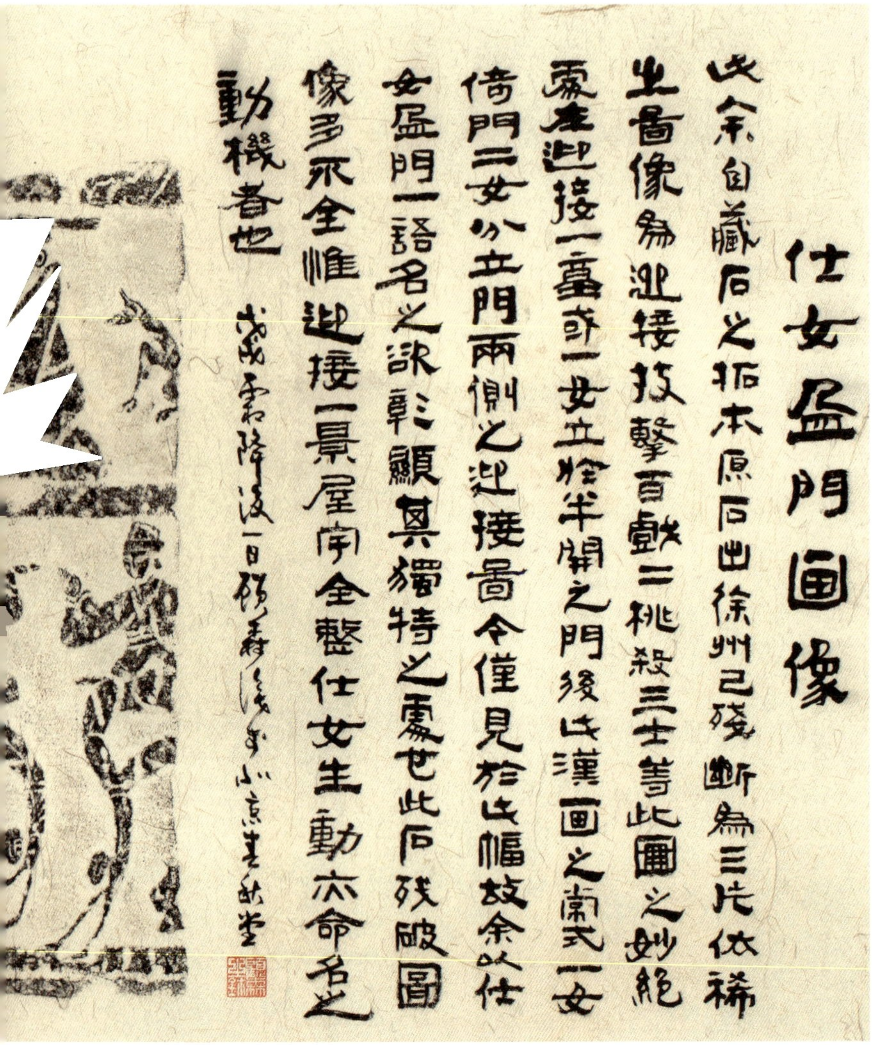

仕女盈门画像

尺寸：170cm × 76cm

释文：

此余自藏石之拓本。原石出徐州，已残，断为三片。依稀之图像，为迎接、技击、百戏及二桃杀三士等。此图之妙绝处在迎接。一童或一女立于半开之门後，此汉画之常式。一女倚门，二女分立门两侧之迎接图，今仅见于此幅。故余以仕女盈门一语名之，欲彰显其独特之处也。此石残破，图像多不全，唯迎接一景，屋宇全整、仕女生动，亦命名之动机者也。

戊戌霜降後一日顾森识于北京春秋堂

仕女盈门画像局部

仕女盈門圖像

此余自藏石之拓本原石出徐州己殘斷為三片依稀之畫像為迎接技擊百戲二桃殺三士等此圖之妙絕處在迎接一臺或一女立於半開之門後此漢畫之常式一女倚門二女分立門兩側之迎接畫令僅見於此幅故余以仕女盈門一語名之詠彰顯其獨特之處也此石殘破圖像多不全惟迎接一景屋宇全整仕女生動亦命名之動機者也

戊戌霜降後一日張森識于小京書畝堂

仕女盈门画像题跋

仕女盈门画像局部

仕女盈门画像局部

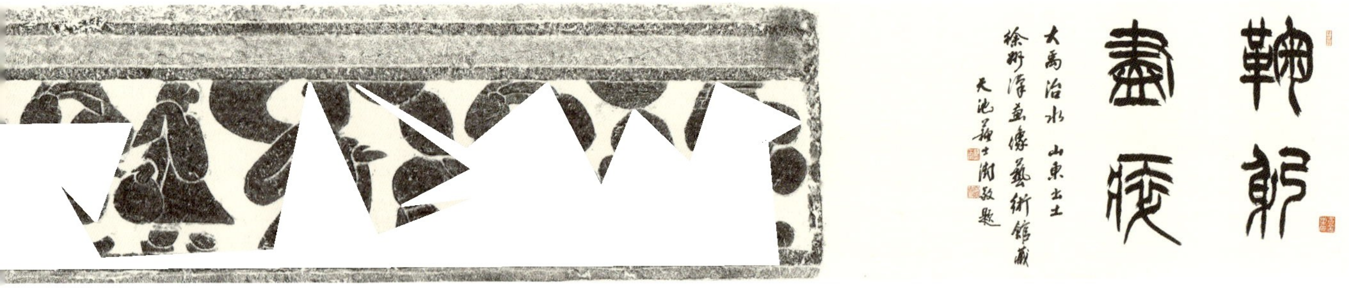

大禹治水故事画像

尺寸：440cm×48cm

释文：

鞠躬尽瘁。大禹治水，山东出土，徐州汉画像艺术馆藏。

天池苏士澍敬题

此拓获赠于徐州朱存明教授。原石出山东，今藏徐州汉画像石艺术馆。其先，山东一墓画像石共十余方流入徐州。其待贾期间曾拓制拓片多份。今徐州地区多人手中持有此墓画像石拓本，其源盖出此矣。後此石归徐州汉画像石艺术馆，制拓片之事遂绝。余之拓片亦入馆前之物也。今此墓石陈列于新馆，未注明石出何方。然细观其风格及雕镌之技，可知当出山东临沂一带。余此拓之原石为原墓诸石中尺度最长者，故内容亦应为全墓之主题。此石所刻拟为大禹『三过家门而不入』故事。所褒扬者为奋不顾身、公而忘私之精神。此拓原石浮雕之高，雕镌画层之多，人物之生动大气，刀法之精良烂熟，称其为汉画像石之极品，不为过矣。

戊戌霜降日顾森识于京华

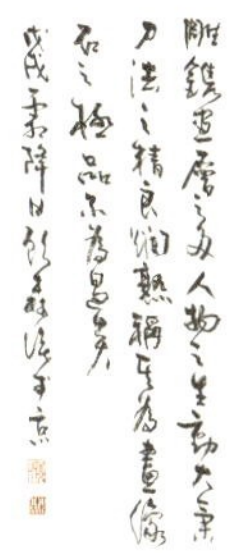

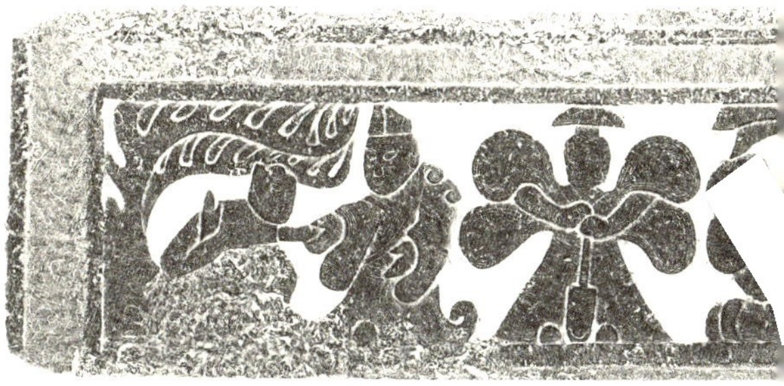

大禹治水故事画像题跋

大禹治水故事画像局部

大禹治水故事画像局部

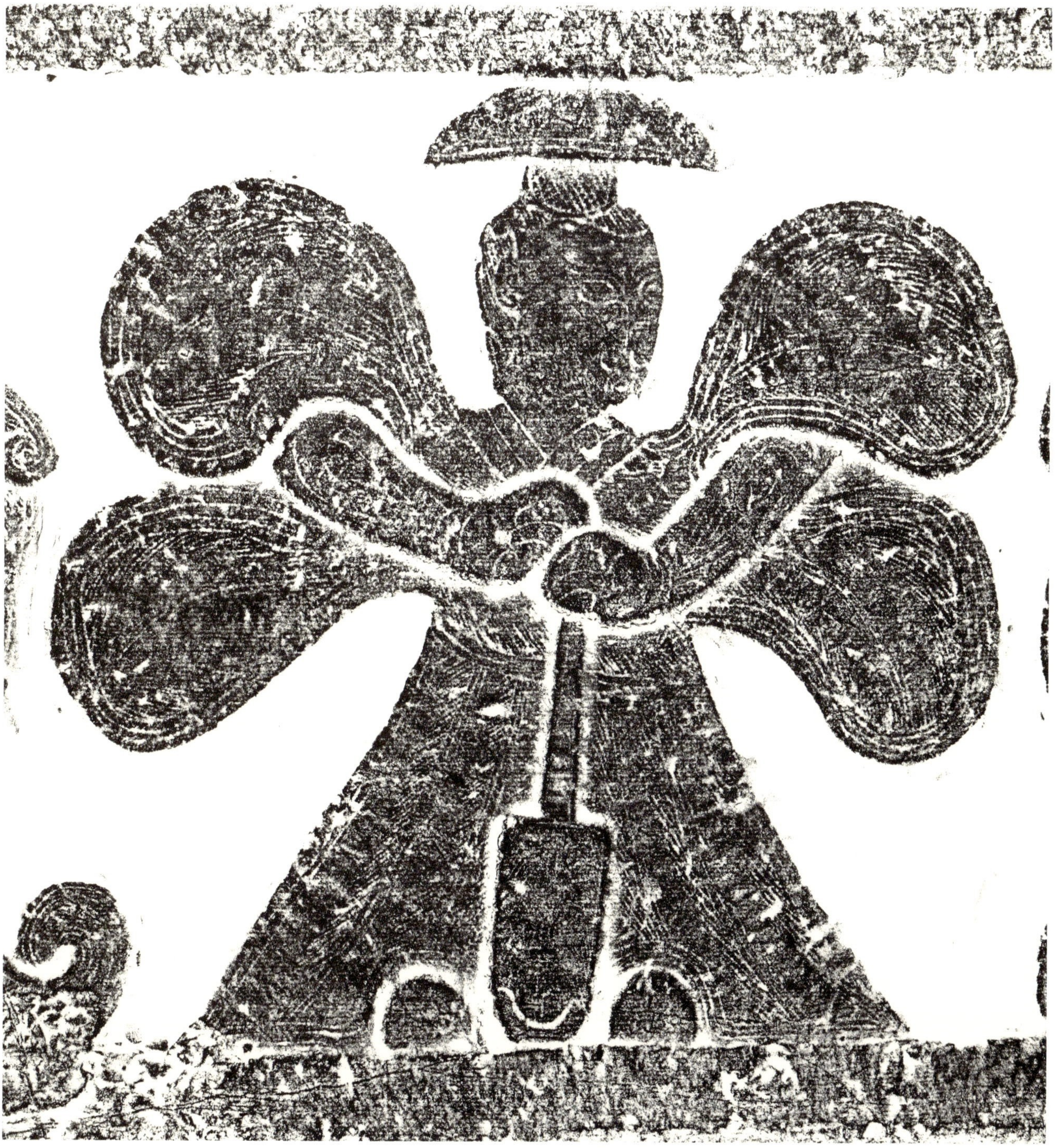

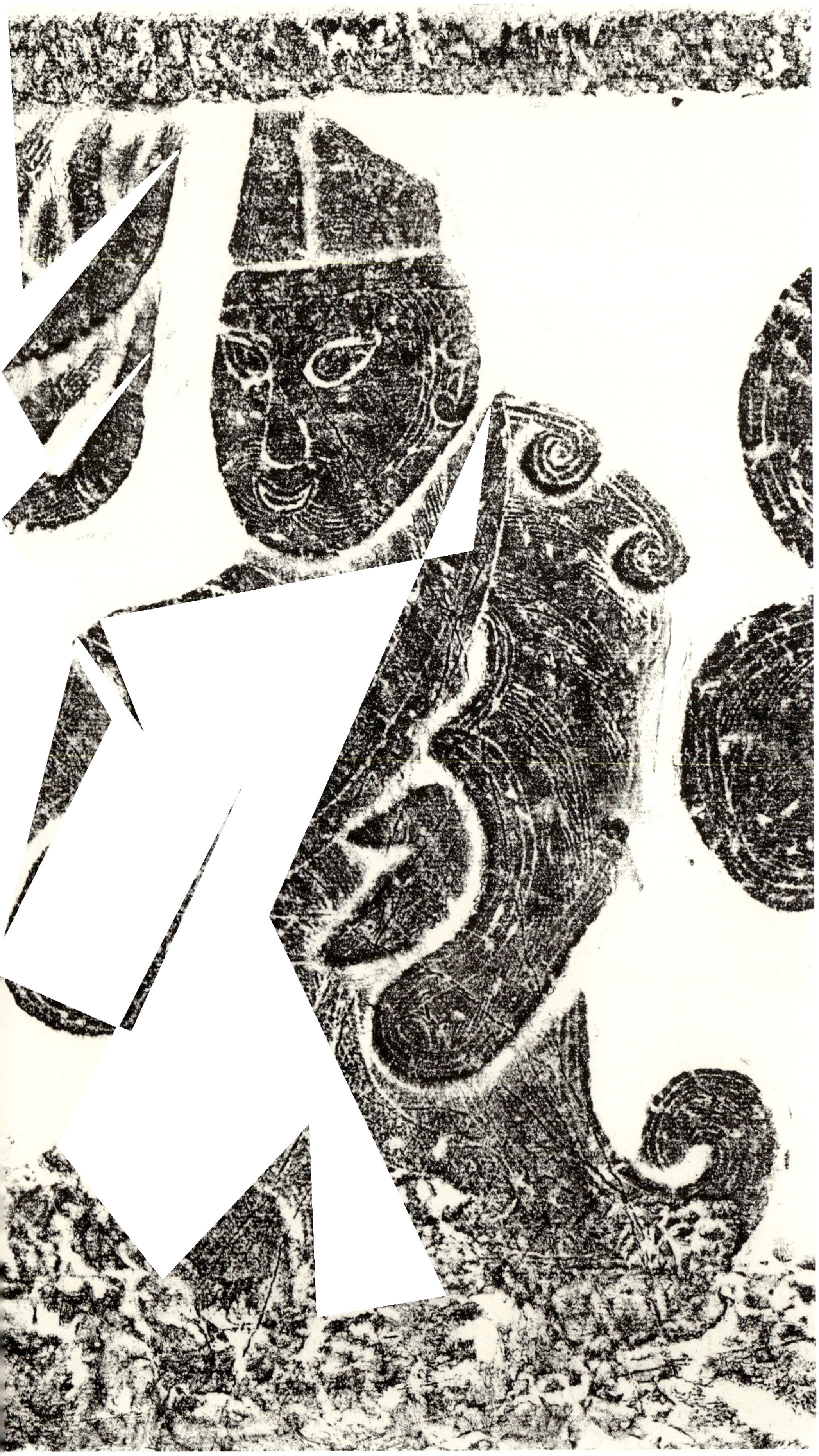

大禹治水故事画像局部

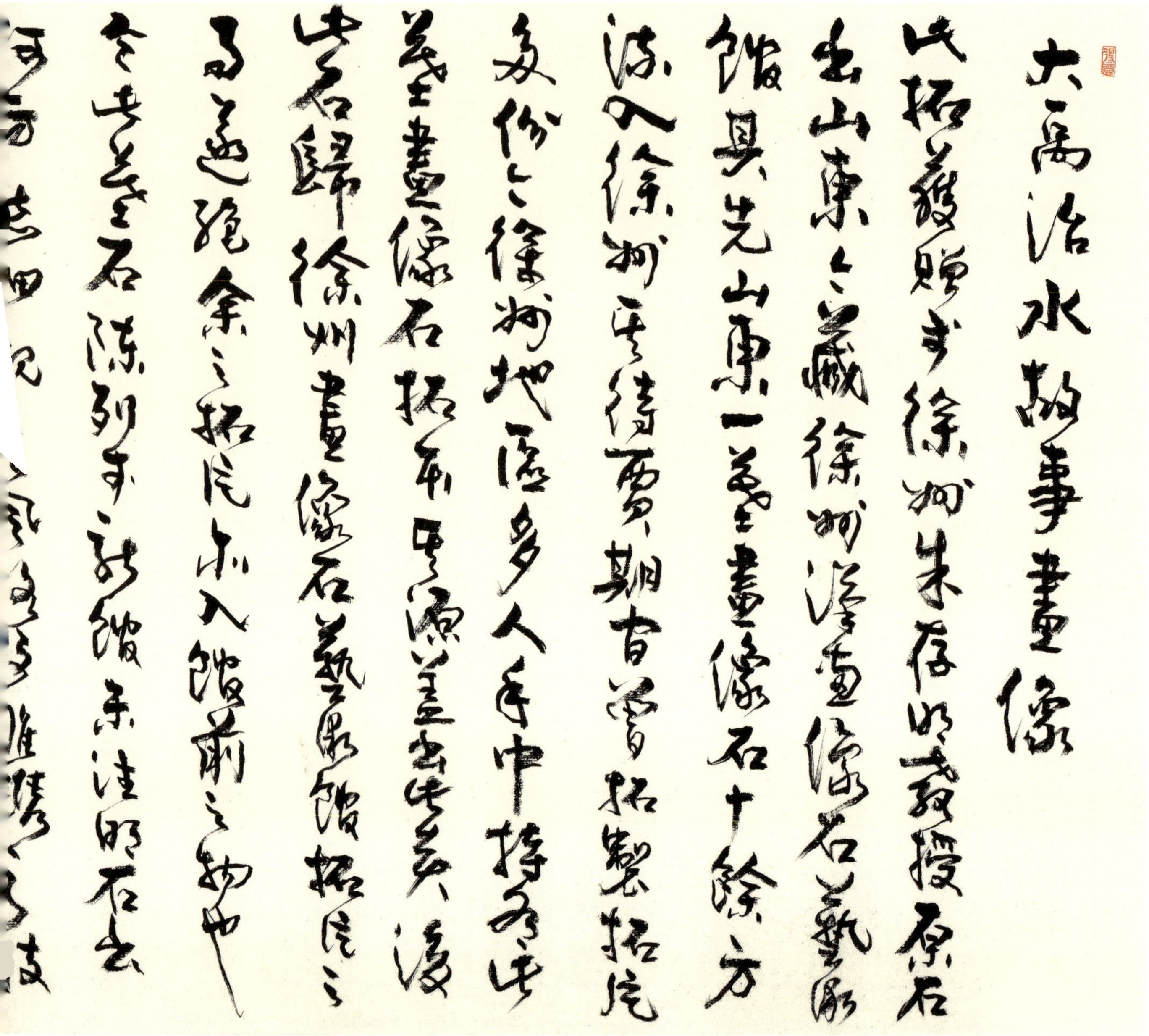

大禹治水故事画像题跋

原石為之，原著诸石中，久之屡受寇氏共

胡内窜所愿為余□□□□□□為

所刻僻為大高三过密門之不入

故石折疲揚志為奮之刻身以病

忘私相神也拓原石浮雕之高

雕鎮画層之為人物之生动大宗

刀法之精良润熟稱年為畫像

石之极品不為過矣

戊寅季秋降日 於谈景山房書 京

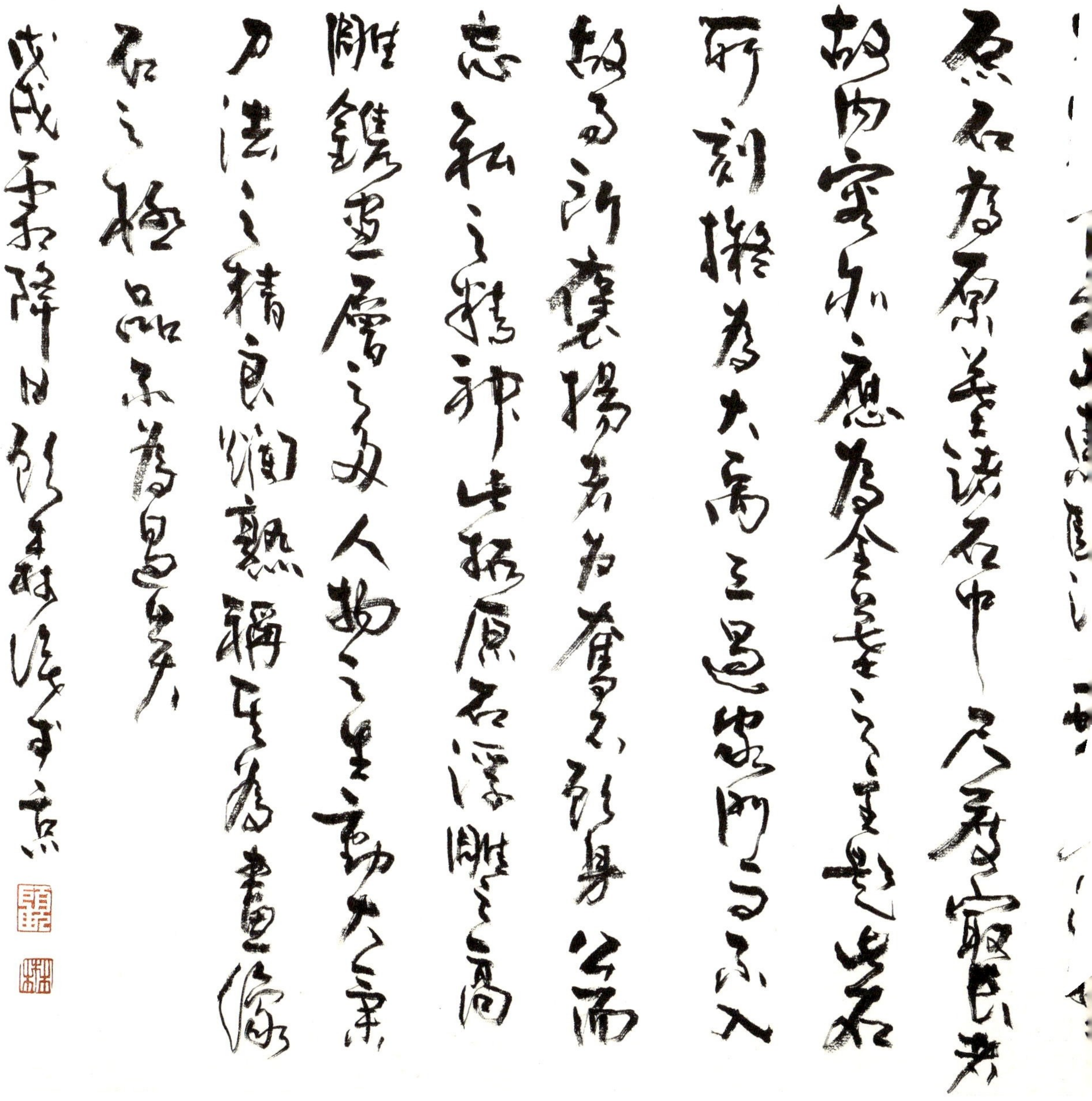

乐山萧坝石棺画像

乐山萧坝石棺画像

尺寸：330cm×87cm

释文：

此拓二〇一一年十二月获赠于张恩宝先生。原石棺一九九一年出土于四川乐山青衣乡萧坝崖墓，现藏四川乐山麻浩崖墓博物馆。此图分上下两层。上为宴饮。图像两则各一铺首，寓室内家中之意。下层为车马，户外出行之意彰然矣。

戊戌立冬後一日顾森识于京华

此拓二〇二一年十二月荷澤縣張恩賓先生

所惠拓一九七二年出土於山東樂山齊

崖墓現藏樂山崖墓博物館蕭灘

以為層以為宴飲陶像有側立二鋪首

家富田宅車馬之盛秦漢車馬之外出行

戊戌之冬護日張頷淺甫記

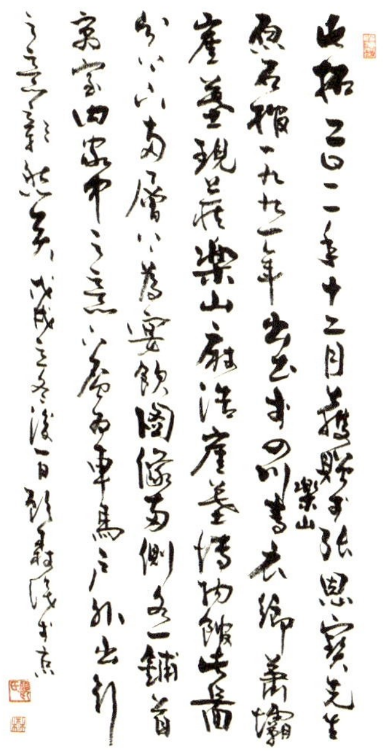

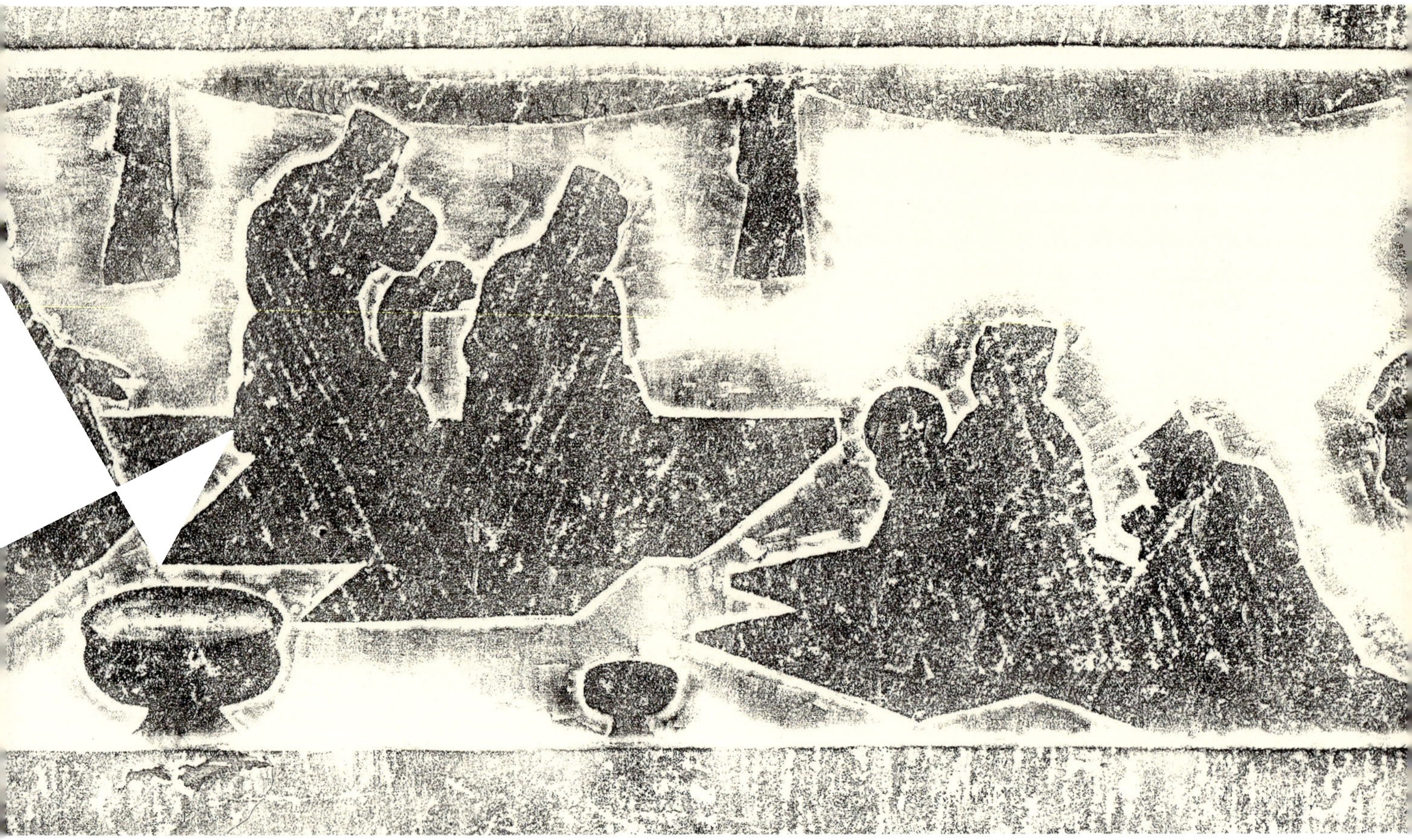

乐山萧坝石棺画像局部

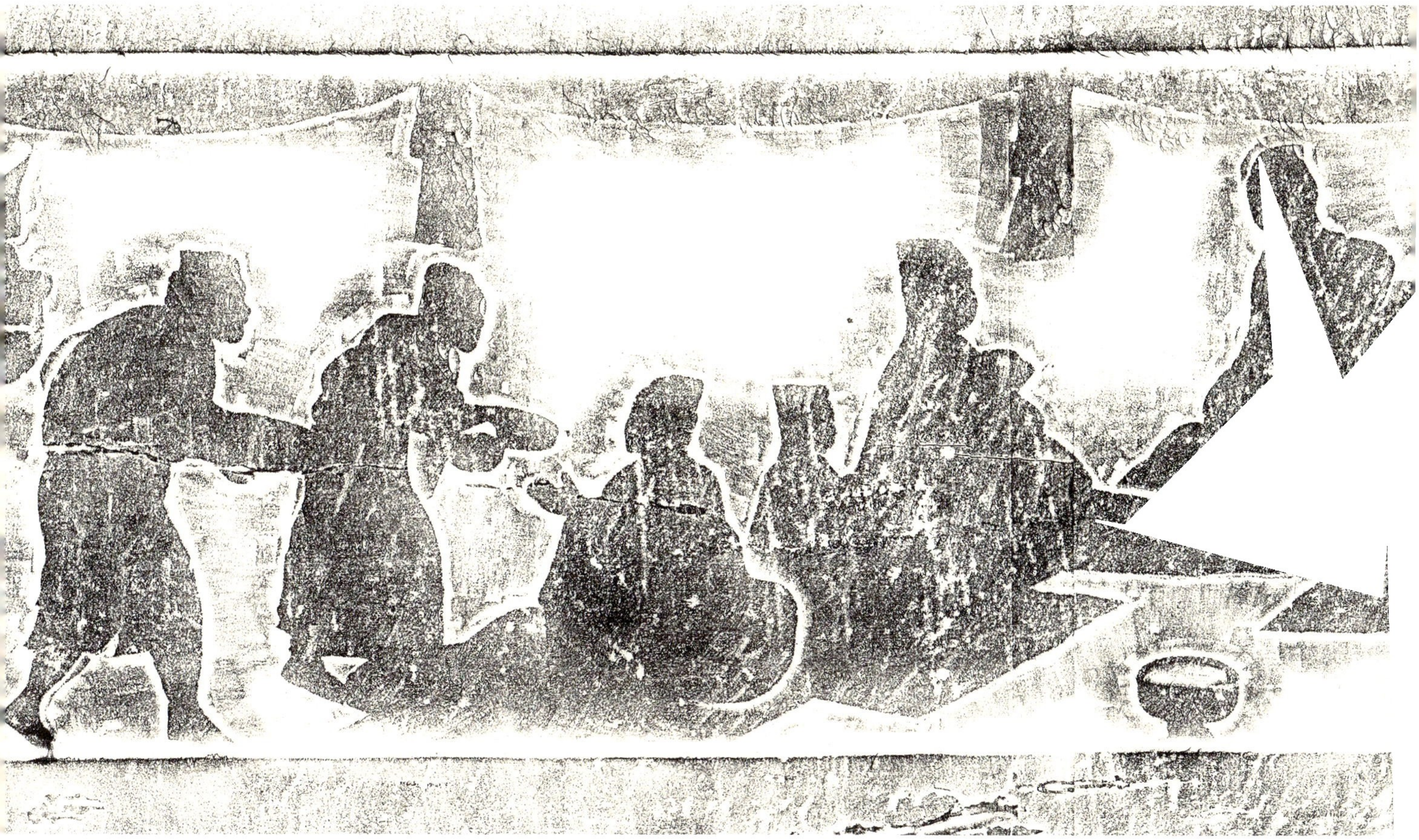

樂山蕭壩石棺畫像

乐山萧坝石棺画像题跋

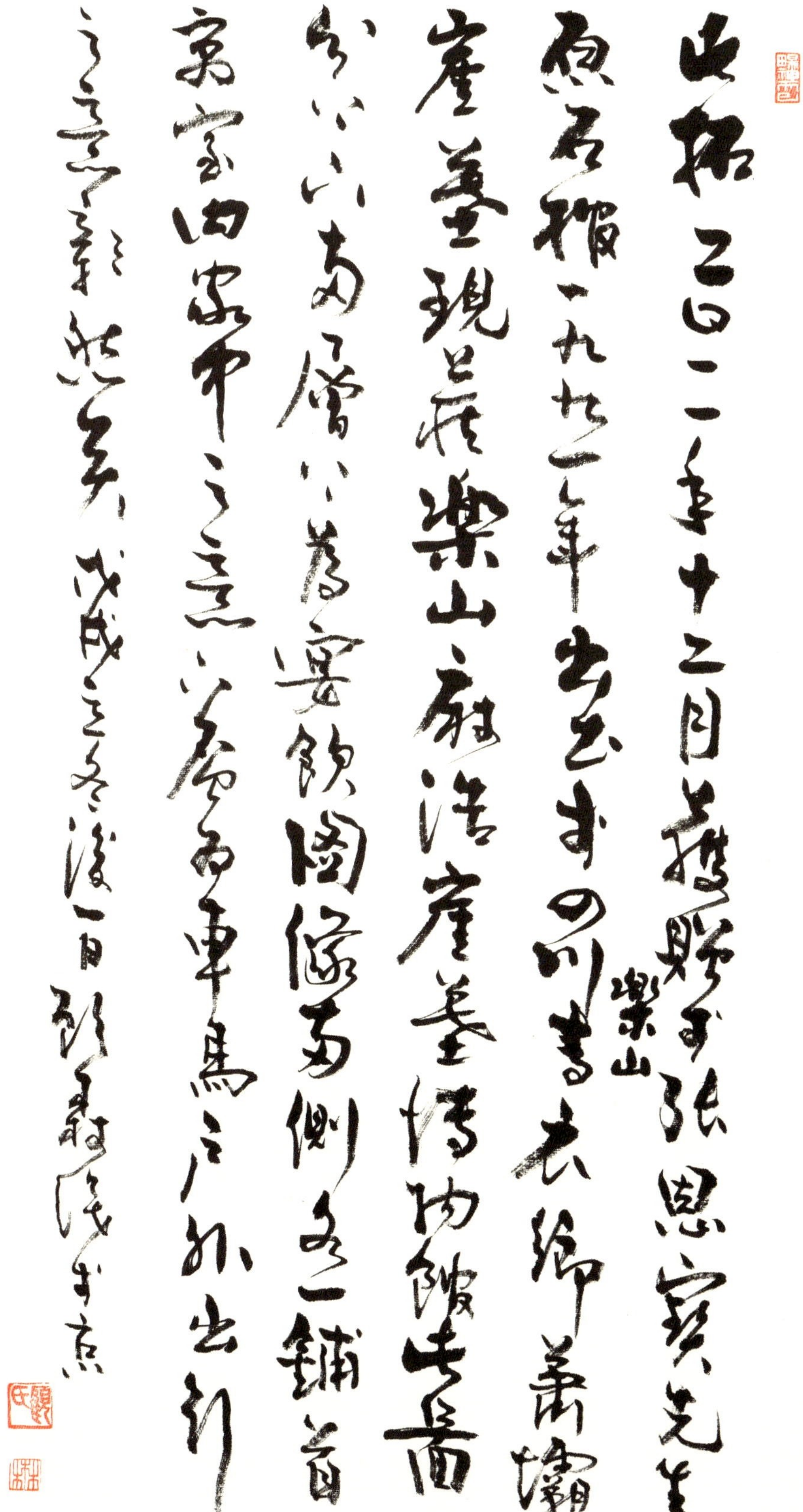

乐山萧坝石棺画像题跋

百煉成鋼
人物技擊圖 東安漢里石 現藏曲阜孔廟神庖漢畫石室 蘇士澍題

人物技击图

尺寸：458cm×85cm

释文：

百炼成钢。人物技击图，东安汉里石，现藏曲阜孔庙神庖汉画石室。　苏士澍题

此拓获赠于邹城胡新立先生。东安汉里画像石1937年出土于曲阜城东韩家铺村，为新莽至东汉初之石椁画像，现藏曲阜孔庙。此椁内中间一隔板分椁为二室，椁内四壁、隔板、盖板及南北壁板外侧均有画像。共有大小图像十二幅。东安汉里石椁画像因其图像独具特色而为藏家所重。1949年傅惜华先生为巴黎大学北京汉学研究所编《汉代画像全集》时，遂将自己珍藏之东安汉里画像编入是书，即《汉代画像全集·初编》37—78图。此拓图像则为是书编号之73及74图。东安汉里石椁石面均较大，故所出图像幅面亦较大。此椁画像中的人物、动物、神灵，其衣物及动物躯体，均满布纹饰。有加细密之白点者，有铺连绵之鳞片者。此拓中技击比武者亦满身鳞片，然非铠甲乃装饰手法而已。故傅惜华先生释此图为『人事类百戏之属』，其论公允，于理不悖矣。

岁在戊戌十月之初顾森识于京华

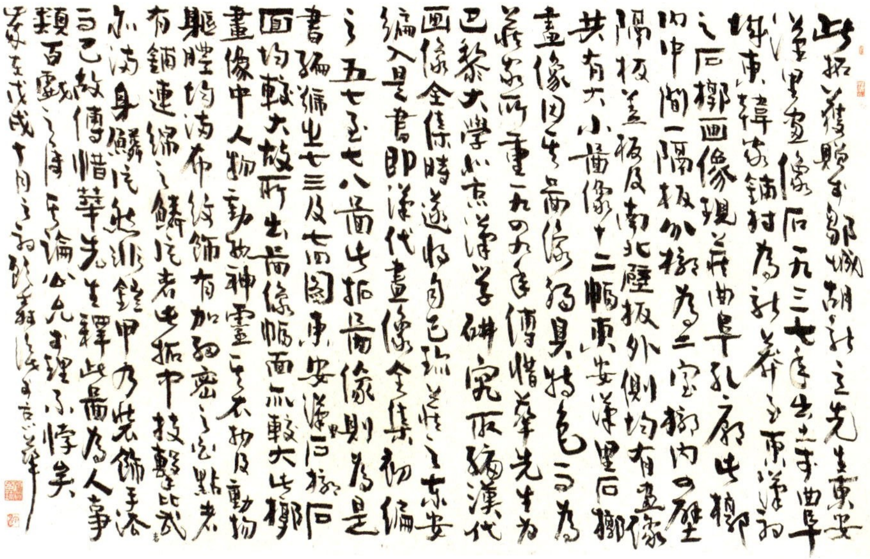

人物技击图局部

此拓得贈于邹城胡新立先生東安

漢畫像石一九三七年出土于曲阜

城東緯武鋪村為村民荟井所得

之石槨畫像現藏曲阜孔廟此槨

内間一隔极分為三室獅内之壁

隔极盖板及南北陸板外側均有畫像

共有大小畫像十二幅頂安藏里石槨

畫像因与傅惜華先生為

展家因一九四九年重一九四九先生為

巴黎大学研究依編漢代

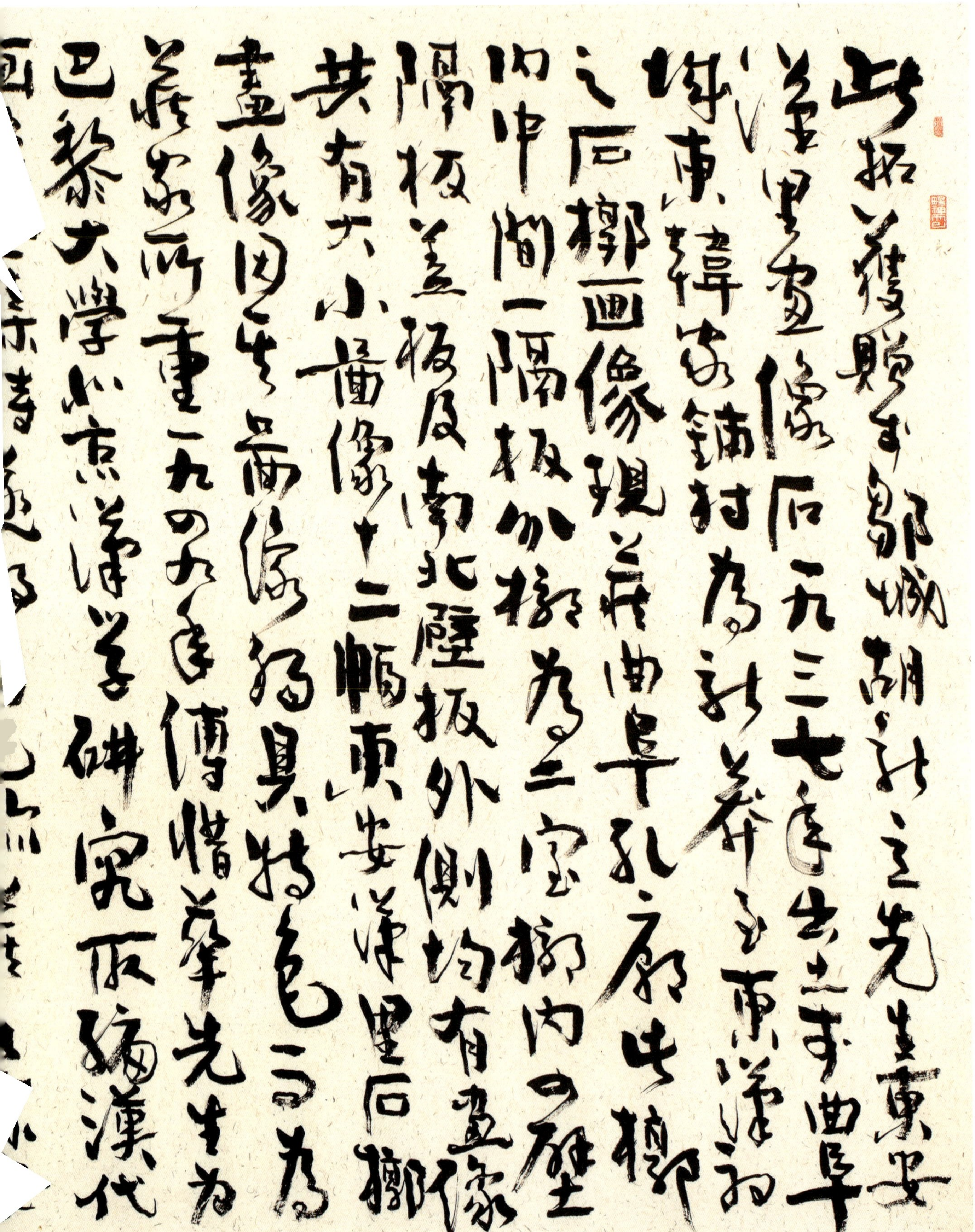

人物技击图题跋

于五七至八番牛拓畫像則為是

書編业七三及七而圖庠安潴已搨石

畫像較大故所出番傢帷面黑較大七椰

像中人物動物神靈二三衣物及動物

軀體均清布紋飾有加細密之墨點尖

有鋪連綿之鱗紋者也拓中技擊武

不濤身爾泡鎧甲乃先飾手添

己故傳惜華先生釋此番為人事

類百之論公先才理不惜美

安左戍丁月之□於壽陵湖北華林

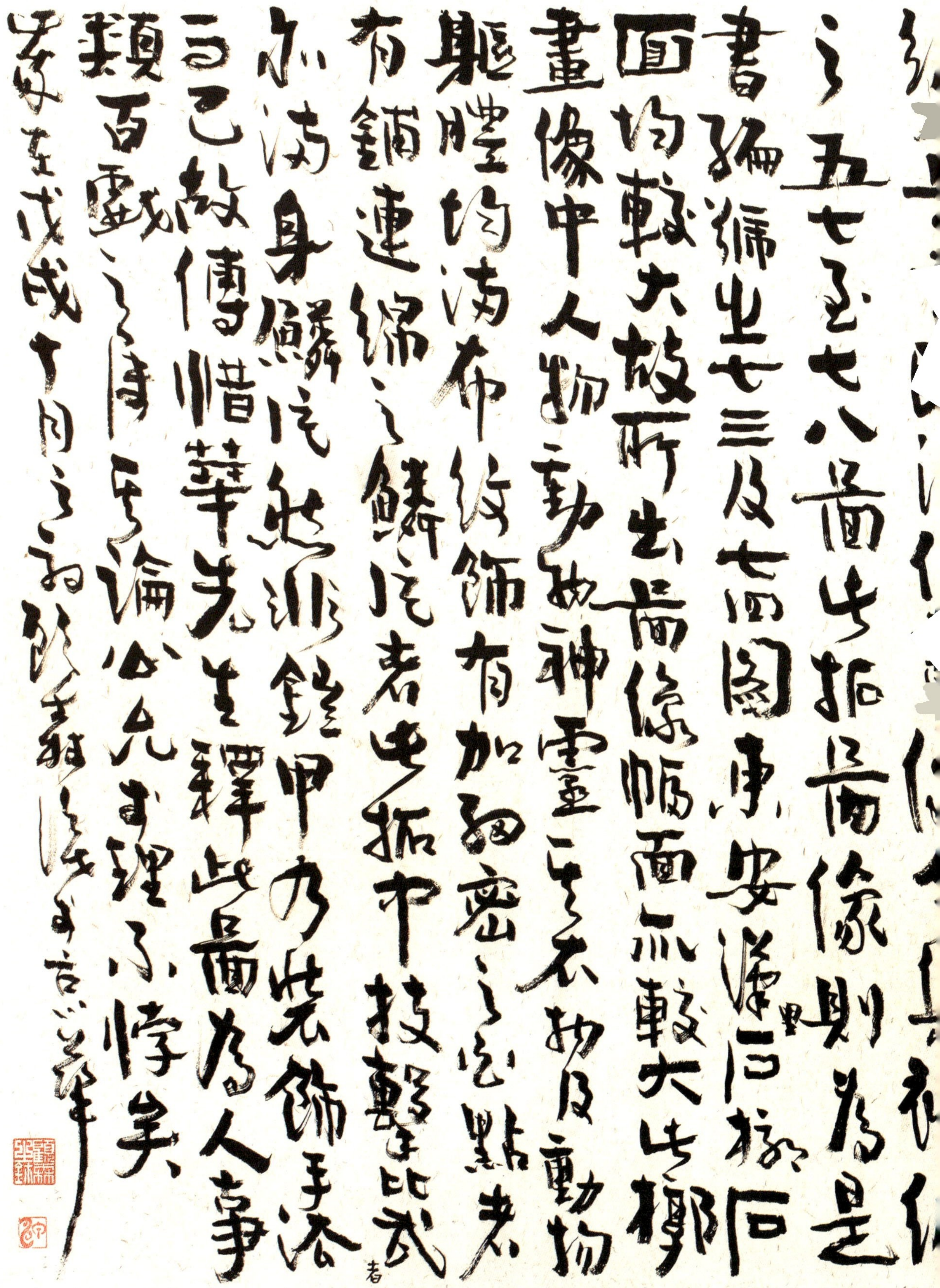

伏羲女娲莲鱼图

尺寸：280cm×45cm

释文：

此拓获赠于友人彭强。其图像价值较大部分为右半伏羲女娲莲鱼者也。十余年前，余于安徽淮北市博物馆展厅见此拓本图像而未见原石。询问相关人员，答曰：石出淮北收藏于外地。余以为此石图像内容甚为重要，遂托徐州朋友代为寻访之。後彭强友送来此拓，并告知原石现藏安徽宿州市埇桥区闵子骞祠堂。汉代生殖祈求之图像中，人首蛇躯或人首龙躯之伏羲女娲交尾图是为其一。论者推理言之凿凿，非议者时亦有之。今观此图，伏羲女娲交尾中多一圆环，环中图像为鱼莲。生殖祈求之意明白无疑。汉乐府《江南可采莲》一诗，闻一多先生早已指出其生殖之意。此拓中一莲之四方各有一鱼，与乐府所吟完全一致，直可视为诗意图。且今日民间剪纸中之鱼莲图亦古之遗意，寓男女交欢与生育之意矣。另安徽宿州褚兰县曾出两方尺寸相同之画像石，一石图像如此拓之鱼莲图像，另一石则将四方环莲之鱼换为伏羲女娲环莲。两石互为注解，生殖祈求之意不言自明。今淮北宿州两地相邻，属地互为参差，东汉时共为沛国辖地。出土内容一致之画像，亦同文同风同俗使之然也。

戊戌十月初顾森识于北京

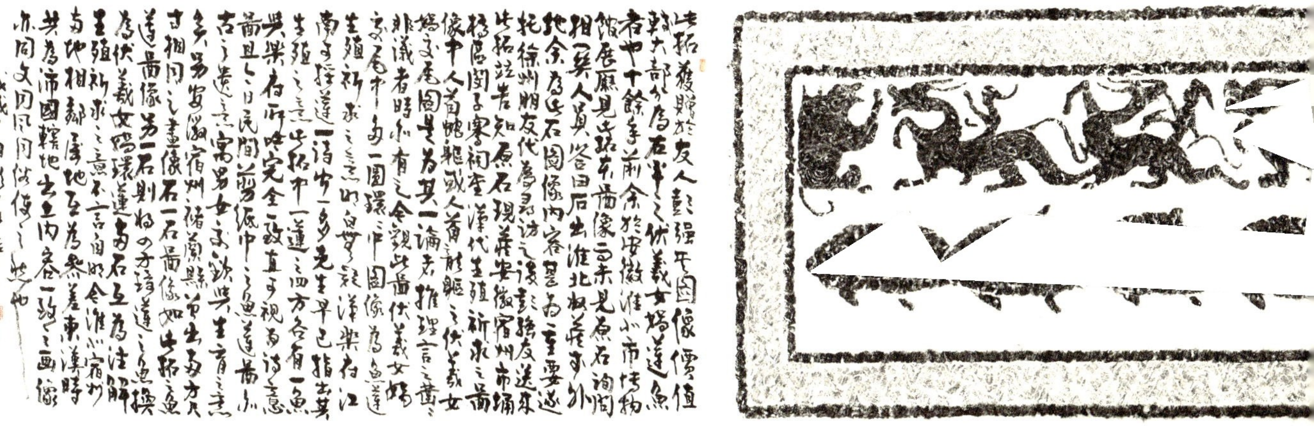

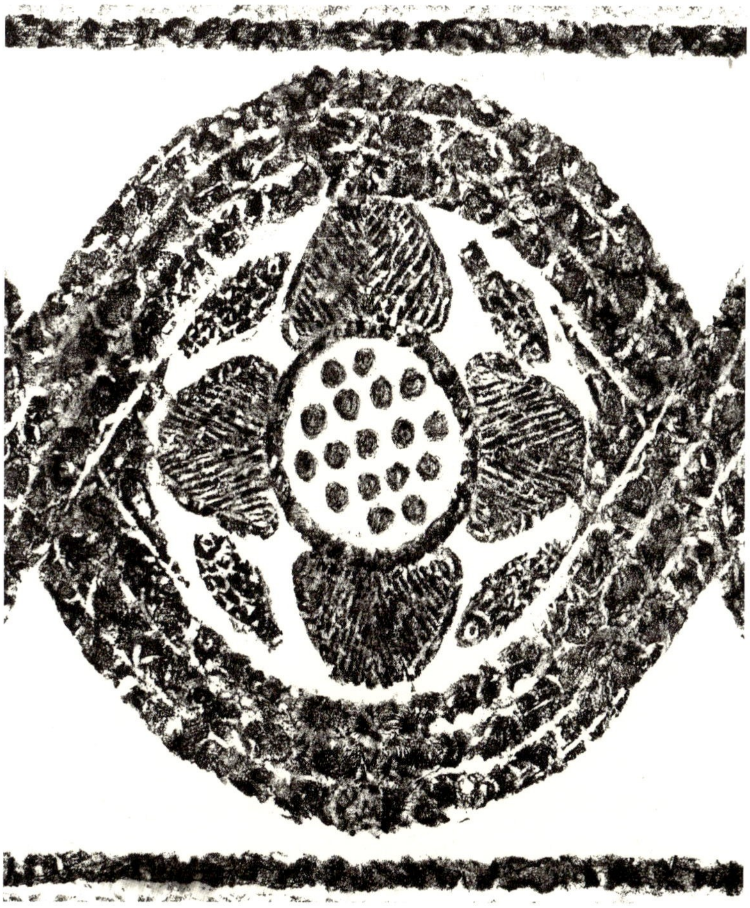

伏羲女娲莲鱼图局部

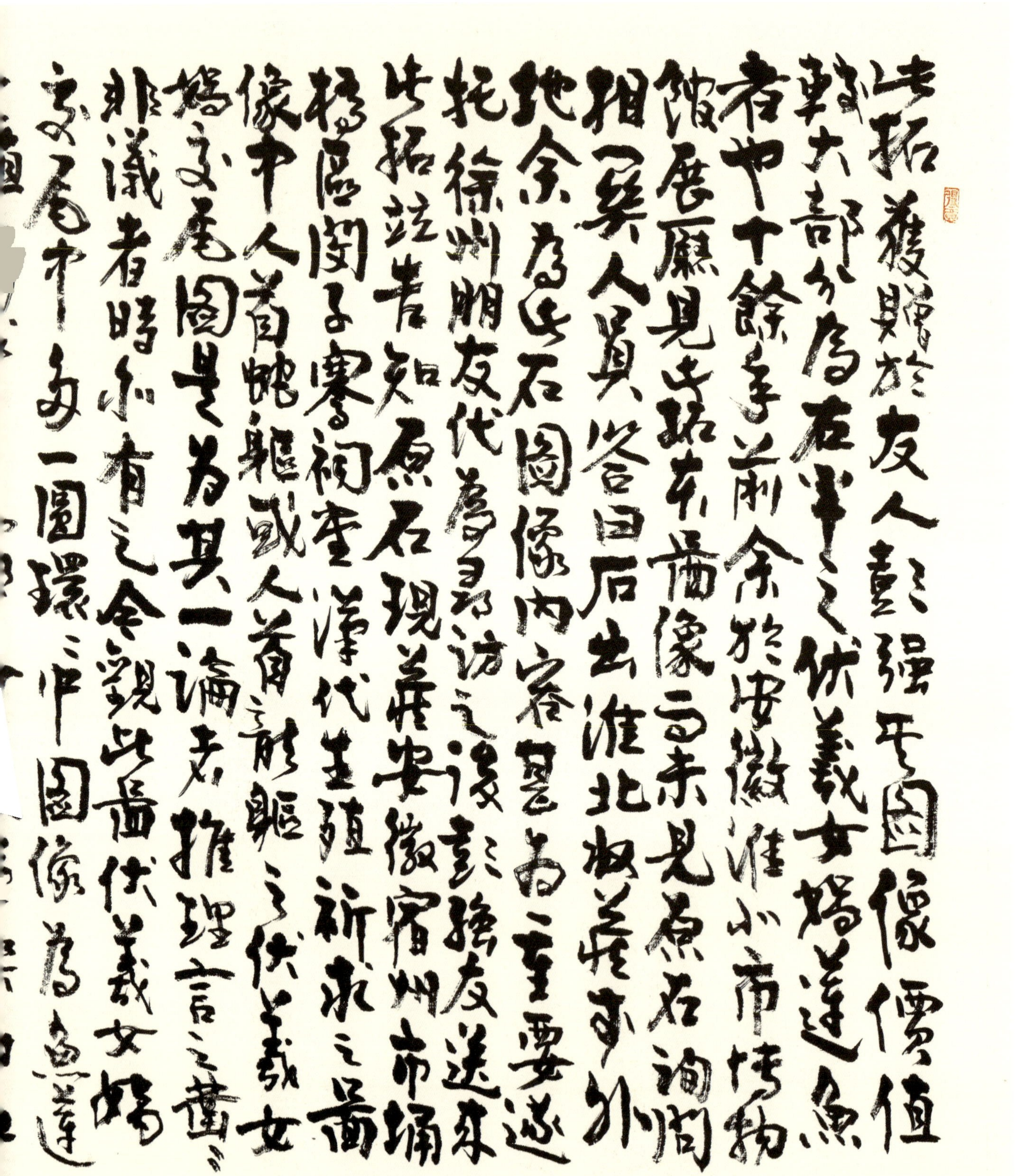
此拓獲贈於友人彭強氏圖像價值
對大部分為石中之伏羲女媧蓮魚
者也十餘年前余於安徽淮北市博物
館展廳見此拓本畫像而未見原石詢問
相關人員皆曰石出淮北濉溪縣外
地余為此石圖像內容甚為之重要遂
托徐州朋友代為尋訪之後彭強友送來
此拓茲告知原石現藏安徽宿州市埇
橋區閔子騫祠堂漢代生殖祈求之畫
像中人首蛇軀或人首之龍軀之伏羲女
媧交尾圖是為其一論者推理之言之畫
非議者有時亦有之今觀此畫伏羲女媧
交尾中多一圖環之中圖像為魚蓮

伏羲女娲莲鱼图题跋

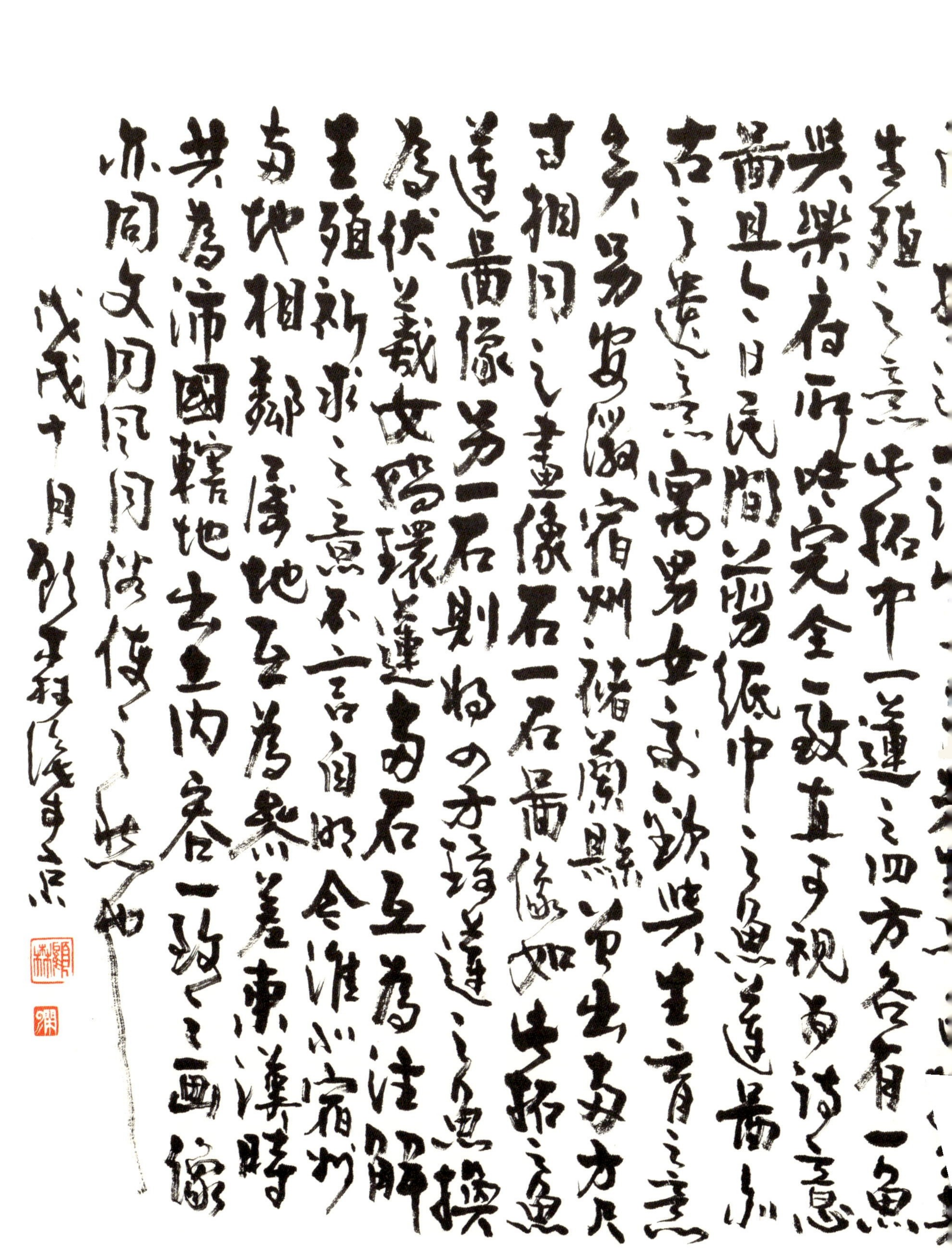
書碑之意也拓中一道之四方各有一魚
與樂有所皆完全一致直至視為詩之意
而且與日民間普労作中之魚道畫亦
古之遺意富男女永歡與生育之意
多子多福宿州褚蘭縣出土方尺
寸相同之畫像石一石畫像如其拓之魚
道畫像另一石則為方塊之魚道換
為伏羲女媧環之道畫石互為注解
生殖祈求之意不言自明今淮北宿州
古地相鄰屬地互為楚之蒼東漢時
共為沛國轄地出土內容一致之畫像
亦同文同風同俗使之然也

树下饮马图

尺寸：260cm×44cm

释文：

此拓片获赠于萧县苏肇平先生。汉之时，鸡与凤凰、朱雀不甚分明。故在汉及汉以前之典籍中，鸡、凤凰、朱雀，从外形到职能、到称呼，多有重叠之处。这些认识，可能就是造成今天我们所见汉画中，鸡之图像极少而凤凰、朱雀则处处可见之原因之一。安徽萧县所出这块画像石所刻之公鸡，可能是目前所知汉画像砖、石中，结构最清晰、表现最丰富者，殊为可贵。收藏者宜珍惜之。

原石现藏安徽萧县博物馆。

己丑七月中顾森题于京，戊戌秋重抄

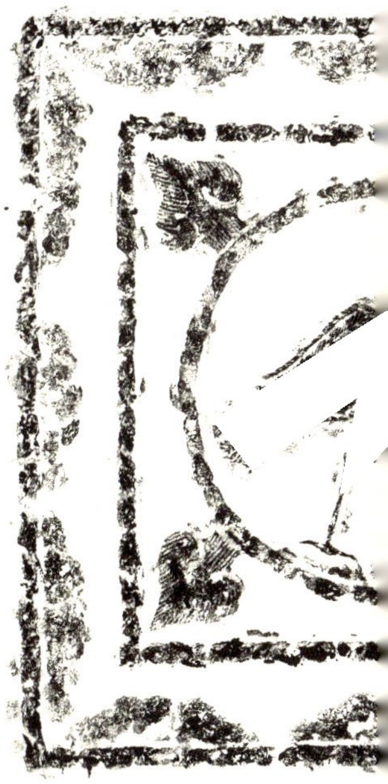

此拓片獲贈於蕭縣蘇肇平先生漢之時雞與鳳凰朱雀不甚分明故在漢及漢以前出典籍中雞鳳凰朱爵從外形到職能到稱呼多有重疊之處這些認識可能就是造成今天我們所見漢畫中雞之圖像極少而鳳凰朱雀則處處可見之原因之一安徽蕭縣所出這塊畫像石屬刻之心雖可能是目前所知漢畫像磚石中結構最清晰表現最豐富者殊為可貴收藏者宜珍惜之原石現藏安徽蕭縣博物館

己丑七月中
顧森題於京
戊戌秋重抄

树下饮马图局部

此拓片獲贈於蕭縣
蘇肇平先生漢之時
雞與鳳凰朱雀不甚
分明故在漢及漢以
前出典籍中雞鳳凰
朱爵從外形到職能
到稱呼多有重疊之
處這些認識可能就
是造成今天我們所
見漢畫中雞之圖像
極少而鳳凰朱雀則
頗多可見之原因之

树下饮马图题跋

塊畫像石屏刻之心
雖可能是目前所知
漢畫像磚石中結構
最清晰表現家豐富
者殊為可貴收藏者
宜珍惜之原石現藏
安徽蕭縣博物館

己丑七月中
顧森題於京
戊戌秋重抄

河伯出行图

尺寸：135cm×65cm

释文：

此拓获赠于胡新立先生，时在癸巳。原石今藏山东邹城博物馆。此图令人看后，顿生遐想。遂歌之曰：

河伯出行，美哉是图。
驾鳞乘龙，高冠华襦。
人鱼导前，飞鸟後呼。
天宽地阔，德不为孤。
愿生如此，何其欢娱。

顾森癸巳九月初十题之于京，戊戌九月重抄之

大拓一卷贈於胡新立先生時在癸巳
原石今藏山東鄒城博物館先前令
人看後頓生遐想遂歌之曰

河伯出行
美哉是圖
駕鱗乘龍
高冠華襦
人魚導前
飛鳥後呼
天寬地闊
德不為孤
歡生如此
何不歡娛

孙秋癸巳九月初十題之書竟
戊戌九月重抄之

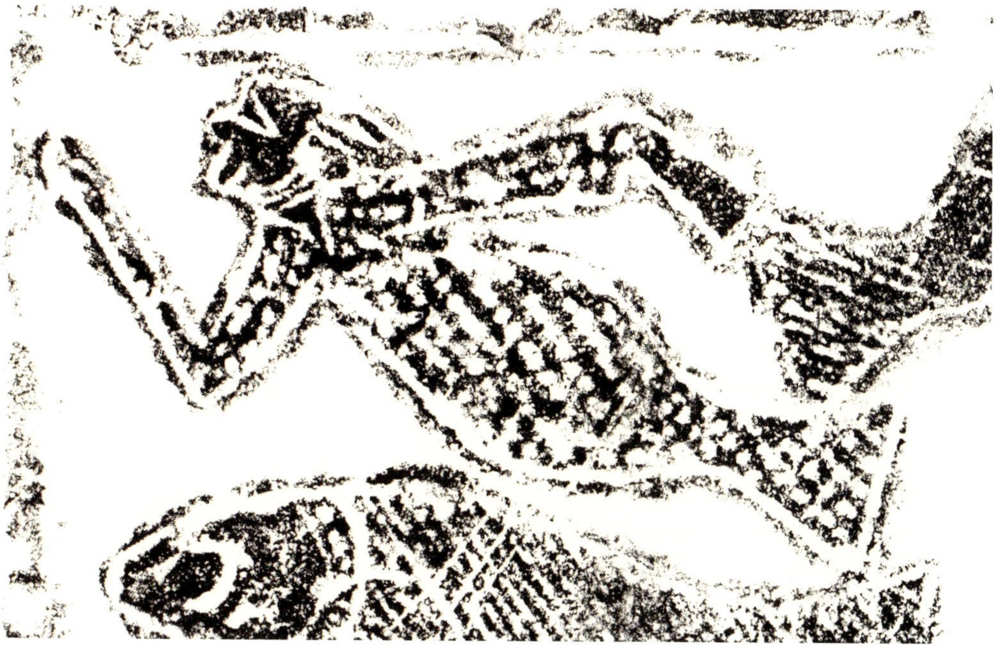

河伯出行图局部

升鼎图

尺寸：98cm×68cm

释文：

余有升鼎图多件，独喜此图。何也？爱其温润矣。余每展玩此图，有抚玉之感，愉悦之情自心生焉。诗曰：『言念君子，温其如玉。』是之谓也。此拓片何人所赠？何时所赠？皆不记取，甚为遗憾。看其风格，此拓片之原石当出山东。确否待考。

戊戌八月之末顾森识于北京之春秋堂

此升鼎图出山东滕州石椁。　顾森又补

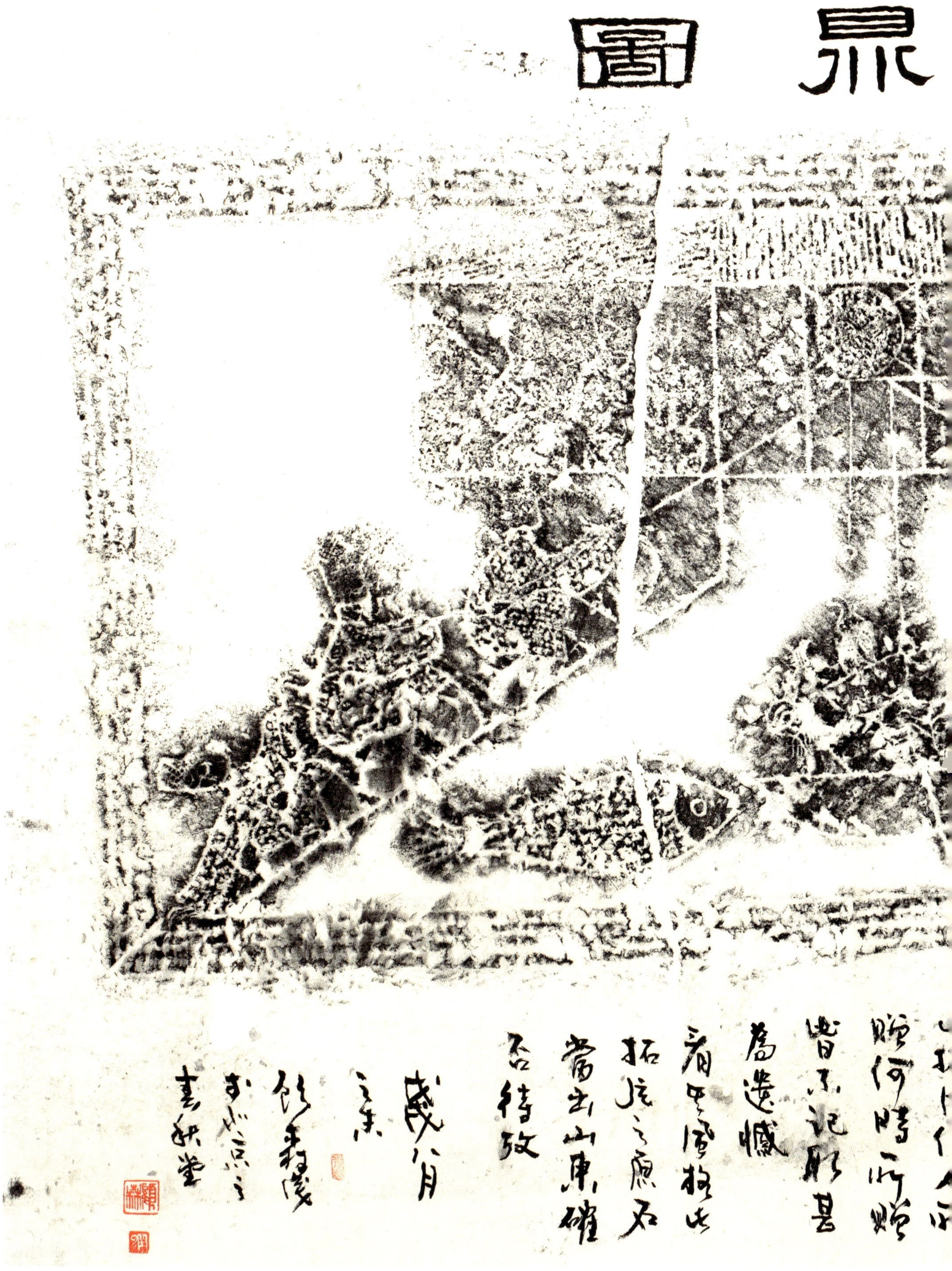
鼎圖
歲八月

微山小圆石柱画像

尺寸：153cm×66cm

释文：

此拓获赠于微山杨建东先生。原石为一圆柱体，拓制时展开为一平面。微山素出精美画像石而名声在外。然其石多流失，本县收藏不多。后经文保人士努力，于艰苦环境中，悉心收集。今微山藏汉画像石已蔚然大观矣。能毕其功者，杨建东先生为其一也。此拓内容为夫妻亲昵、比武技击、袖舞、云气等汉画中常见内容。今石藏微山县文管所。

顾森戊戌九月识于京华

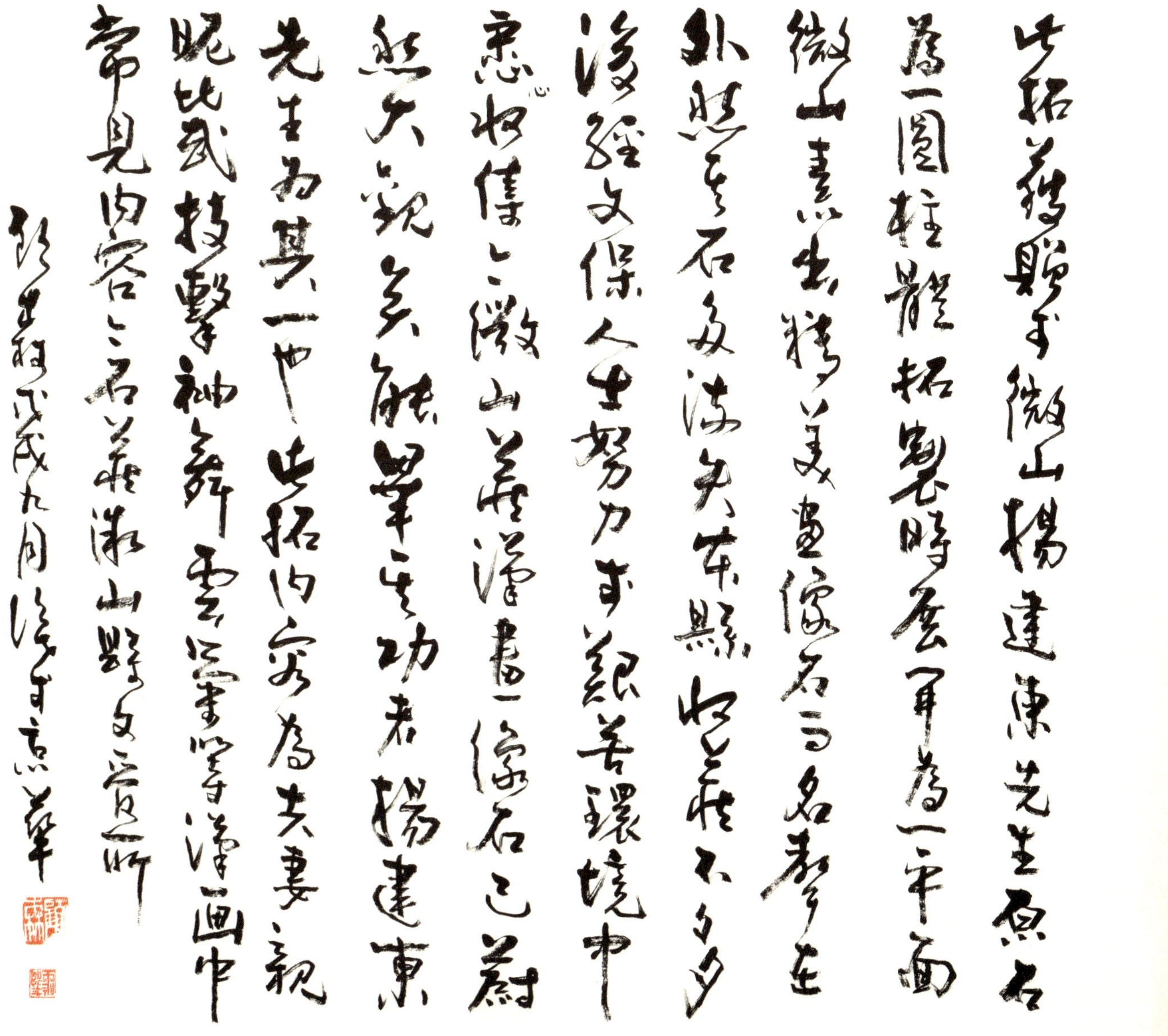
此拓藉技賦予徽山楊建東先生魚石
為一圖極難拓製時費年為一平面
徽山素描精美畫像石多名老在
外然石多流失本縣收藏不多
後經文保人士努力于銀善環境中
悉收集之徽山羲澤畫像石已蔚
然大觀矣能畢其功者楊建東
先生為其一也此拓內容為夫妻親
昵比武技擊神舞雲陽宴樂畫中
常見內容之名羲淵山野文化之所
題建東拓戊戌九月佳書

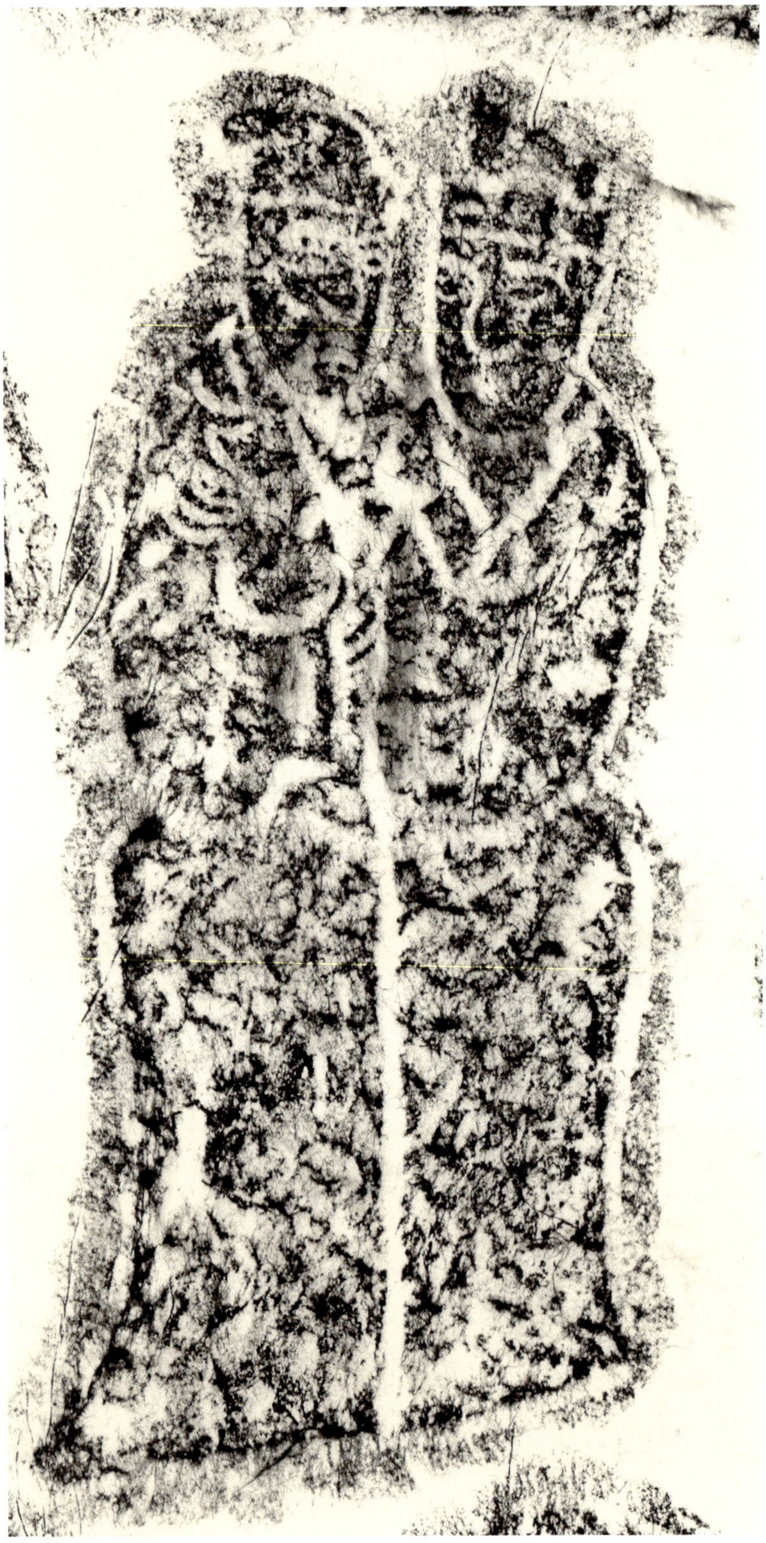

微山小圆石柱画像局部

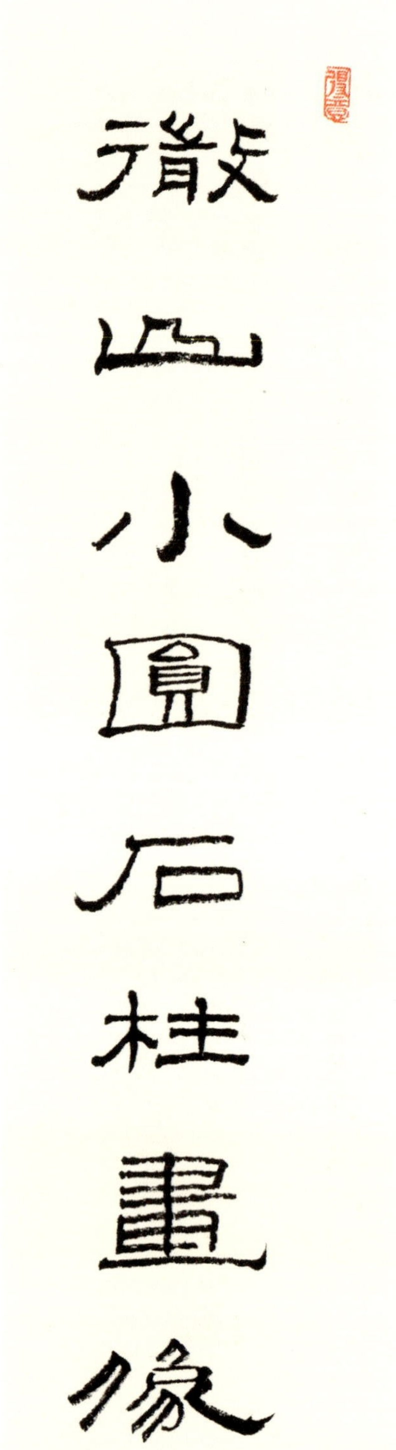

微山小圆石柱画像题跋

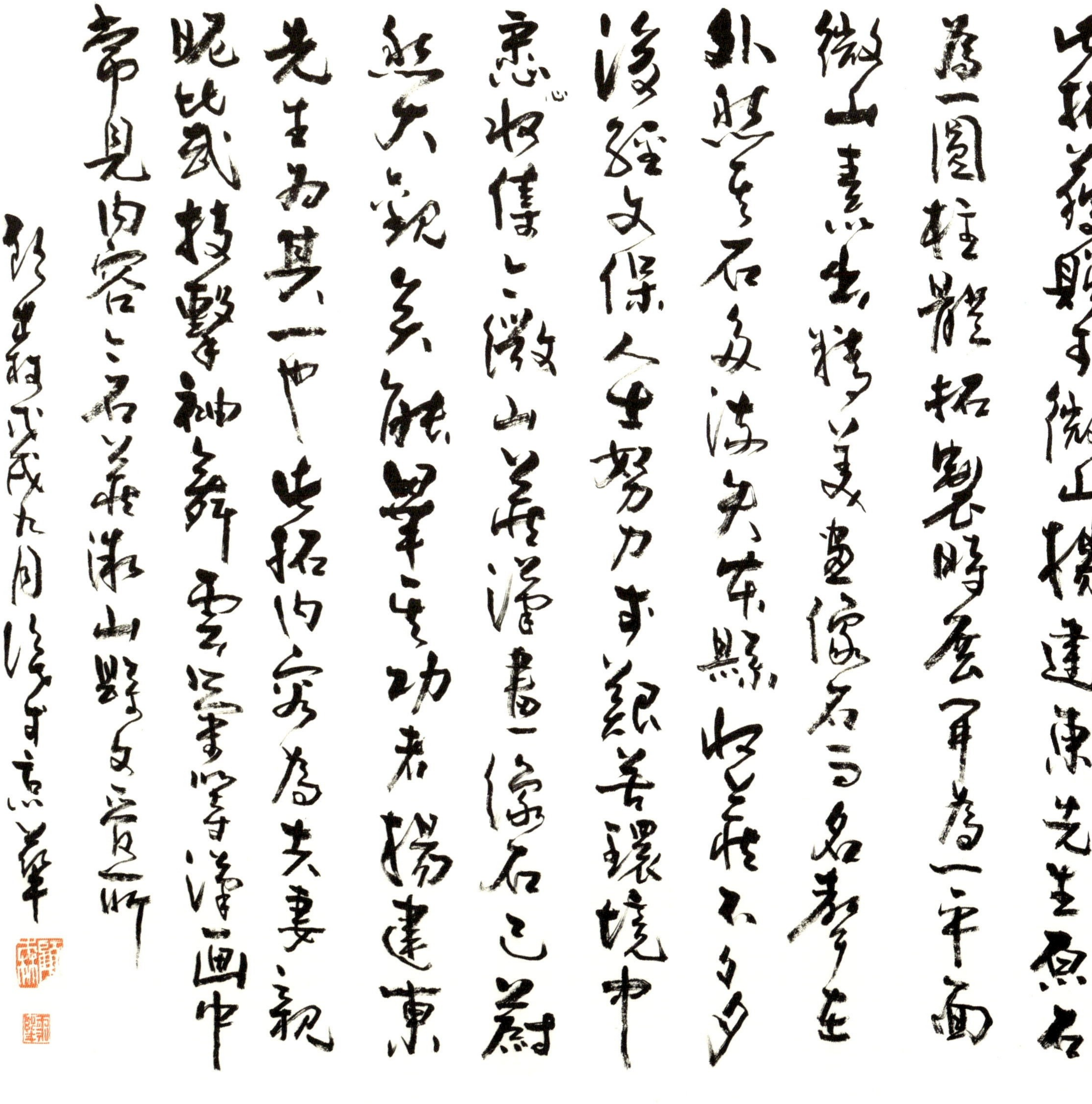

微山小圆石柱画像题跋

濟甯八面石柱畫像
八面石柱之一
伏羲女媧持規執矩
協理天地孳育萬民
八面石柱之二
伏羲女媧持規執矩
協理天地孳育萬民
八面石柱之三
青龍守東方天區之神也
八面石柱之四
白虎守西方天區之神也

济宁八面石柱画像

尺寸：35cm×135cm×8

释文：

八面石柱之一　伏羲女娲，持规执矩，协理天地，孳育万民。

八面石柱之二　伏羲女娲，持规执矩，协理天地，孳育万民。

八面石柱之三　青龙，守东方天区之神也。

八面石柱之四　白虎，守西方天区之神也。

八面石柱之五　朱雀，守南方天区之神也。

八面石柱之六　玄武，守北方天区之神也。

八面石柱之七　羽人驭兽图也

八面石柱之八　戏独角神兽也

此拓一套八件戊戌夏获赠于高君成丰。原石藏济宁市汉文化博物馆。汉石刻画像之载体，圆柱体、三面体、四面体时或见之而非独例，惟八面体仅见此件，属珍稀之物矣。八面长条似国画中之条幅，故余以条幅之例题写之。八面之图像，皆神灵之类，非人世间事矣。

岁在戊戌九月末顾森题于北京之春秋堂北屋

八面石柱之六 玄武南北方天區之神也

八面石柱之七 羽人御獸像之殘也

八面石柱之八 鬥獨角神獸像之殘也

此拓一套八件戊戌夏獲贈于濟寧高君成豐原石現藏濟寧市漢文化博物館漢石刻畫像之載體圓柱體三面體四面體時或見之而非獨例惟八面體僅見此件屬珍稀之物矣八面長條似國画中之條幅故余以條幅之例題寫之八面之圖像皆神靈之類非人世間事多矣

歲在戊戌九月末彭毅題于北京之春秋堂小屋

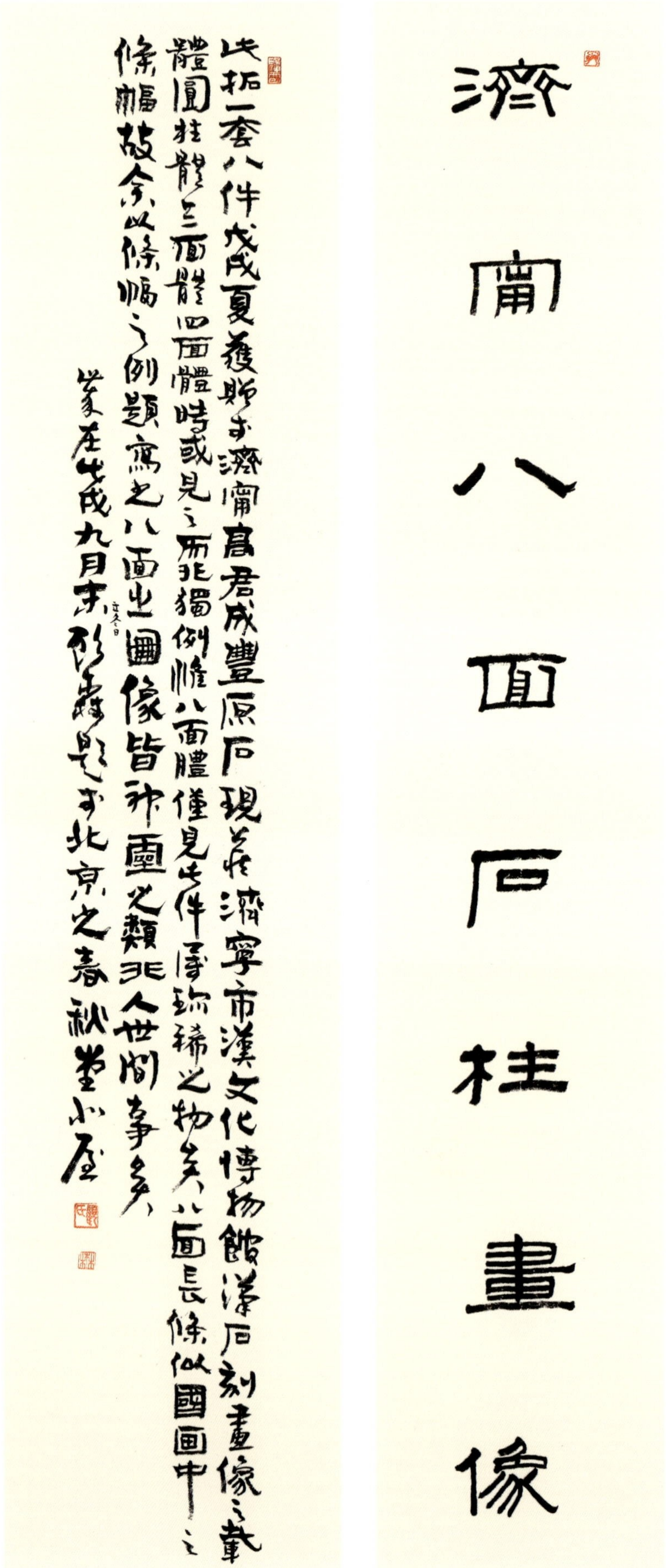

济宁八面石柱画像题跋

济宁八面石柱画像局部

吉羊瑞兽图

尺寸：200cm×105cm

释文：

此拓原石出山东费县。图中主题纹样为羊头，此亦山东汉墓常见之图样。羊祥二字在汉时通用，故《说文》释『羊，祥也。』又羊阳相通，故刘熙《释名》释『姿容』曰：『羊者阳也。』汉时又有生子喝羊酒之习俗。羊酒者，吉祥久远之意也。如是观之，羊在汉代大量出现于画图中，必然矣。

己亥冬至后一日顾森于京之春秋堂之北屋余之工作室者也

羊瑞獸圖

用故說文釋羊祥也
又羊陽相通故劉熙
釋名釋姿容曰羊者陽
也漢時又有生子賜羊
酒之習俗羊酒者吉
祥久遠之意也如是
觀之羊在漢代大量出
現於画圖中必然矣

乙亥冬至後一日頌嘉橋書於京
之東郊堂之不厭齋之
南窗書也

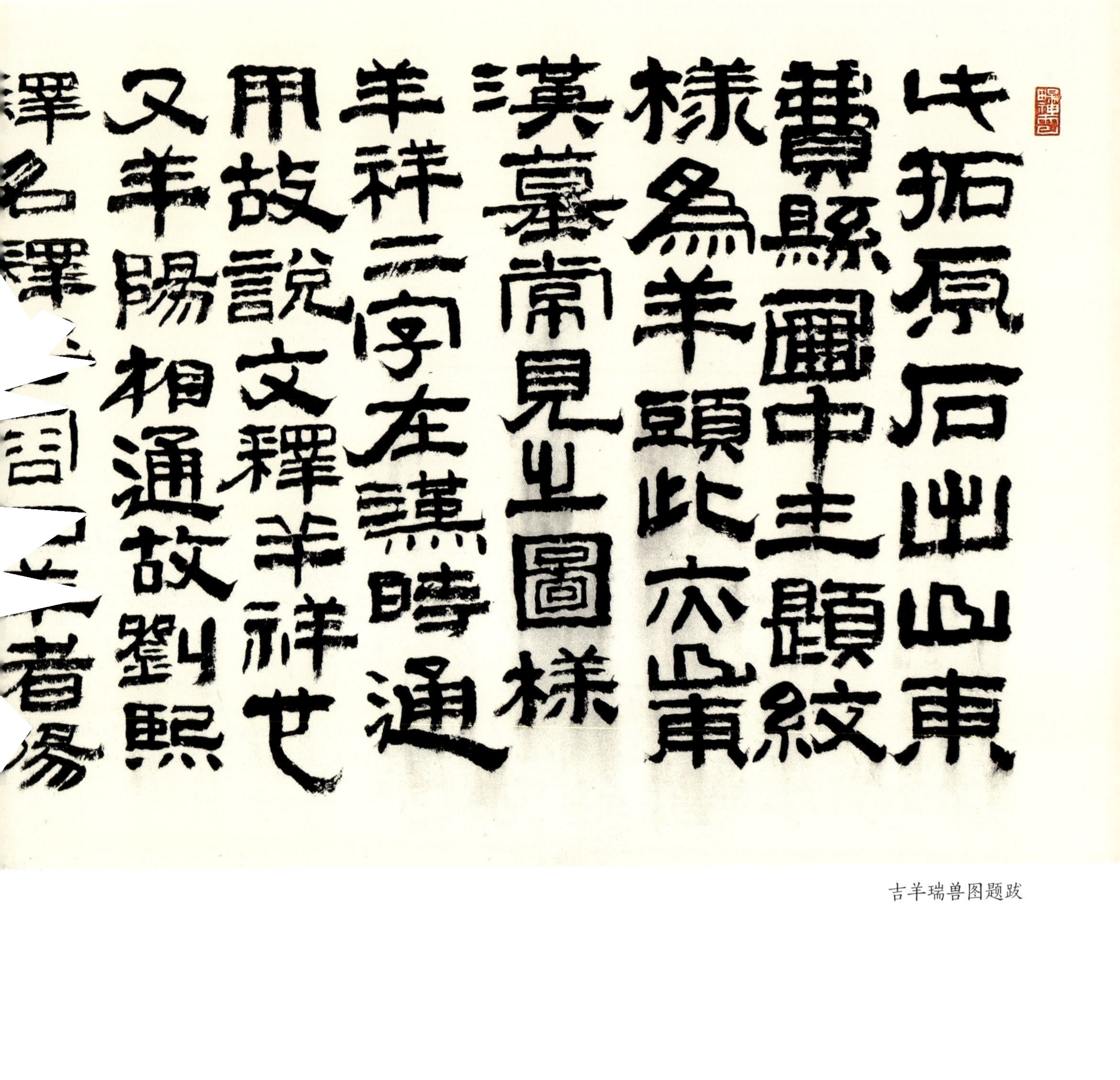
此拓原石出山東
舊縣圖中主題紋
樣為羊頭此亦嵩
漢墓常見之圖樣
羊祥二字在漢時通
用故說文釋羊祥也
又羊陽相通故劉熙

吉羊瑞兽图题跋

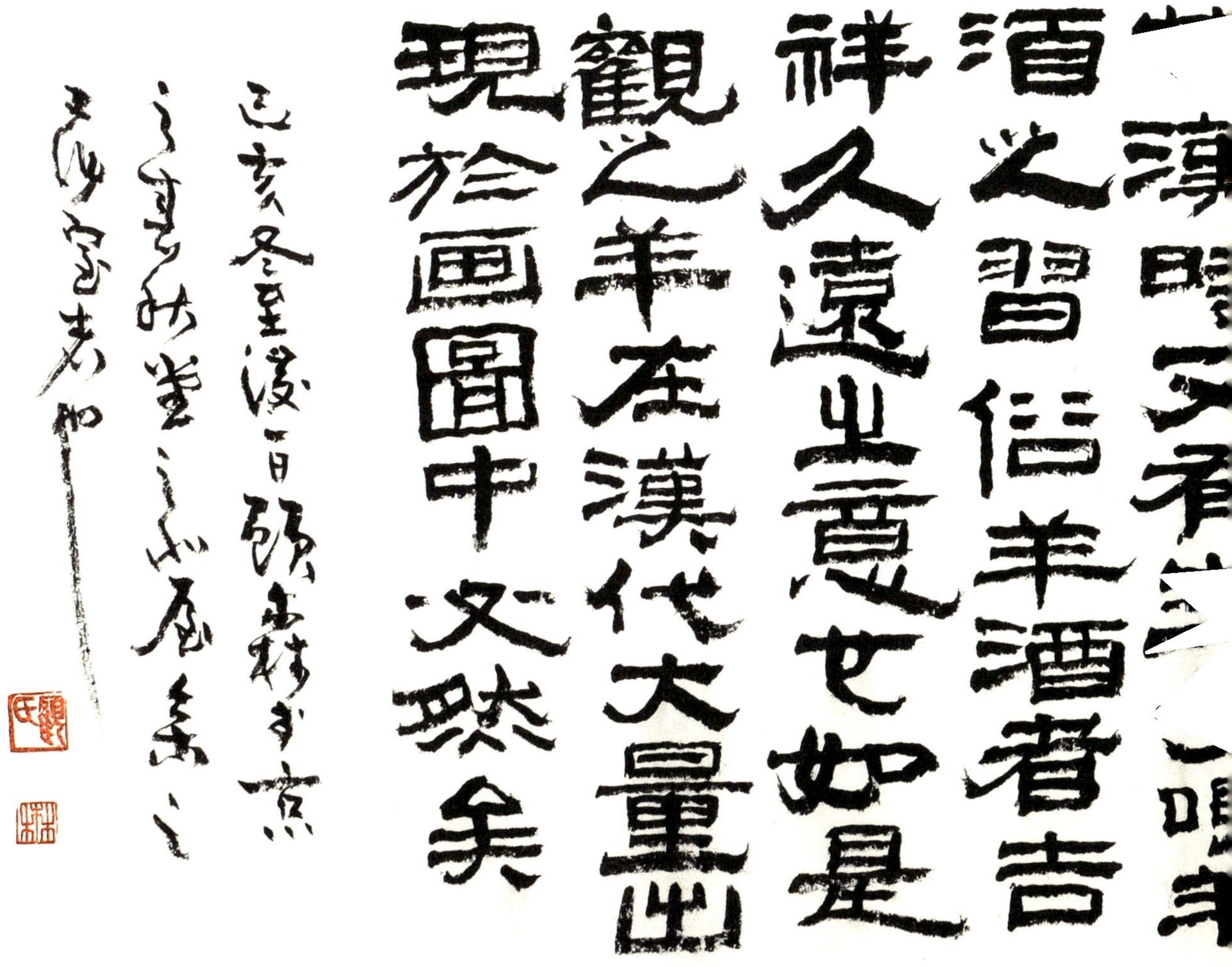
酒之習信羊酒者吉
祥久遠之意也如是
觀之羊在漢代大量出
現於畫圖中文然矣

士人生活图

尺寸：80cm×180cm

释文：

此拓原石出安徽泗县。图分四列：第一列为捧竹简之儒生；第二列为奉酒场景；第三列为宴饮；第四列为卸驾之马与羊。《汉书·食货志·上》曰：『国有四民，士农工商。』此拓片反映的正是士人的一些生活片断。这种图像材料，对今天我们理解『士』这一类有一定文化和社会地位的人群的具体情况，尤其是在文献语焉不详时，这种图像资料显得尤为珍贵。

己亥冬至后一日顾森于京

此拓原石出安徽泗縣圖分四列第一列
爲捧竹簡之儒生第二列爲酒奉酒
場景第三列爲宴飲第四列爲卸駕
之馬與羊漢書食貨志上曰國有
四民士農工商此拓所反映的正是
士人的一些生活片斷這種圖像
材料對今天我們理解士這一類
有一定文化和社會地位的人羣的
具體情況尤其是在文獻語焉
不詳時這種圖像資料顯得
猶爲珍貴

己亥冬至後一日 郭樹濤書於京

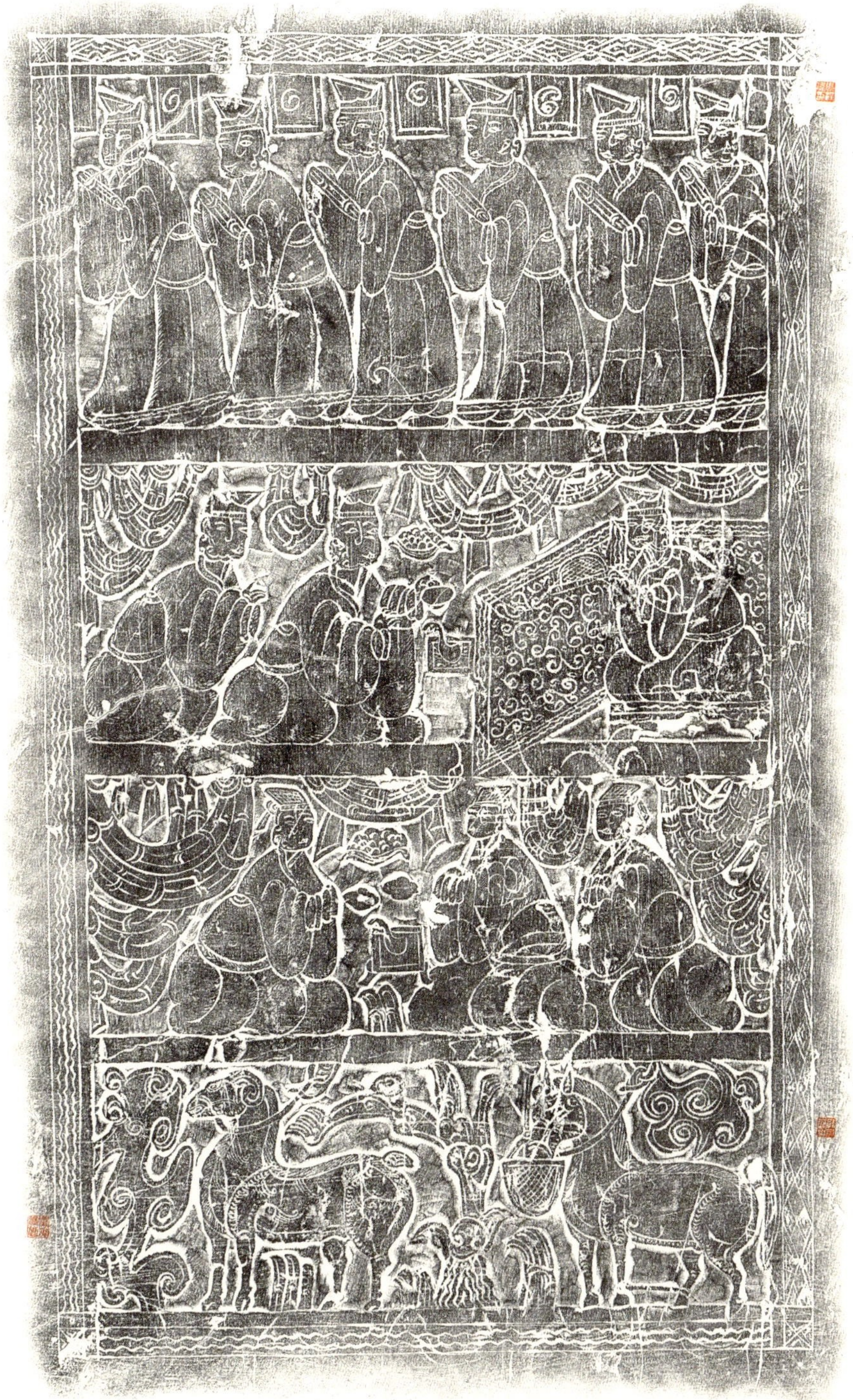

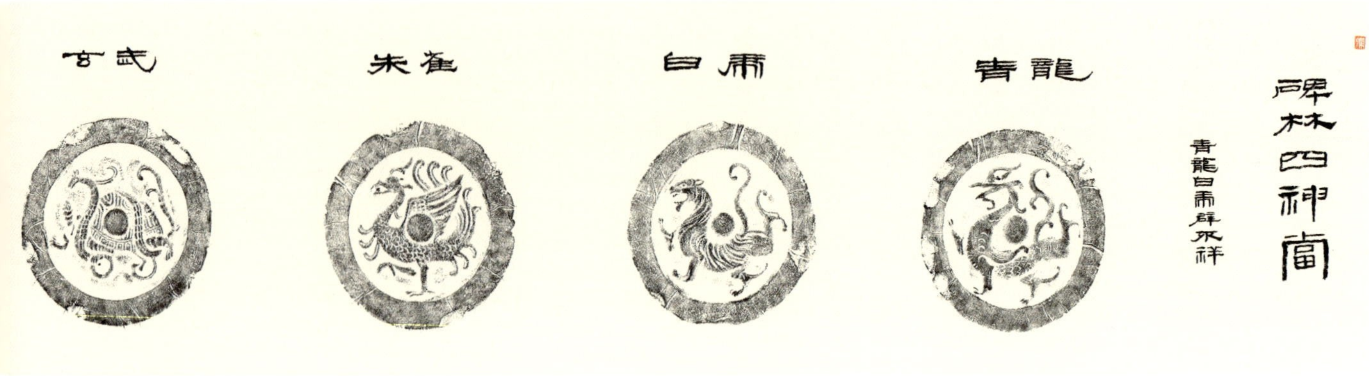

碑林四神当

尺寸：390cm×40cm

释文：

此拓片二〇〇七年春获赠于陈根远先生。其时碑林博物馆为贺西北大学校庆而拓制四神瓦当，贺礼之外尚有数件富裕，余得根远眷顾揩油获得其一，喜不自胜矣。此四神瓦当源出有云自汉宫室遗址者，有云自王莽明堂遗址者。然此当存世极少，能配齐者更少。碑林所藏此套，因当面大、图像饱满、典丽大气，加之当面完善且品相好，而为汉瓦当标志之物。今艺术设计或机构欲需四神画像，多从中遴选。中国汉画学会之会徽，即采用此四神中之青龙也。

戊戌九月顾森识于京

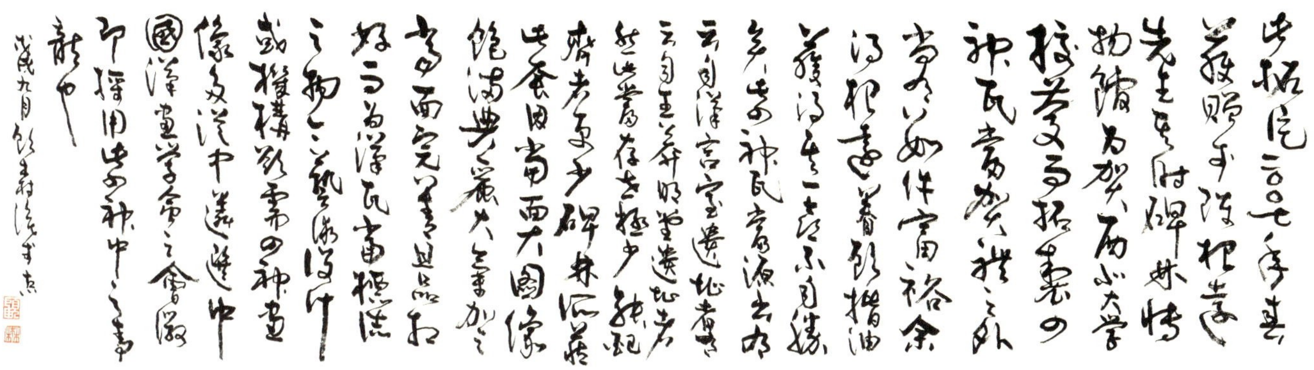

四神当题跋

碑林四神当之青龙当

碑林四神当之朱雀当

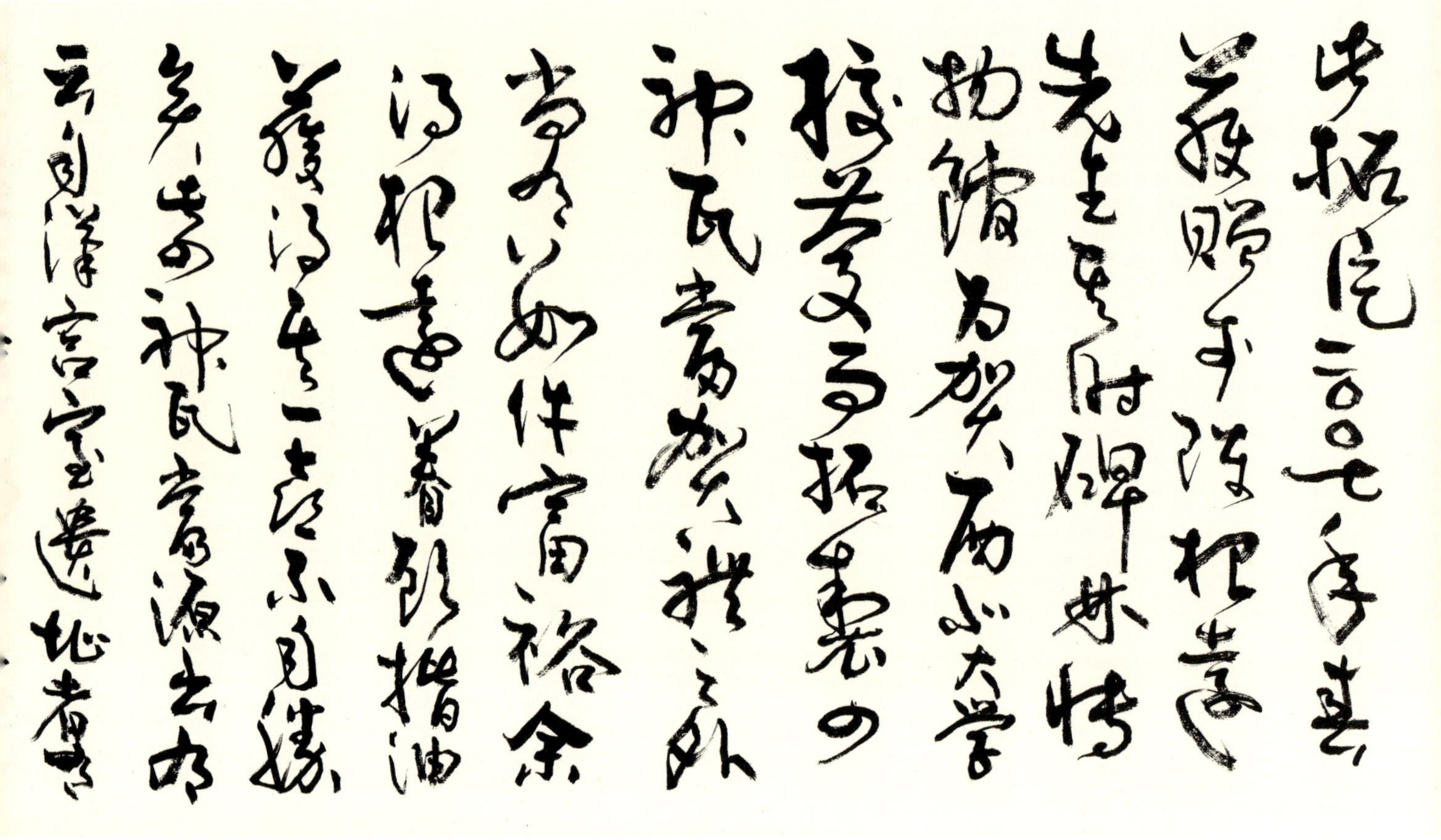

碑林四神当题跋

麟者弟子步碑林所藏
書盡因當面大圖像
飽滿典之藏大之書加之
古面完之書且品私
好之為漢瓦當標誌
之物之紙源流什
載機構歐需之神畫
像多從中遴選中
國漢畫學會之會徽
印擇用此之神中之書
龍也
戊戌九月 [illegible]書

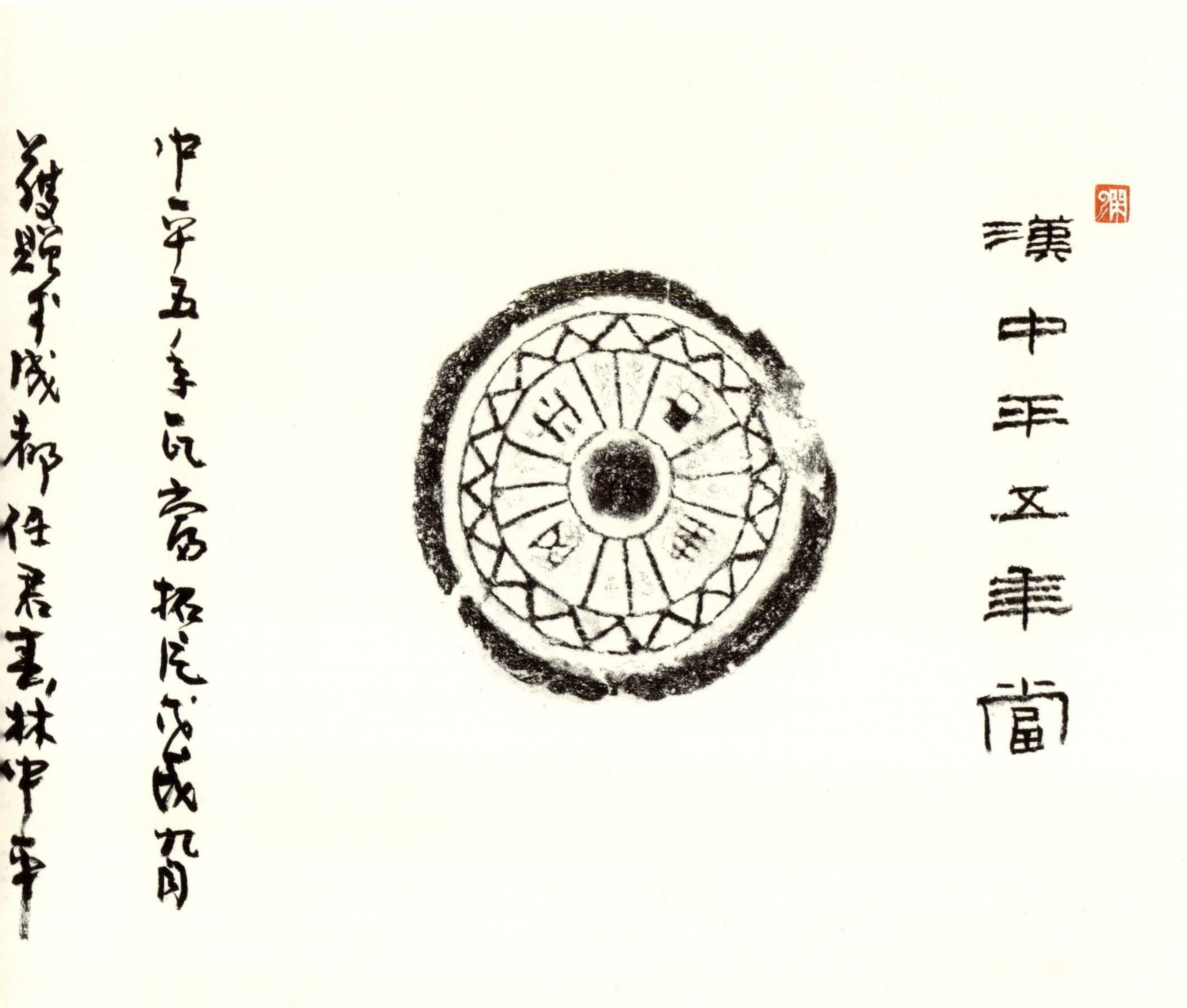

汉中平五年当

尺寸：90cm × 33cm

释文：

『中平五年』瓦当拓片，戊戌九月获赠于成都任君春林。中平五年即公元 188 年，乃东汉灵帝之年号。原当出土于四川德阳黄许镇汉绵竹城遗址。此当为国内目前仅见之年号瓦当，极为珍贵。且其画面简洁丰美，颇具汉代朴茂之风矣。

戊戌九月廿一日顾森识于京

霊帝之年瀦原當出土

の川酒陽芳許銚漙綿竹皆

遺址當當為國内日常僅見

之乡鄉民富独為珍貴丕

毛盡西省漂豊之珍具漙

代撰茂之盈又、

戊戌九月芒日彭年弒遺書於

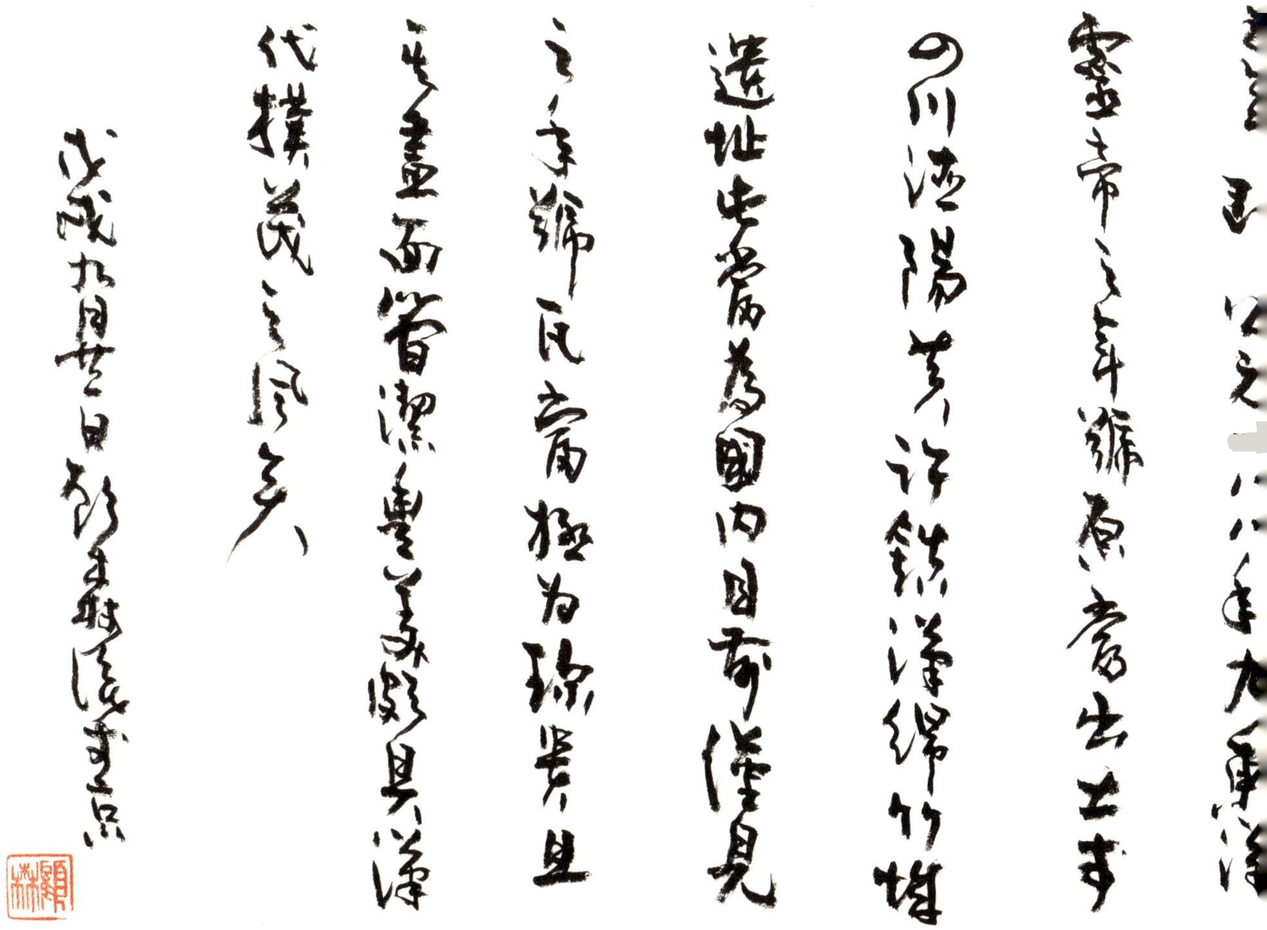

中平五年瓦當拓尼於成都九月

得此于成都任君書林中平

五年即公元一八八年九月東漢

靈帝元年獻原當出土

四川德陽美許鎮潘綿竹焉

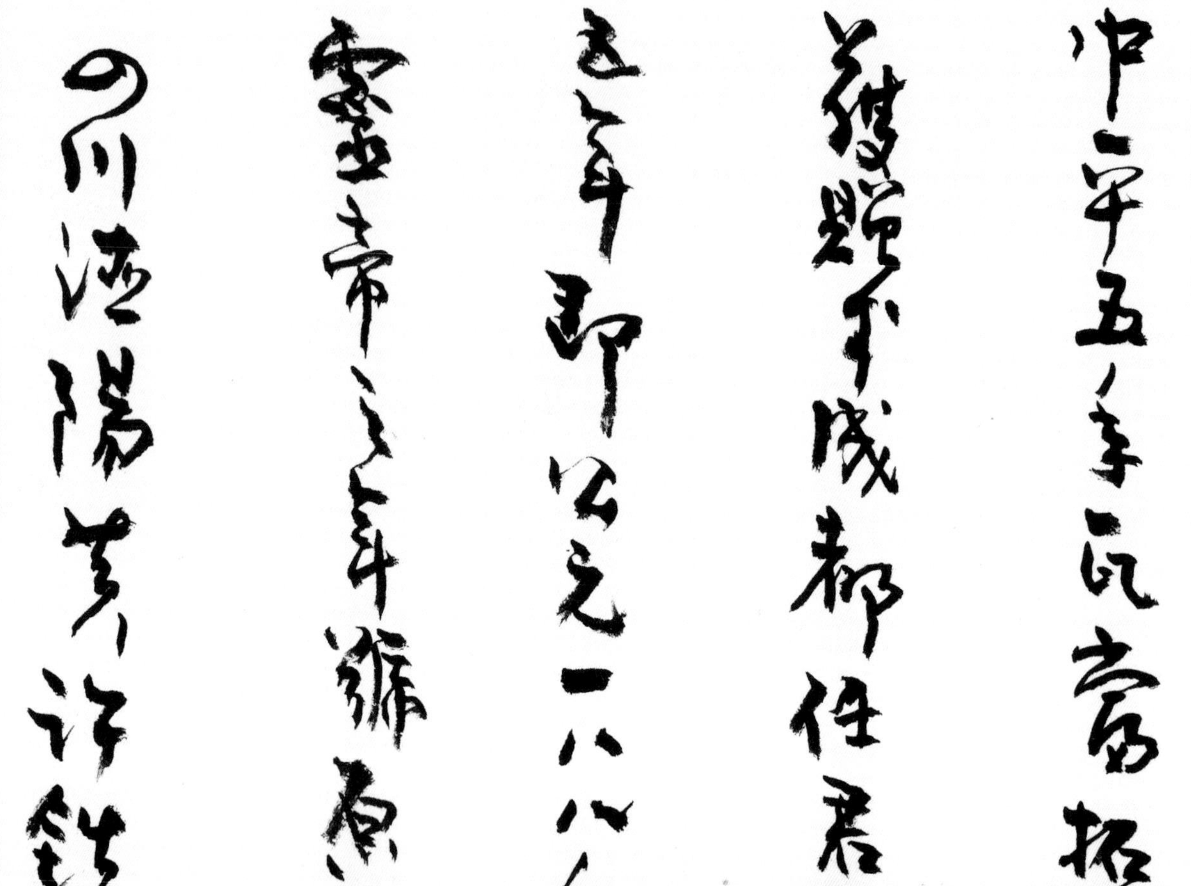

遺址出南為國內目前僅見

之漆繪民南極為珍貴且

其畫面簡潔豐富多彩具漢

代樸茂之風矣

戊戌九月廿日於樹林謹識

双犬纹瓦当

尺寸：38cm×68cm

释文：

戊戌年始获赠于陕西秦砖汉瓦博物馆。此馆数年以来，均于新年之际，馈其藏品中相应属相之拓本予友好，也称义举矣。余之回报，仅为该馆题写藏品而已。此拓片收到之时，为公历新年伊始，亦姑可视之为农历之新春之始矣。

顾森识之于京

雙犬紋瓦當拓片

戊戌年始獲贈于陝西秦磚漢瓦博物館此館數年以來均于新年之際饋贈藏品中和應屬相之拓本予友好也稱義舉年多矣余之回贈僅為該館題寫藏品而已此拓片收到之時為公曆新年伊始亦始于視之為農曆之新春之始矣 隋千秋記之于京

常生无极当

尺寸：68cm×68cm

释文：

常生无极当拓片，二〇一六年四月廿一日获赠于张君深伟。此当之所奇者，用『常』不用『长』，少见矣。

戊戌三月顾森检出题之

常生无名極窟拓片云六道眉

廿日夜罷鵬其殘尾淚偉奇壽之所

奉无用常不用長少見美成戌之

月秋于君檢出此之

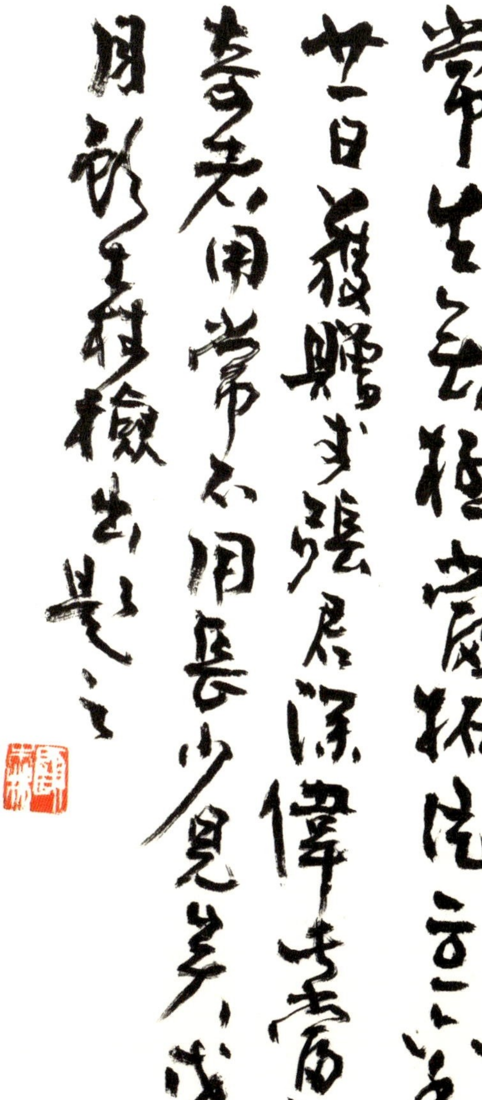

长生无极当砚

尺寸：68cm×68cm

释文：

此砚获赠于绍兴张笑荣先生，时在丁酉岁尾。此当面略有残损，然文字基本完好。以当底为砚，较好利用残损之处，使之为桃形状，寓贺寿之意，与当面文字呼应，匠心昭然，故为之称绝矣。

顾森戊戌正月初四雨水日题于北京春秋堂之北屋余画室也

古硯獲贈于紹興張笑榮先生，時
在丁亥歲尾。此磚面略殘，然文
字基本完好，以磚底為硯，稍稍利用
殘損之處，傍之以桃形狀寓賀壽之
意。與磚面文字呼應，匠心昭然。故為
之稱絕矣。頌壽戊戌正月初四雨水節日記
于北京秋堂之爾居余齋寓也

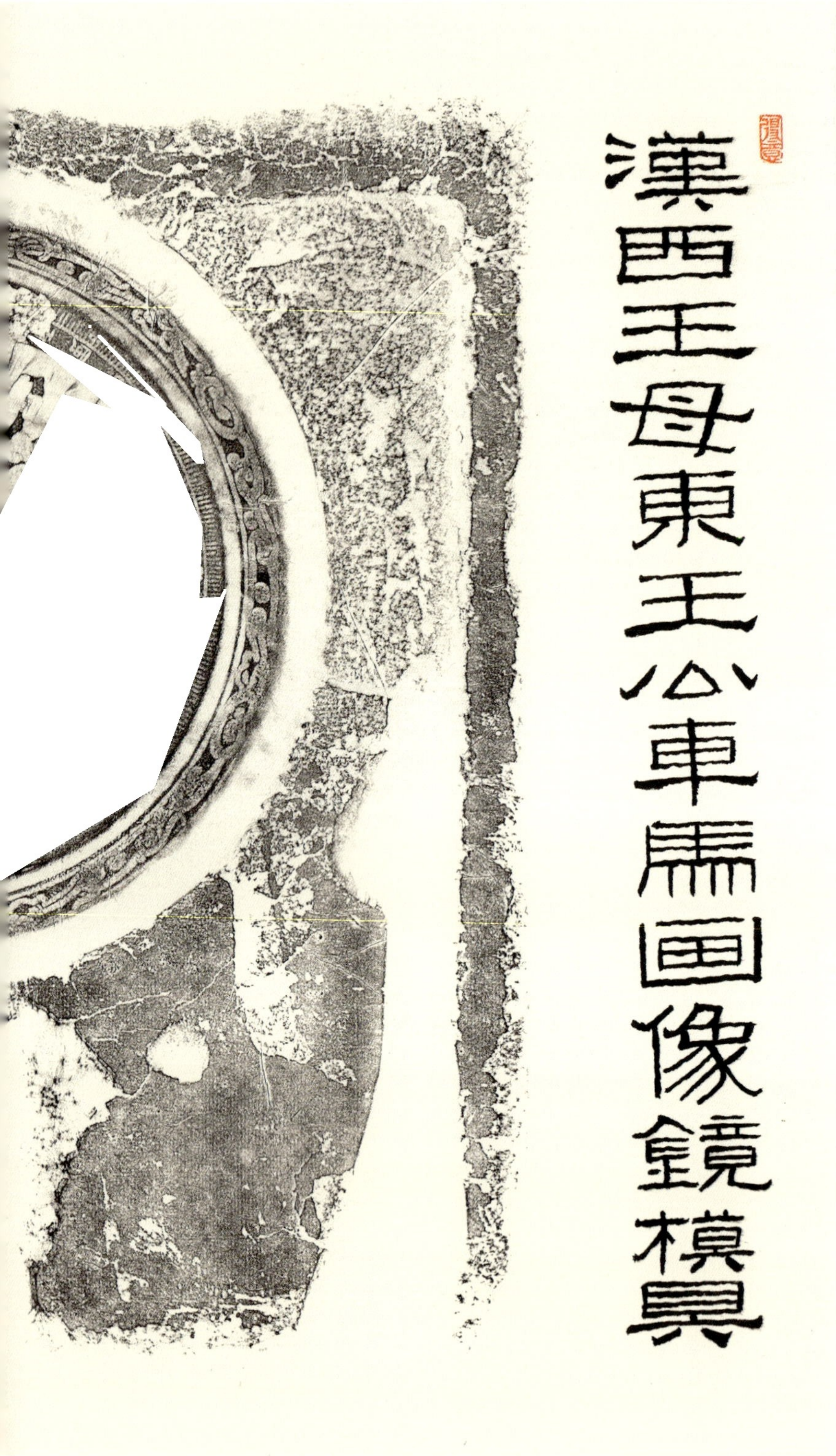

汉西王母东王公车马画像镜模具

尺寸：68cm×68cm

释文：

此拓获赠于绍兴张笑荣氏，原件今藏绍兴会稽金石博物馆。铜镜艺术发展至东汉乃为高峰。其代表即车马人物画像镜。绍兴一地所产此类镜则最为精美。其作传世及出土甚多。然镜模仅见此一件。模者，镜之母本也。今子遍天下而母仅存一，罕兮！贵兮！藏家安能不珍视耶。

戊戌霜降後一日顾森题于北京春秋堂

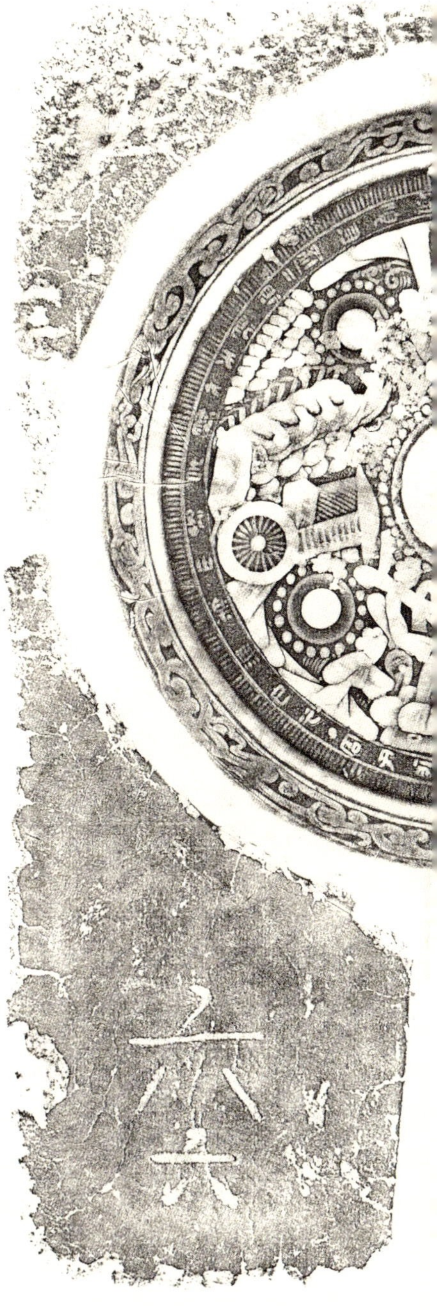

此拓獲贈於紹興張笑榮氏原件今藏紹
興會稽金石博物館銅鏡藝術展覽區
東漢乃為高峰其代表即車馬人物畫像鏡
紹興一地所產此類鏡則最為精美其流傳
世及出土甚多然鏡模僅見此一件模者鏡之
母本也今子遍天下而母僅存一件可不寶之
藏家安能不珍視耶
戊戌霜降後一日 錢華題記于京華秋堂

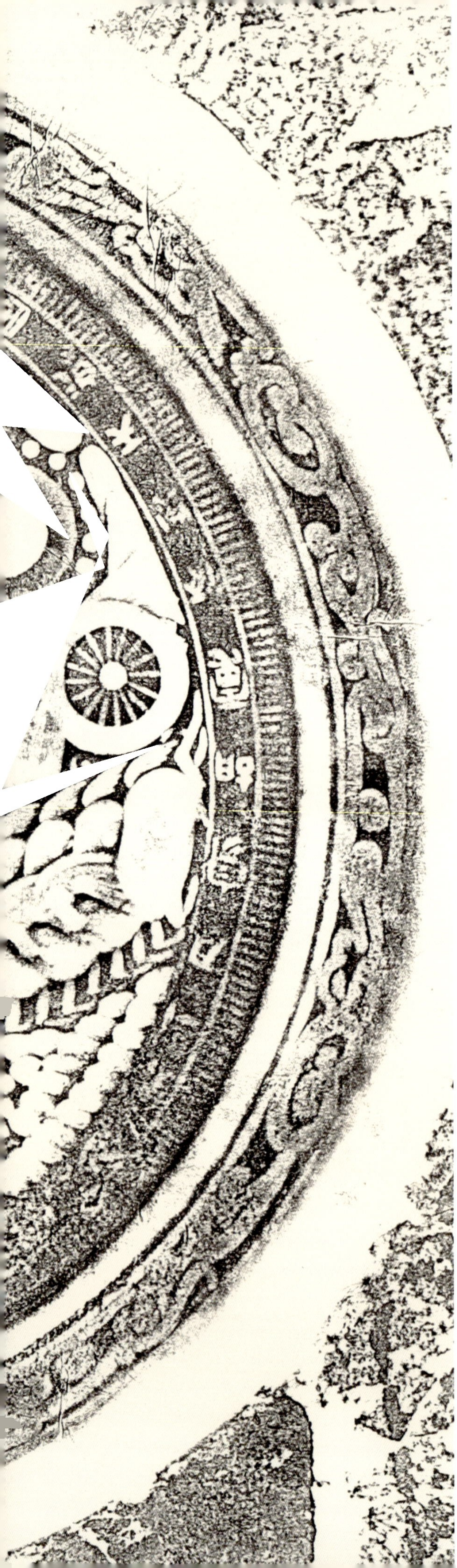

汉西王母东王公车马画像镜模具局部

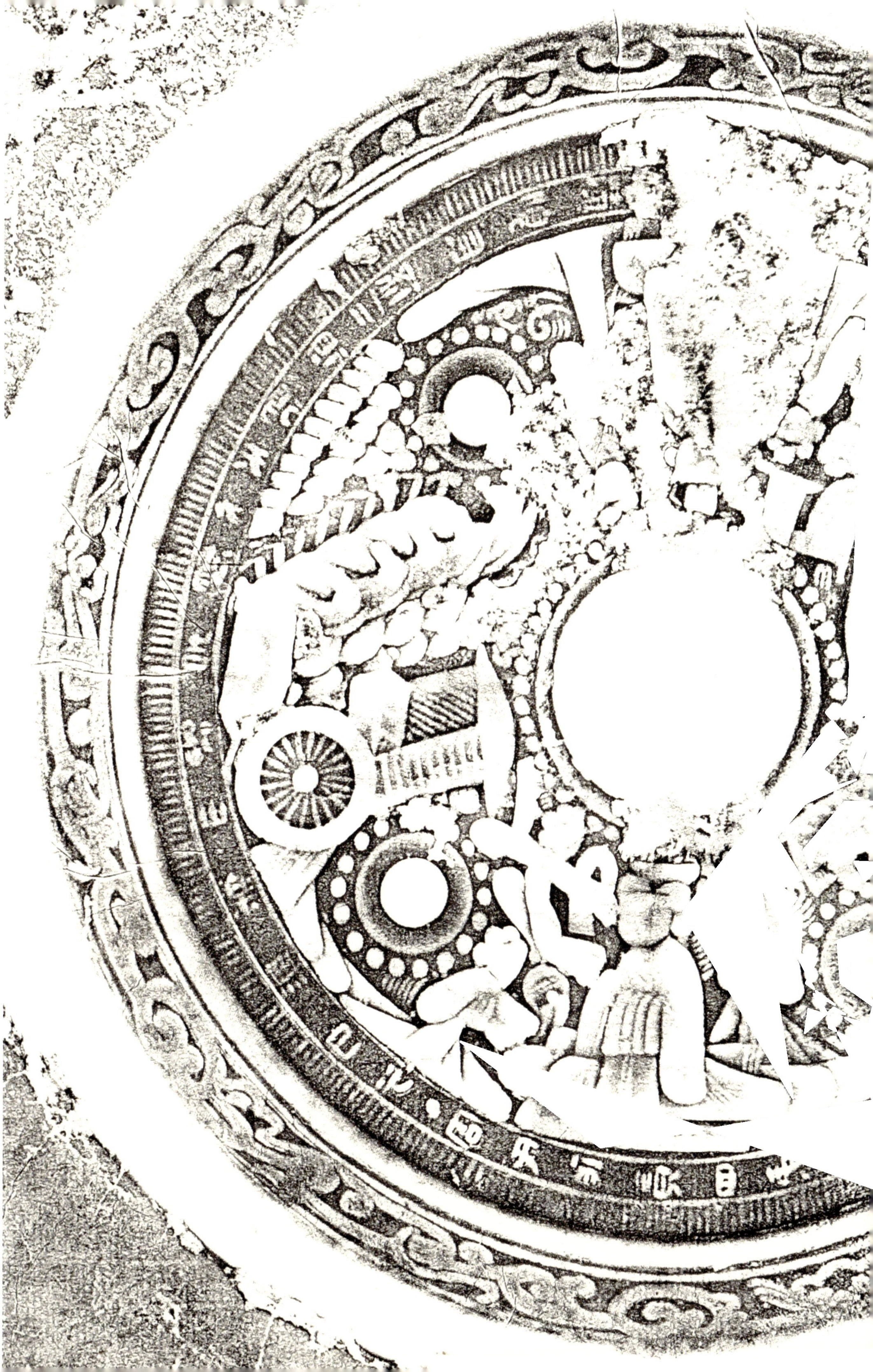

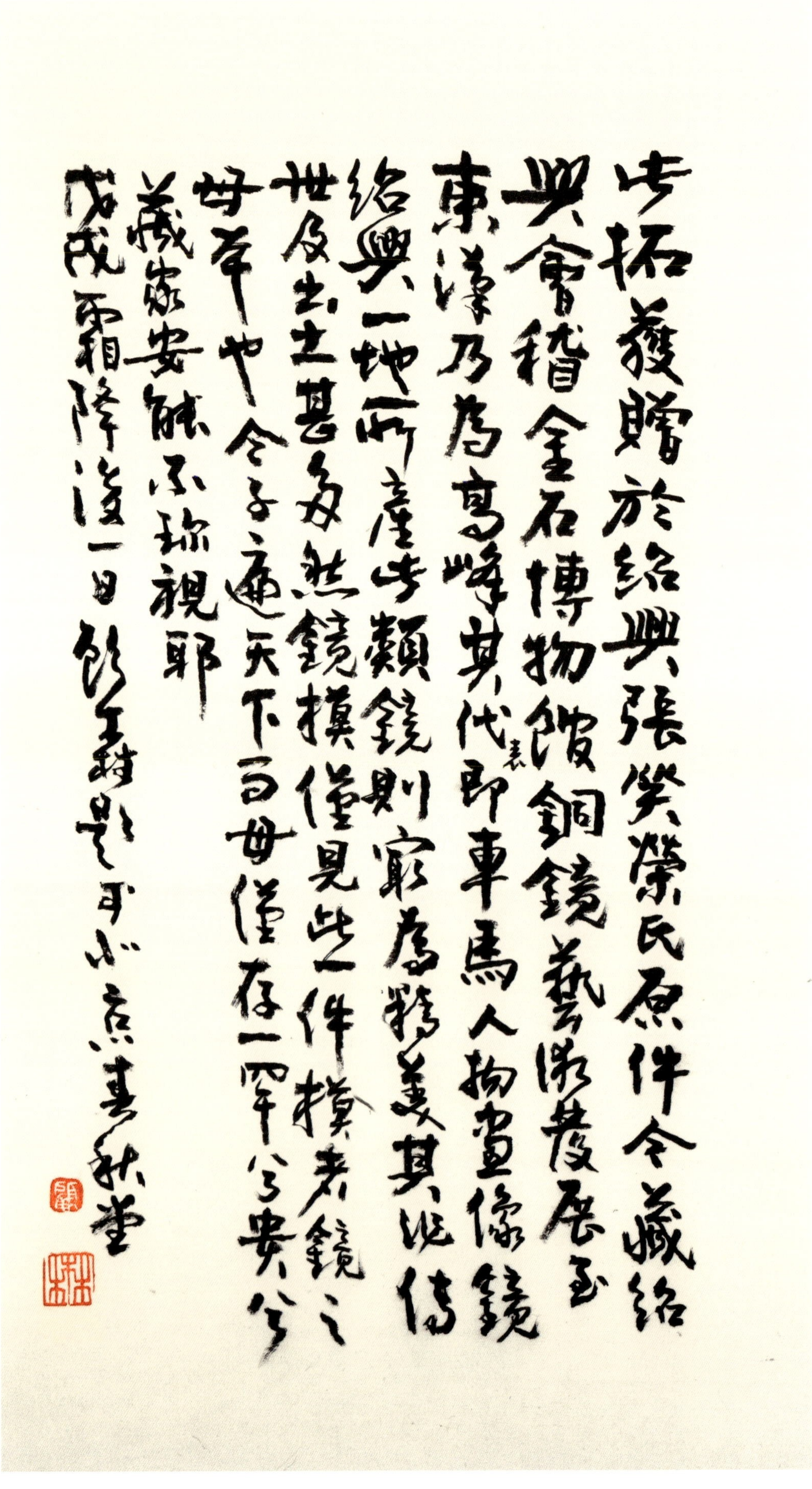

汉西王母东王公车马画像镜模具题跋

顾森 苏士澍汉画题跋

文物出版社

顾森 苏士澍 著

目录

稽古铸今

苏士澍卷

汉孝堂山石祠西壁画像

尺寸：200cm × 290cm

释文：

孝义常在，金石永年。　苏士澍题

山东长清孝堂山石祠，古称肥城孝子郭氏祠。为我国迄今存于原址地面上最早之房屋建筑。营造年代今人推定应为东汉明、章之间。祠主应为『二千石』官秩傅、相一类。众说不一，有待进一步厘定。黄易评武氏祠云：『石室之制，如肥城之郭巨，金乡之朱鲔，孤撑一柱，皆实其后而虚其前。』画像内容及分布与武氏祠相若。良匠巧治，罗列成行。实乃线刻艺术之大成，神话传说镌于锐顶，仙异瑞物，呈吉纳祥，示怀广远明德。其下『大王车』出行图，平视横列两队，贯通东北西三壁，庄严整齐，威武浩荡，应显祠主为令为相时，随王伴驾之荣耀。正如汉鲁峻石室画像榜题：『祀南郊大驾出时』所述。东西两壁层次物象施布相契合。『大王车』队列下绘古圣先贤，楼下东壁乐舞燕享之庄园生活。西壁胡汉战争『献馘礼』之德胜图，《汉书》云：『明犯强汉者，虽远必诛！』北壁中央独立成画『楼阁拜谒』。

该祠堂题记自东汉至今达百余，著述极多。孝之道义恒久常在，是拓为西壁，纸旧墨古，神理俱明，金石佳拓，传之永年。

天池苏士澍题于北京

图中贯胸人，《山海经》载：『贯匈国在其东，其为人匈有窍。一曰在载国东』。《异域志》云：『尊者去衣，令卑者以竹木贯匈抬之。』郭璞注『《尸子》曰「四夷之民有贯匈者，有深目者，有长肱者，黄帝之德常致之。」』

晋张华《博物志》述：『防风氏之二臣，贯其心而死，大禹哀之，乃拔其刃疗以不死之草，是为穿胸民。』

乙丑春　士澍展卷观而跋之

第三组右有五人皆着华服博带，高冠云笄，下身似垂羽翼，应为五帝神像也。《汉旧仪》曰：『元年祭天，二年祭地，三年祭五帝于五畤。』

孔子观乎明堂，徘徊而望之曰：『此周之所以盛也。夫明镜所以查形，往古者所以知今。』此乃图画天地，品类众生，茫茫终古，此为鉴也。　士澍又记

孝義常在金石永年

蘇士澍題

國中貫胸人山海經載貫匈國在其東其為人匈有竅一曰在载國東 異域志云尊者去衣令卑者以竹木穿貫匈抬之 郭璞注尸子曰四夷之民有貫匈者有深目者有長肱者黃帝之德常致之 晋張華博物志述防風氏之二臣貫其心而死大禹哀之乃拔其刃療以不死之草是為穿胸民 己丑春士澍展卷觀而識之

第三組右有五人皆着華服博帶高冠雲辇下身似垂羽翼應為五帝神像如漢舊儀曰元年祭天二年祭地三年祭五帝於五時孔子觀乎明堂緋細而注之曰此周之所以盛也夫明鏡所以查形往古者所以知今 此乃圖畫天地品類衆生茫茫終古此為鑒也 士澍又記

山東長清孝堂山石祠古稱肥城孝子郭氏祠為我國造今存於原址地面上最早之房屋建築營造年代今人推定應為東漢明章之間祠主應為二千石官秩傳相一類衆說不一有待進一步釐定黃易評武氏祠云石室之制如肥城之郭巨金鄉之朱鮪孤撐一柱皆實其後而虛其前 畫像內容及分布與武氏祠相若良匠巧治羅列成行實乃綫刻藝術之大成 神話傳說攜於鋭頂詭異瑞物呈吉納祥示懷廣遠明德其下大王車出行圖平視橫列兩隊齊通東北西三壁莊嚴整齊威武浩蕩應顯祠主為令為相時隨王伴駕之榮耀正如漢魯峻石室畫像榜題祀南郊大駕出時所述東西兩壁層次物象施布相契合大王車隊列下繪古聖先賢 樓下東壁樂舞燕享之莊園生活西壁胡漢戰爭獻馘禮之德勝圖 漢畫之明犯強漢者雖遠必誅北壁中央獨立成畫樓閣拜謁 該祠堂題記自東漢至今達百餘著述極多孝之道義恒久常在是搨為西壁紙舊墨古神理俱明金石佳搨傳之永年

天池蘇士澍題於北京

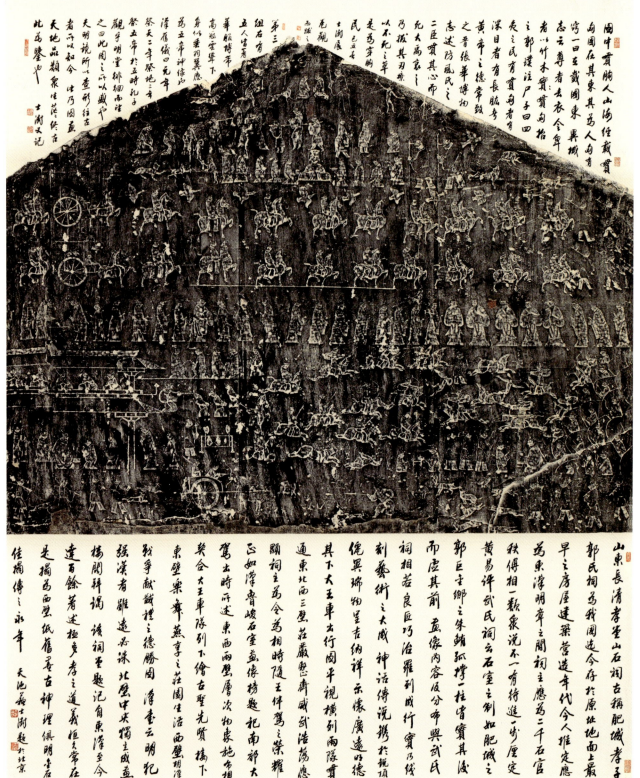

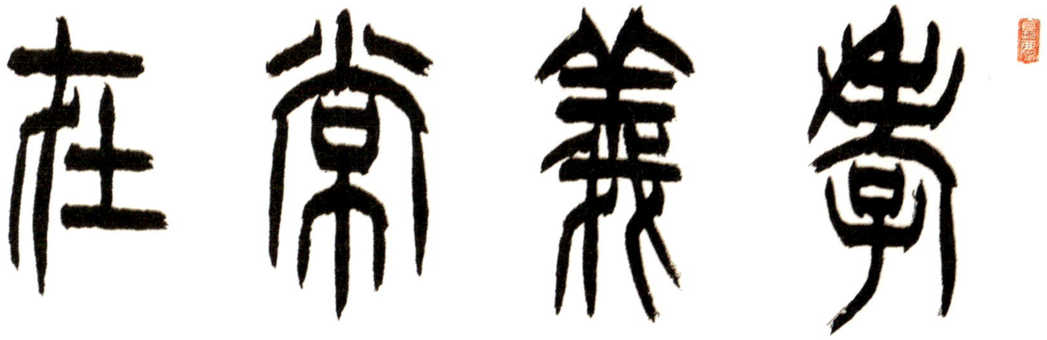

汉孝堂山石祠西壁画像局部及题跋

金石永年

蘇士澍題

第三組右有五人皆着華服博帶高冠雲髻下身似垂羽翼應爲五帝神像也漢舊儀曰元年祭天二年祭地三年祭五帝於五畤孔子觀乎明堂緋細而注之曰此周之所以盛也夫明鏡所以查形往古者所以知今 此乃圖畫天地品類衆生芸芸終古此爲鑒也

士澍又記

山東長清孝堂山石祠古稱肥城孝子郭氏祠爲我國迄今存於原址地面上最早之房屋建築營造年代今人推定應爲東漢明章之間祠主應爲二千石官秩傳相一類衆說不一有待進一步釐定黃易評武氏祠云石室之制如肥城之郭巨金鄉之朱鮪孤撑一柱皆寶其後而虛其前 畫像內容及分布與武氏祠相若良匠巧治羅列成行實乃綫刻藝術之大成 神話傳說鐫於銳頂傀異瑞物呈吉納祥 示懷廣遠昭德

汉孝堂山石祠西壁画像局部及题跋

[illegible]
顯祠主為令為相時隨王伴駕之榮耀
正如淳曾峻石室畫像榜題祀南郡大
駕出時所述東西兩壁層次物象施布相
契合大王車隊列下繪古聖先賢樓下
東壁樂舞燕享之莊園生活西壁胡淳
戰爭獻馘禮之德勝圖 淳畫云明犯
强漢者雖遠必誅北壁中央獨主成畫
樓閣拜謁 該祠堂題記自東漢至今
逾百餘著述極多孝之道義恒久常在
是拓為西壁紙舊墨古神理俱明金石
佳拓傳之永年

天池籀士謝題於北京

汉孝堂山石祠西壁画像局部　贯胸人

汉孝堂山石祠西壁画像局部　五帝图

汉孝堂山石祠西壁画像局部　胡人烤串图

汉孝堂山石祠北壁车马出行画像

尺寸：485cm×31cm

释文：

结驷连镳。　苏士澍题

南朝梁·萧统《〈陶渊明集〉叙》云：『齐讴赵舞之娱，八珍九鼎之食，结驷连镳之游，侈袂执圭之贵。』汉·司马迁《史记·仲尼弟子列传》载：『子贡相卫，而结驷连骑，排藜藿入穷阎，过谢原宪。』汉·桓宽《盐铁论·散不足》曰：『今富者连车列骑，骖贰辎軿。』综上所述皆为出行高车骏马，浩浩荡荡，极为显赫。正如《易·系辞》曰：『崇高莫大乎富贵』。

此刻石为山东长清汉孝堂山『郭巨祠』北壁西一石上端画像驷马出行图，是拓乃横贯西、北、东三面内壁上部一段。该大王车出游图场面宏大，规格之高，为汉画像之罕见。

此拓墨色古厚，百年旧物，诚可宝也。　天池苏士澍并题

南朝梁　萧统　陶渊明集叙云齐沛超
华之殊八珍九野
之食结驷连骑遊
倏缺轶主之荣泽
司马迁遗收记仲尼弟
子列传载子育相衡
而结驷连骑排藜藿
入穷阎过谢原宪隆
今宫省连车列骑骑
贰辋骈综上二建高
士行高车骏马骑高
挺为驼辆正如易乘
四崇高笙大平宽长
法刻石为山东长清洋
孝堂山郭巨祠北弦
西石上端画像驭马
古行阁是拓乃横书
西北东三面内壁上部
一阪续大王车出游
阀场而宏大视松之高
禹浮画像之罕见
此拓墨色古厚百年
旧物诚可宝也
天地耕丁阁并题

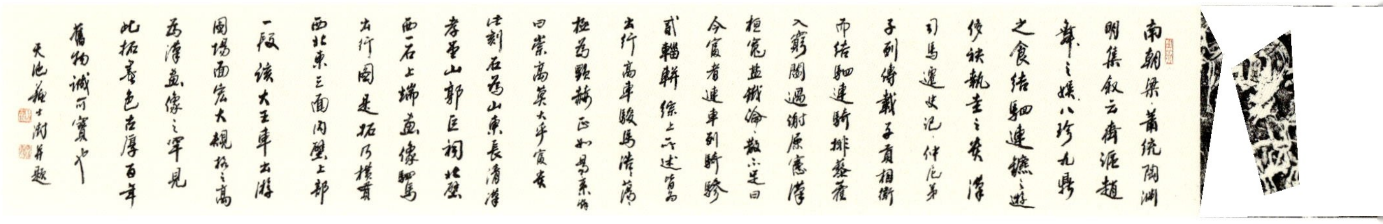

汉孝堂山石祠北壁车马出行画像局部　建鼓乐车

汉孝堂山石祠北壁车马出行画像局部　大王车

南朝梁萧统陶渊明集叙云齐讴赵舞之娱，八珍九鼎之食，结驷连镳之游，侈袂执圭之贵，漢司马迁史记、仲尼弟子列传载子贡相衛而去，[illegible]入寄非藜[illegible]至

汉孝堂山石祠北壁车马出行画像题跋

出行高車駿馬浩浩蕩蕩，極為顯赫，正如帝京游，曰崇高莫大乎富貴。法刻石為山東長清漢孝堂山郭巨祠北壁西一石上端之畫象一馬

桓寬鹽鐵論散不足曰
今富者連車列騎驂
貳輜軿 綜上所述皆為
出行高車駿馬浩浩蕩蕩
極為顯赫 正如易京游

西北東三面內壁上部
一段 該大王車出游
圖場面宏大規格之高
為漢畫像之罕見
此拓墨色古厚百年
舊物誠可寶也
天池蘇士澍并題

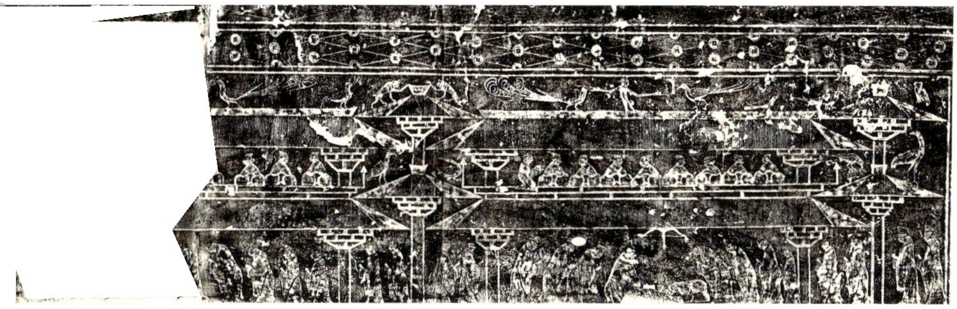

汉孝堂山石祠北壁楼阁拜谒画像

尺寸：647cm×62cm

释文：

格物致知。此刻石藏于山东济南长清孝堂山汉祠堂，画像为楼阁燕居图。 天池苏士澍题

此孝堂山汉石祠后壁第二层楼阁拜谒图。该画像为并列三座二层楼阁，间有四座高耸重檐阙观，别异于其它汉画像石，是图解读大致有三：巫鸿先生认为受拜者乃皇帝也；蒋英炬等称为『祠主受祭图』，又指出『图中刻画的双层楼阁不是祠堂，而是住宅或府第中的厅堂楼阁』，『是生前的生活图像』；孙机断定非祠主死后受祭，而是生前接受参拜，即『仙凡幽明之间，大象其生』。论述纷纷，引经据典，各有所本。邢义田云：『今后汉画工作者，如何探求幽微，如何从小见大，不失于无根浮夸，是须要警惕和省思的』。

强盛的汉帝国一统天下，其文化艺术、思想意识、风俗习惯基本相仿，不宜用异代或异域的观念去解读，要追根溯源，求真务实。格物致知，汲古铸今，方为治学之本，不贻误后人，因记之，与大家共勉。 天池苏士澍题

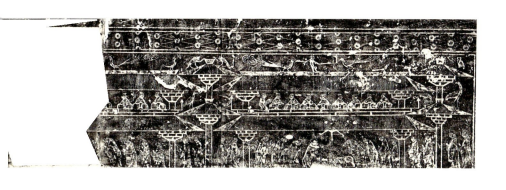

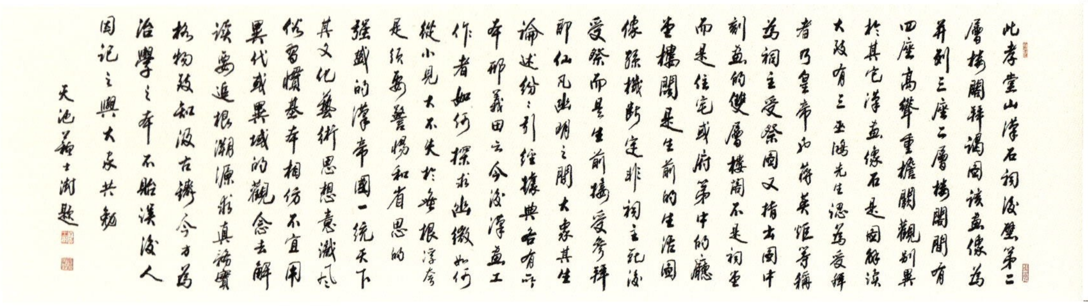

汉孝堂山石祠北壁楼阁拜谒画像局部

汉孝堂山石祠北壁楼阁拜谒画像局部

此孝堂山漢石祠後壁第二層樓閣拜謁圖該畫像為并列三座二層樓閣閣有四座高聳重檐闕觀别異於其它漢畫像石是圖解讀大致有三巫鴻先生認為受拜者乃皇帝如蔣英炬等稱為祠主受祭圖又指出圖中刻畫的雙層樓閣不是祠堂而是住宅或府第中的廳堂樓闕是生前的生活圖像孫機斷定非祠主死後受祭而是生前接受參拜

汉孝堂山石祠北壁楼阁拜谒画像题跋

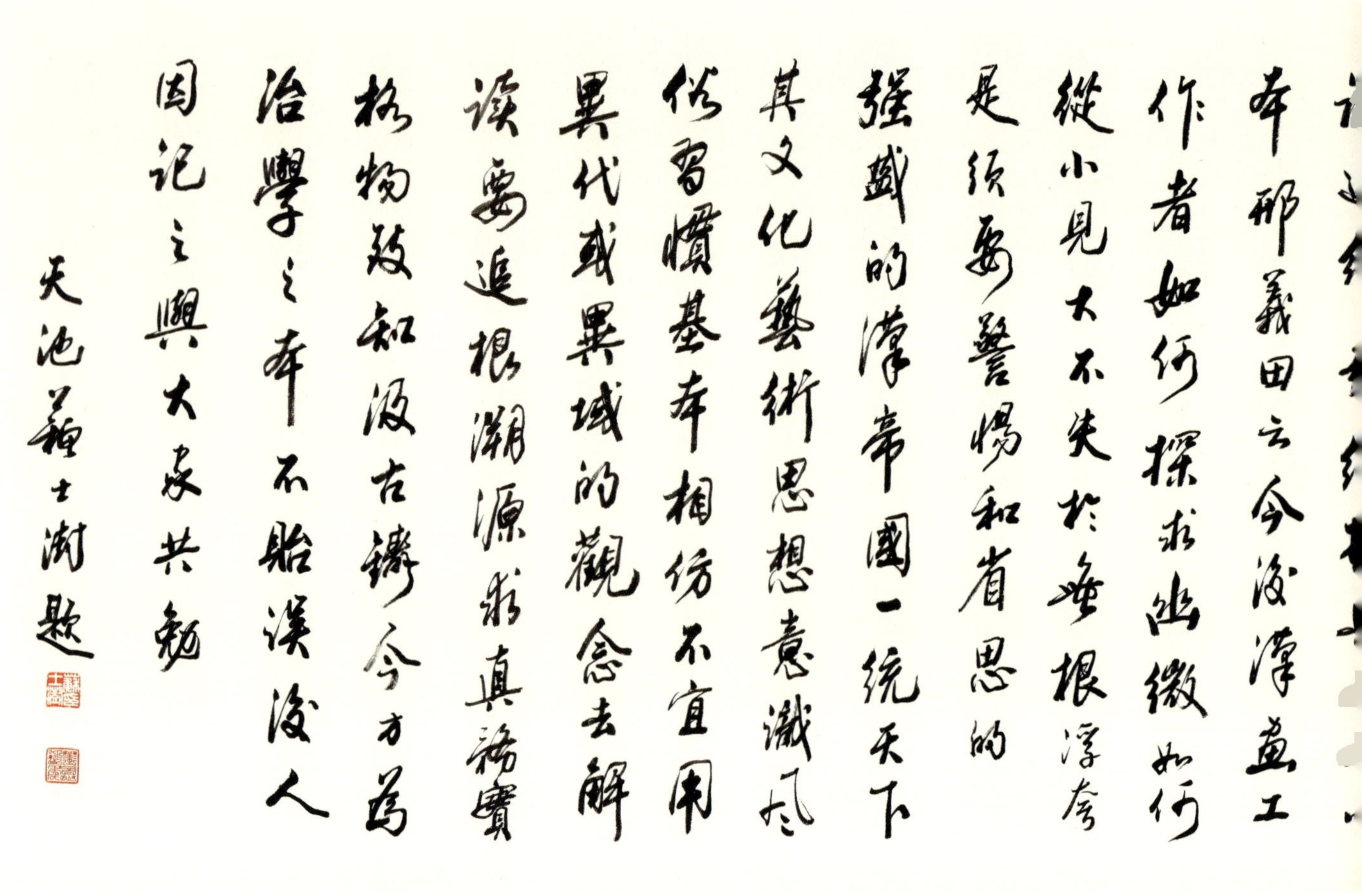
本邢義田云今後漢畫工
作者如何探求幽微如何
從小見大不失於無根浮夸
是須要警惕和省思的
强盛的漢帝國一統天下
其文化藝術思想意識風
俗習慣基本相仿不宜用
異代或異域的觀念去解
讀要追根溯源求真務實
格物致知復古鑄今方爲
治學之本不貽誤後人
因記之與大家共勉
天池蘇士澍題

汉孝堂山石祠隔梁日月星辰画像

尺寸：487cm×30cm

释文：

经纬天地。　苏士澍题

此汉孝堂山石祠三角梁底面画像，刻有日月星辰织女，图示辟凶纳吉、顺调阴阳。织女星与河鼓星及云雀同现，寓示牛郎织女相会。《诗经·小雅》云：『维有天汉，监亦有光。跂彼织女，终日七襄。虽则七襄，不成报章。睆彼牵牛，不以服箱。』传说西汉张骞凿空西域，曾到西天黄河源头，见到牛郎织女，并带回天马。

大汉王朝国势强盛，科技发达，已广泛使用提花机、斜织机，领先世界数百年。

此拓墨色淳古，纸旧泛黄，拓工亦专，图像清晰，诚可宝之。

天池苏士澍观后记之

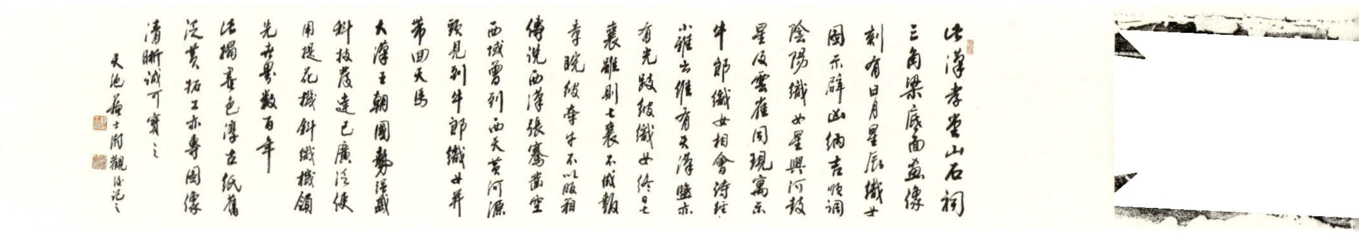

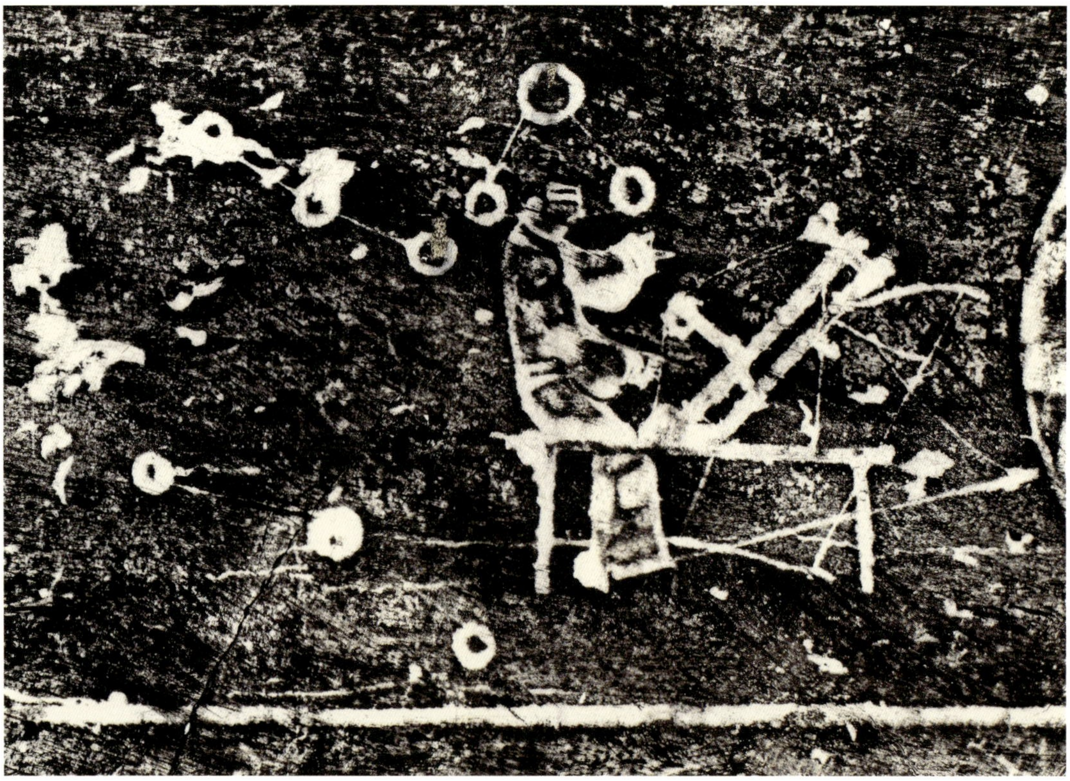

汉孝堂山石祠隔梁日月星辰画像局部　织女纺织

漢孝堂山石祠
三角梁底面畫像
刻有日月星辰織女
圖亦辟凶納吉順調
陰陽織女星與河鼓
星及雲雀同現寓示
牛郎織女相會詩經
小雅云維有天漢監亦
有光跂彼織女終日七

汉孝堂山石祠隔梁日月星辰画像题跋

有光跂彼織女終日七
襄雖則七襄不成報
章睆彼牽牛不以服箱
傳說西漢張騫鑿空
西域曾到西天黄河源
更見川中郎織女年

章睆彼牽牛不以服箱
傳說西漢張騫鑿空
西域曾到西天黄河源
頭見到牛郎織女并
帶回天馬

大漢王朝國勢强盛
科技發達已廣泛使
用提花機斜織機領
先世界數百年
此錦畫色澤古紙舊
泛黄拓工亦專圖像
清晰誠可寶之
天池藝士謝觀後記之

汉武梁祠西壁画像

尺寸：140cm ×300cm

释文：

仁义王天下，德善合无疆。武梁祠画像得句。　天池苏士澍敬题

此汉武梁祠西壁画像石，锐顶，高一百八十三厘米，宽一百四十厘米。画分五层，一层西王母吉庆升天；二层历代帝王列其功业，善恶之状，兴废之戒；三层慈母孝子大行彰显；四层侠士烈行垂于后世；五层骈车出行安然自得。

夫帝王为政之道，历代各有评述。《韩非子·五蠹》云：『王行仁义而王天下。』该画像帝尧榜题：『帝尧放勋，其仁如天，其智如神，就之如日，望之如云。』即『仁义王天下』。《老子四十九章》：『善者吾善之，不善者吾亦善之，德善。』周易《坤·象传》『坤厚载物，德合无疆。』傅惜华先生论之：『画题多采前帝王圣贤，孝子忠臣，烈士节妇之故实，尤易时时触目警心，而资借鉴也。』此乃画像之要义，观而所思，命笔述之。　天池士澍记

仁義王天下
德善合無疆

武梁祠畫像得句
天池羲士謝敢題

此漢武梁祠西壁畫像石鏡頂高一百八十三厘米寬一百四十厘米畫分五層一層西王母吉慶升天二層歷代帝王列其功業善惡之狀興廢之戒三層慈母孝子大行彰顯四層俠士烈行垂於後世五層輧車出行安然自得

夫帝王爲政之道 歷代各有評述韓非子五蠹云王行仁義而王天下讀畫像帝堯榜題帝堯放勳其仁如天其智如神就之如日望之如雲即仁義王天下

老子四十九章善者吾善之不善者吾亦善之德善周易坤象傳坤厚載物德合無疆

傳惜華先生論之畫題多采前帝王聖賢孝子忠臣烈士節婦之故實尤易時時觸目警心而資借鑒此乃畫像之要義觀而所思命筆述之 天池士謝記

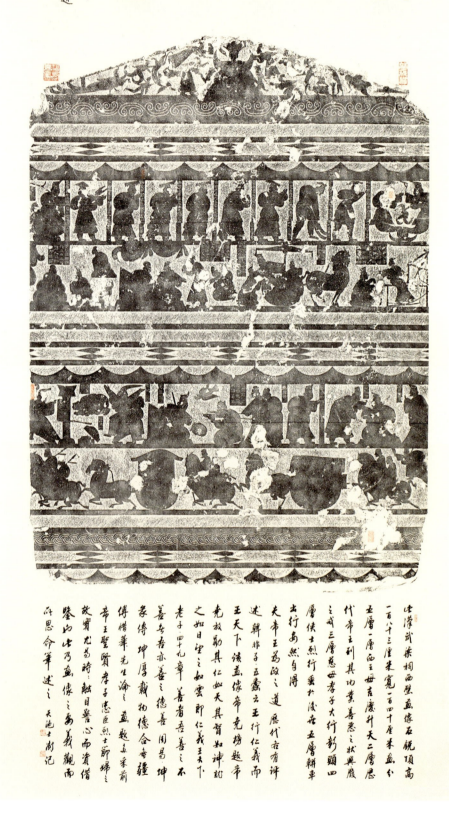

汉武梁祠西壁画像上部题跋

汉武梁祠西壁画像局部

汉武梁祠西壁画像局部

汉武梁祠西壁画像局部

汉武梁祠西壁画像局部

此漢武梁祠西壁畫像石銳頂高一百八十三厘米寬一百四十厘米畫分五層一層西王母吉慶升天二層歷代帝王列其功業善惡之狀興廢之戒三層慈母孝子大行彰顯四層俠士烈行垂於後世五層輅車出行安然自得

夫帝王為政之道歷代名有評述韓非子·五蠹云王行仁義而王天下亦畫象[illegible]其旁題帝

汉武梁祠西壁画像题跋

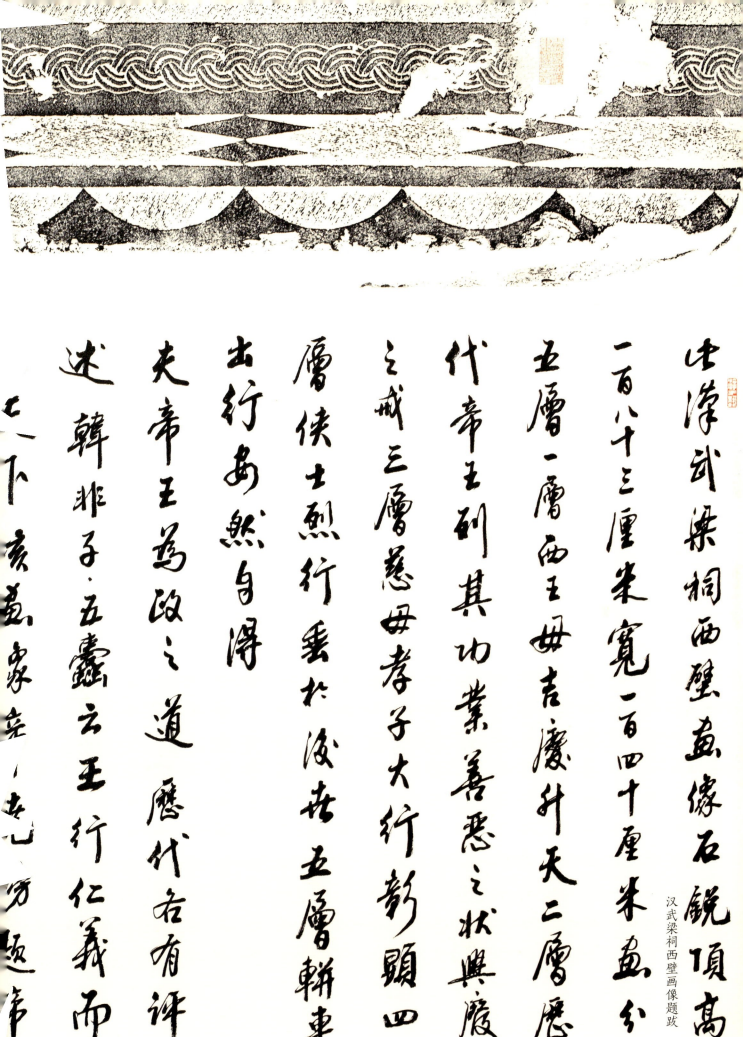

之如日望之如雲即仁義王天下
老子四十九章善者吾善之不
善者吾亦善之德善周易坤
象傳坤厚載物德合無疆
傳惜華先生論之畫題多采前
帝王聖賢孝子忠臣烈士節婦之
故實尤易時時觸目警心而資借
鑒也此乃畫像之要義觀而
所思命筆述之

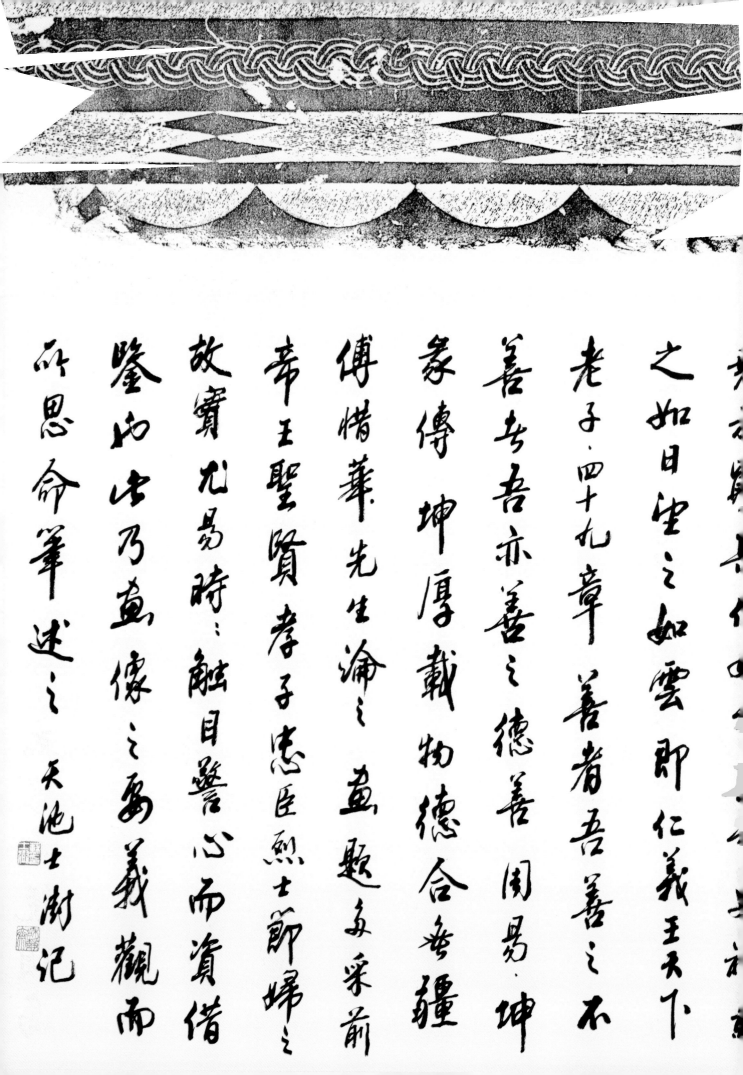

天池士澍記

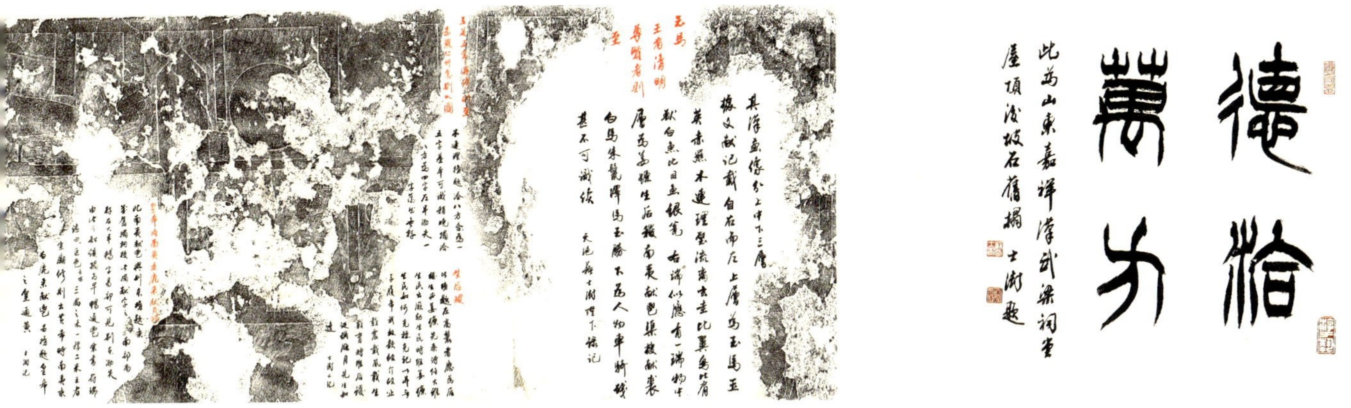

汉武梁祠屋顶后坡祥瑞画像

尺寸：500cm×62cm

释文：

德洽万方。此为山东嘉祥汉武梁祠堂屋顶后坡石旧拓。 士澍题

其汉画像分上中下三层，据文献记载，自右而左上层为玉马、玉英、赤罴、木连理、璧流离、玄圭、比翼鸟、比肩兽、白鱼、比目鱼、银瓮，右端似应有一瑞物；中层为姜嫄生后稷、南夷献鬯、渠搜献裘、白马朱鬣、泽马、玉胜；下为人物车骑，残甚不可识读。 天池苏士澍灯下录记

玉马，王者清明尊贤者则至。

玉英，五常并修则至。

赤罴仁，奸息，则入国。

木连理，榜题「洽八方为一」五字基本可识，稍晚拓「洽八方为」四字左半泐失，「一」字荡然无存。

生后稷。此榜题左高鬓者，应为后稷生母姜嫄。先秦《诗经·大雅·生民》云：「厥初生民，时维姜嫄。生民如何？克禋克祀，以弗无子。履帝武敏歆，攸介攸止，载震载夙，载生载育，时维后稷。诞弥厥月，先生如达。」 士澍又记

皇帝时，南夷乘鹿来献巨畅。此南夷献鬯与别本榜题条签旧拓相校，此拓「献」字之「南」部尚存右大半，「畅」字「易」部可见，别本泐失，由此可知，该拓为早。「畅」通「鬯」，《宋书·符瑞志》曰：「巨鬯（音唱），三禺之禾，一稃二米，王者宗庙修则出，黄帝时南夷乘白鹿来献鬯。」另榜题「皇帝」之「皇」通「黄」。 士澍记

白鱼，武王渡孟津入于王舟。白鱼登舟者，《宋书·符瑞志》载：「武王伐纣，度孟津，中流，

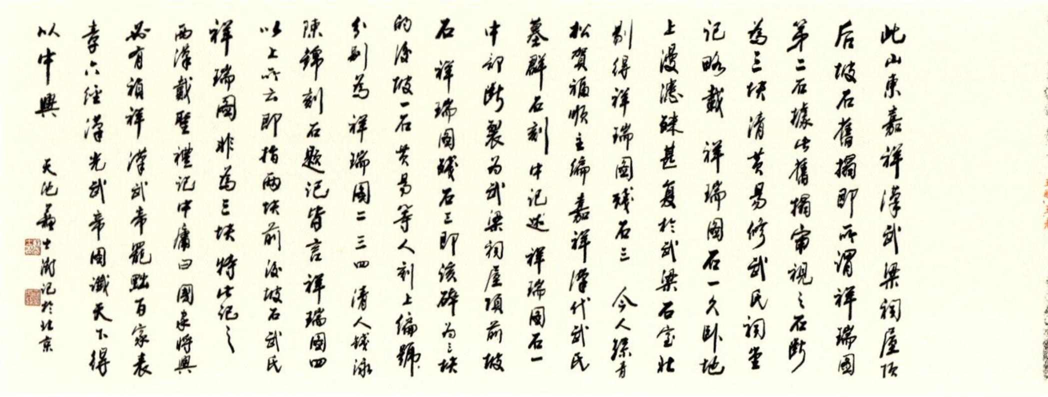

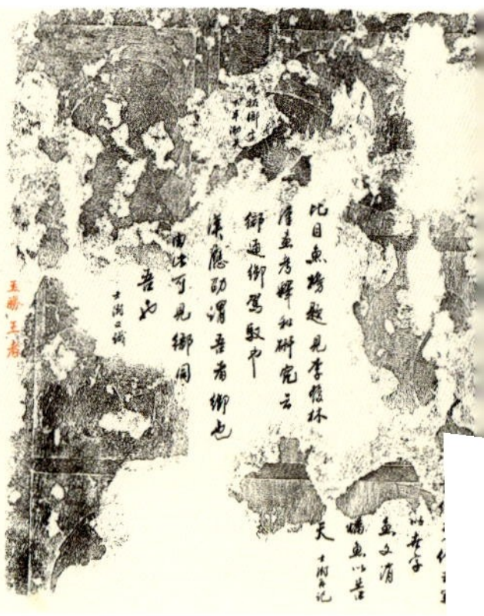

白鱼跃入王舟。王俯取鱼，长三尺，目下有赤文成字，言纣可伐。王写以世字，鱼文消。燔鱼以告天。』

士澍再记

比目鱼榜题。见李发林《汉画考释和研究》云：『御通御，驾驭也。』，』汉应劭谓：『吾者御也。』由此可见『御』同『吾』也。 晚拓『御』字下半泐失。 士澍又识

玉胜，王者。

此山东嘉祥汉武梁祠屋顶后坡石旧拓，即所谓祥瑞图第二石。据此旧拓审视之，石断为三块。清黄易《修武氏祠堂记略》载：『祥瑞图石一，久卧地上，漫漶殊甚。复于武梁石室北剔得祥瑞图残石三』。今人孙青松、贺福顺主编《嘉祥汉代武氏墓群石刻》中记述：『祥瑞图石一，中部断裂，为武梁祠屋顶前坡石。祥瑞图残石三，即该碎为三块的后坡一石。』黄易等人刻上编号，分别为祥瑞图二、三、四。清人钱泳、陈锦刻石题记皆言『祥瑞图四』，以上所云即指两块前后坡石『武氏祥瑞图』，非为三块，特此记之。

西汉·戴圣《礼记·中庸》曰：『国家将兴，必有祯祥』。汉武帝『罢黜百家，表章六经』，汉光武帝图谶天下，得从中兴。 天池苏士澍记于北京

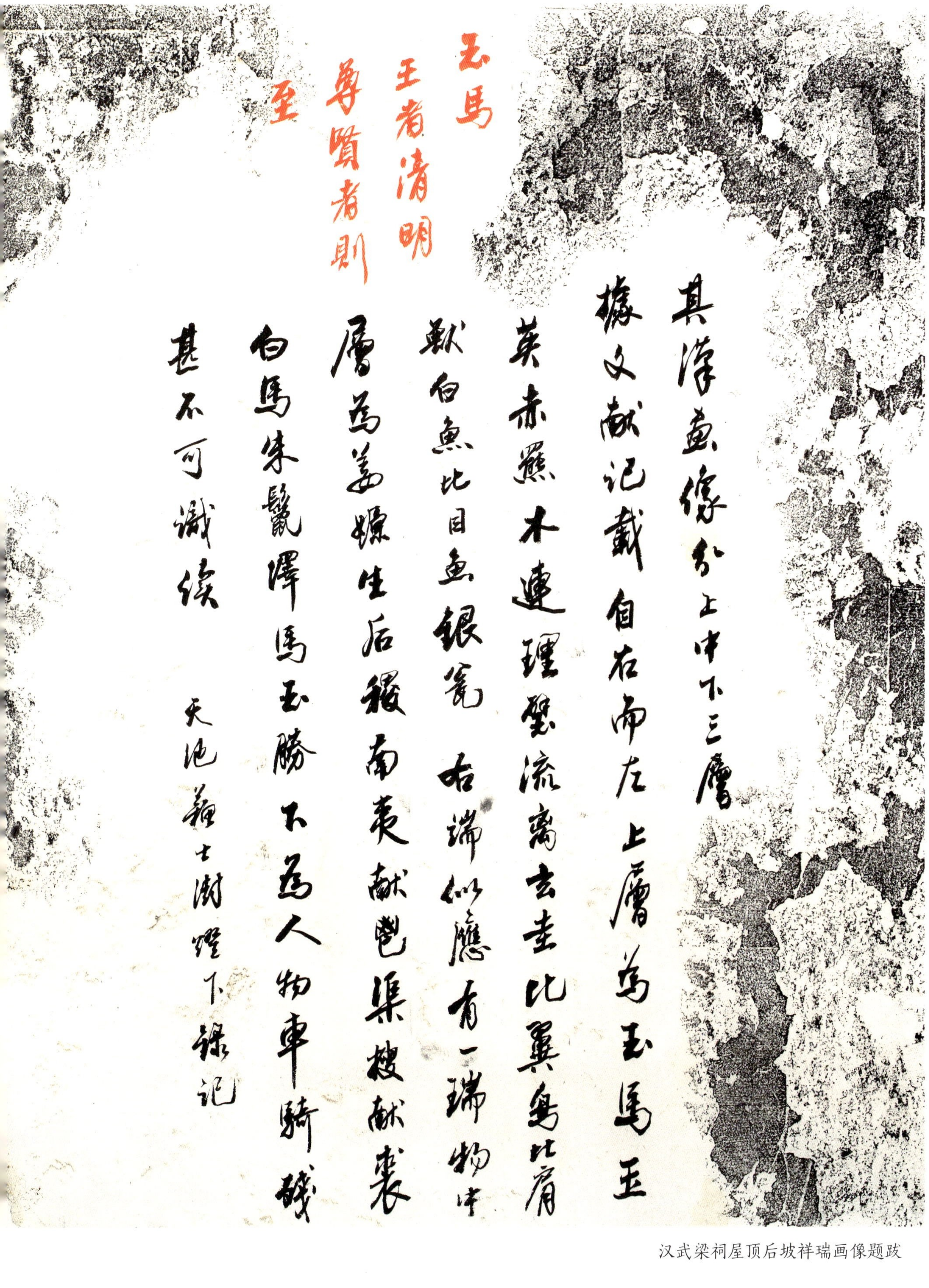

玉馬
王者清明
尊賢者則
至
其標畫像分上中下三層
據文獻記載自右而左上層為玉馬玉
英赤羆木連理璧流離玄圭比翼鳥比肩
獸白魚比目魚銀甕 右瑞似應有一瑞物中
層為姜嫄生后稷南夷獻鬯渠搜獻裘
白馬朱鬣澤馬玉勝不為人物車騎殘
甚不可識讀
天池雅士謝燈下錄記

汉武梁祠屋顶后坡祥瑞画像题跋

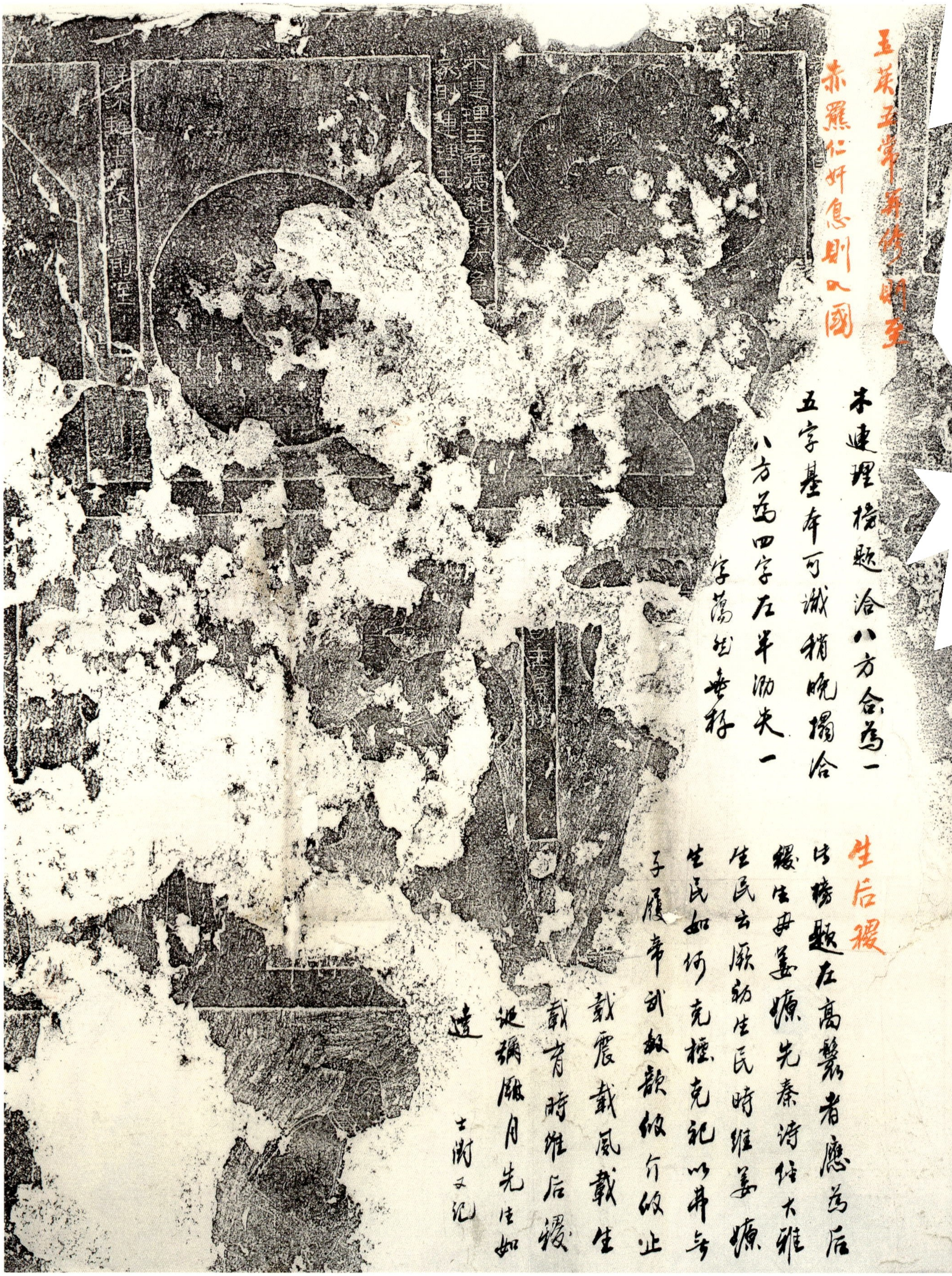

五英五常弄修明至
赤羆仁奸息則入國

木連理榜題洽八方合爲一
五字基本可識稍晚獨洽
八方爲四字左半泐失一
字蕩然無存

生后稷

此榜題在高禖者應爲后
稷生母姜嫄先秦詩經大雅
生民云厥初生民時維姜嫄
生民如何克禋克祀以弗無
子履帝武敏歆攸介攸止
載震載夙載生
載育時維后稷
誕彌厥月先生如
達

士淵又記

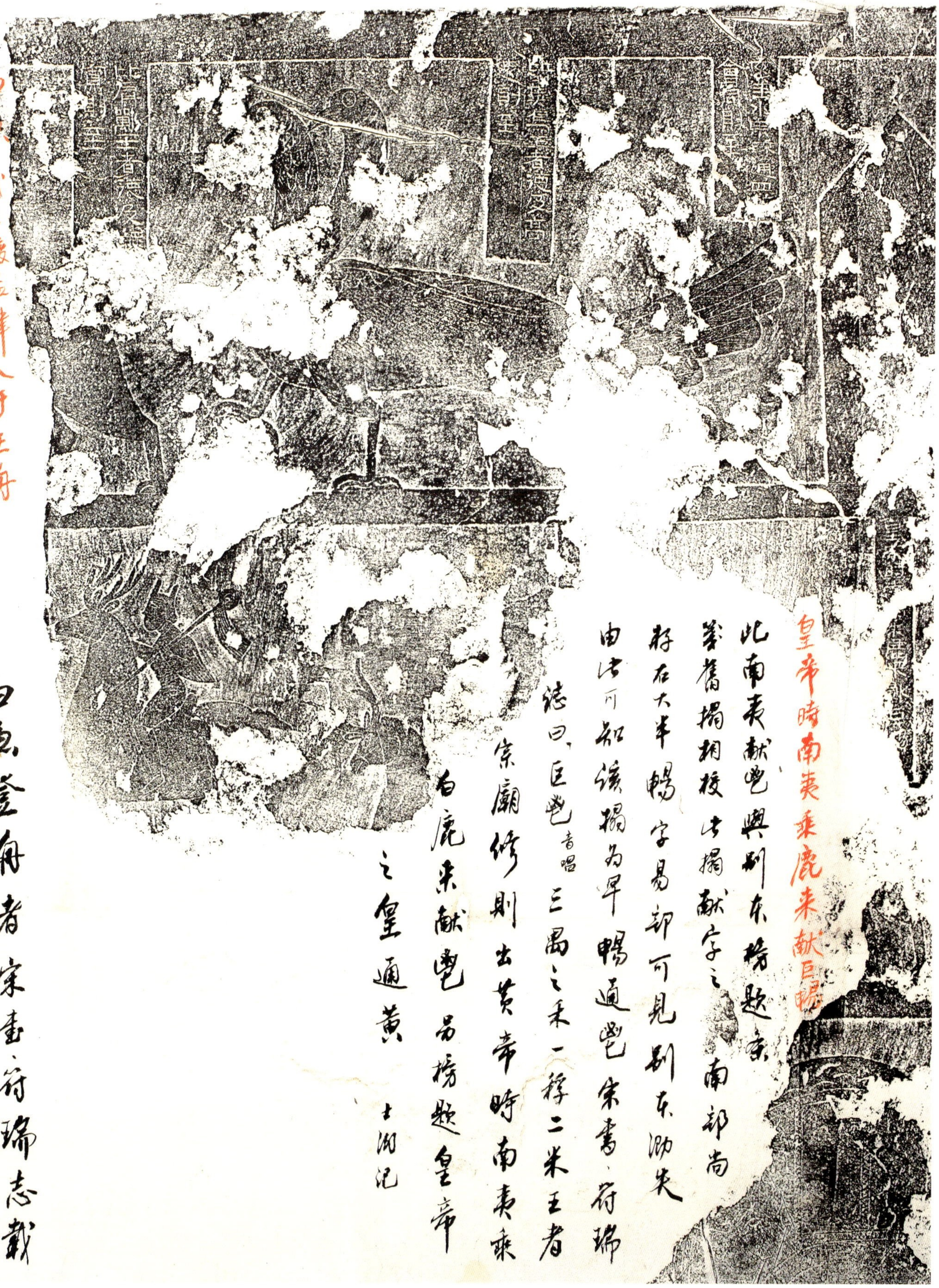

白魚 武王渡孟津入于王舟

白魚登舟者 宋書·符瑞志載

皇帝時南夷乘鹿来献巨暢

此南夷獻鬯與則東榜題余
藏舊搨損楼 出搨獻字之 南部尚
存在大半 暢字易郭可見則東泐失
由此可知 續搨為早 暢通鬯 宋書·符瑞
志曰、巨鬯（音唱） 三禺之禾一稃二米 王者
宗廟修則出 黃帝時南夷乘
白鹿來獻鬯 前榜題皇帝
之皇通黃 士渊记

汉武梁祠屋顶后坡祥瑞画像题跋

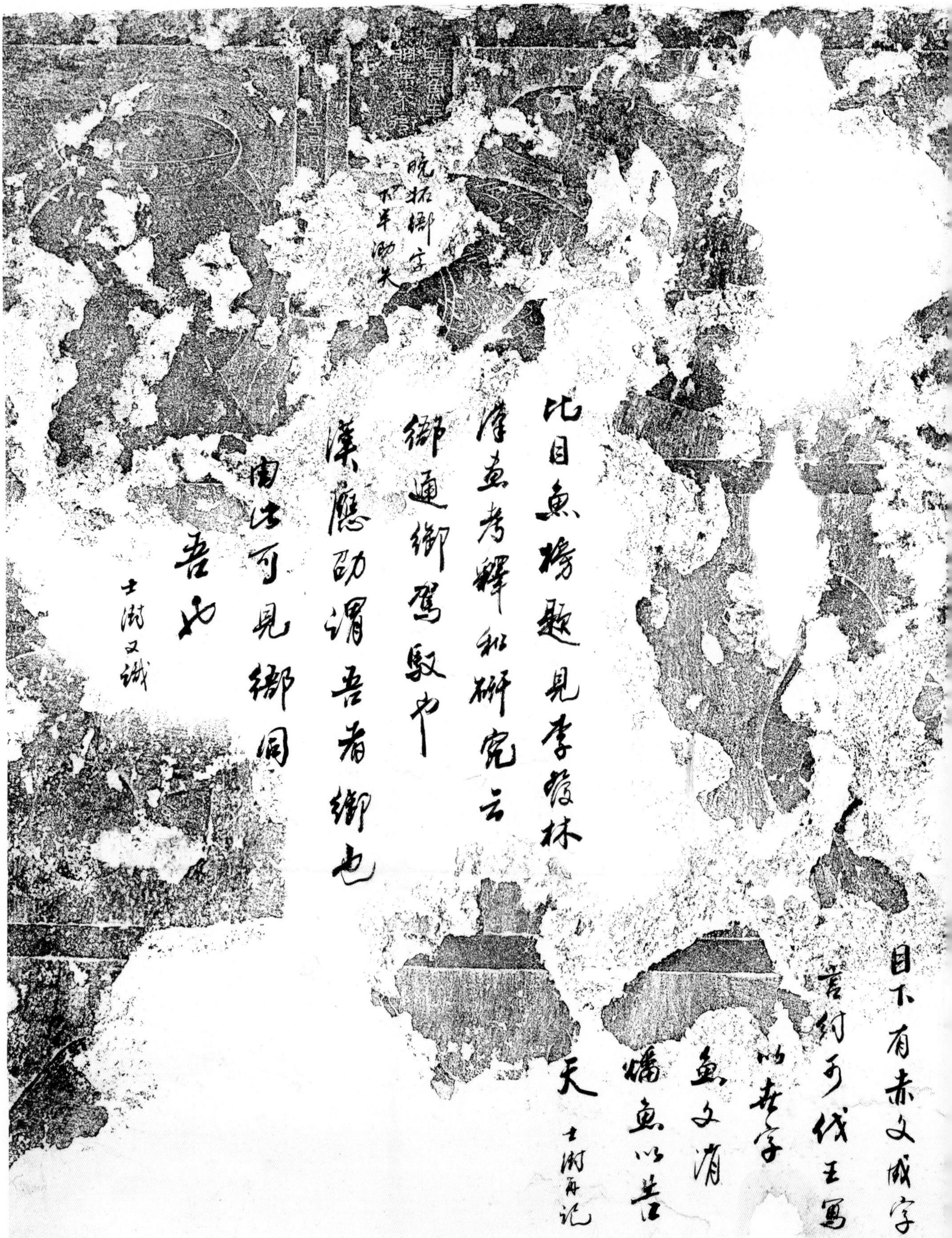
晚拓鄉字
下半泐矣
比目魚榜題見李發林
漢畫考釋和研究云
鄉通御駕馭也
漢應劭謂吾者鄉也
由此可見鄉同
吾也
士澍又識
目下有赤文成字
言紂可伐王寫
以世字
魚文消
燔魚以告
天
士澍再記

此山東嘉祥漢武梁祠屋頂
后坡石舊搨即所謂祥瑞圖
第二石據此舊搨審視之石斷
爲三塊清黃易修武氏祠堂
記略載祥瑞圖石一久臥地
上漫漶殊甚復於武梁石室北
剔得祥瑞圖殘石三 今人孫青
松賀福順主編嘉祥漢代武氏
墓群石刻中記述祥瑞圖石一
中部斷裂爲武梁祠屋頂前坡

汉武梁祠屋顶后坡祥瑞画像题跋

的洛坡一石黄易等人刻上編號
分别為祥瑞圖二三四清人錢泳
陳錦刻石題記皆言祥瑞圖四
以上所云即指兩塊前洛坡石武氏
祥瑞圖非為三塊特此記之
兩漢戴聖禮記中庸曰國家將興
必有禎祥漢武帝罷黜百家表
章六經漢光武帝圖讖天下得
以人中興

天池蘇士澍記於北京

汉武氏祠前石室后壁承檐石东段孔子问礼老子画像

尺寸：451cm×38cm

释文：

孔老同辉。　士澍敬题

汉画多有孔子问礼老子，此武氏祠『孔子见老子』画像石，现存济宁博物馆汉碑室，《史记·孔子世家》载：『鲁南宫敬叔言鲁君曰：「请与孔子适周。」鲁君与之一乘车，两马，一竖子俱，适周问礼，盖见老子云。』孔老之间幼童者，乃是七岁而为孔子师达巷党人项橐。意赞至圣先师：『敏而好学，不耻下问，是以谓之文也。』

汉尊儒『为政以德』，『礼治』天下。崇信黄老、阴阳五行及谶纬之学，亦求『千秋万岁兮乐未央，亲安众子兮皆蒙庆』，孔老思想影响深远，贯穿华夏文明史，泽被世界，与日月同辉。

天池苏士澍记

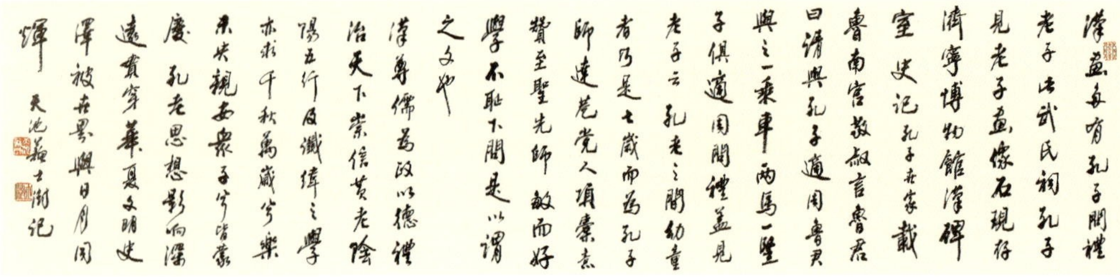
漢畫多有孔子問禮
老子。武氏祠孔子
見老子畫像石現存
濟寧博物館漢碑
室。史記孔子世家載
魯南宮敬叔言魯君
曰請與孔子適周魯君
與之一乘車兩馬一豎
子俱適周問禮蓋見
老子云。孔老之間幼童
者乃是七歲而為孔子
師達巷黨人項橐者
贊至聖先師敏而好
學不恥下問是以謂
之文也
漢尊儒為政以德禮
治天下崇信黃老陰
陽五行及讖緯之學
亦求千秋萬歲之樂
未央觀安眾子孫皆蒙
慶孔老思想影響深
遠貫穿華夏文明史
澤被古今與日月同
輝 天池蘇士澍記

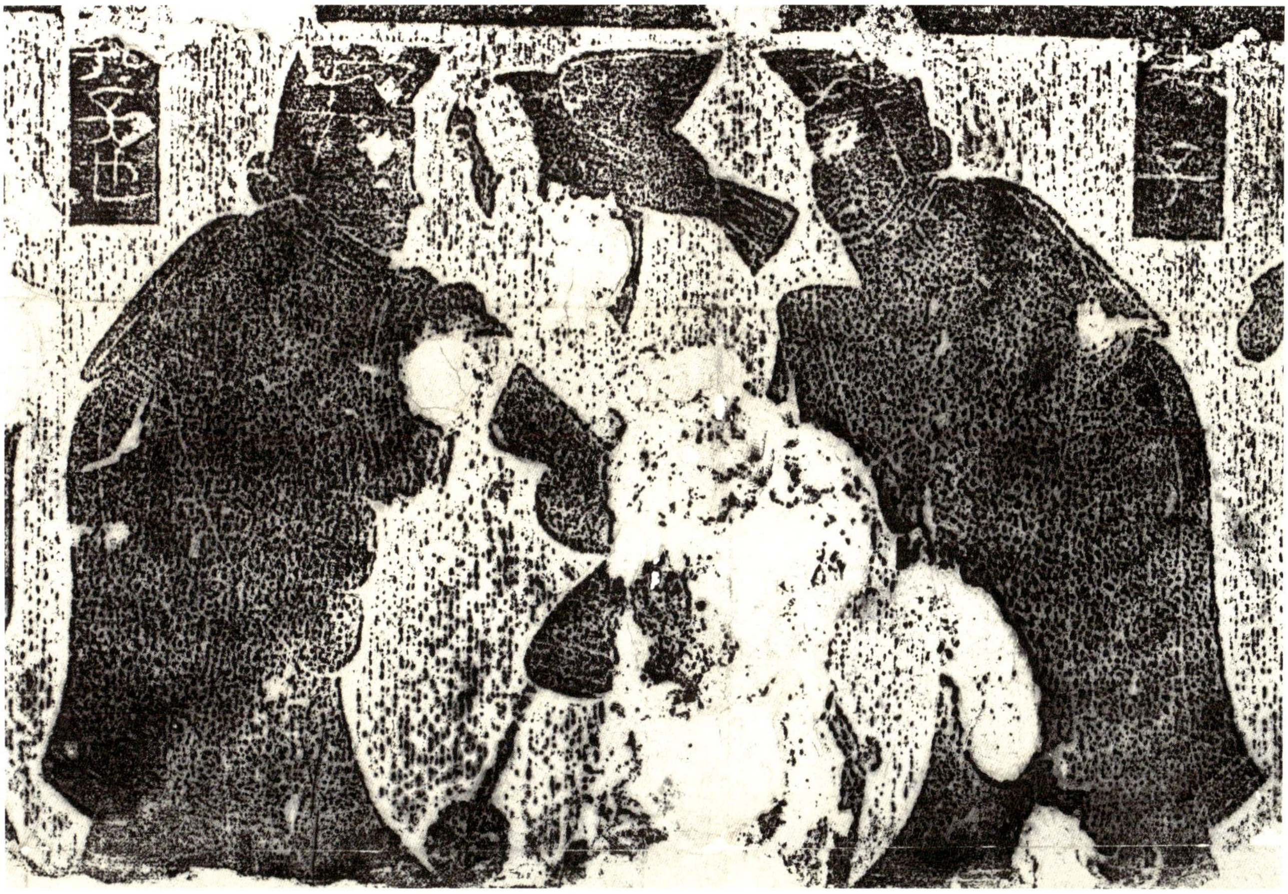

汉武氏祠前石室后壁承檐石东段孔子问礼老子画像局部

汉武氏祠前石室后壁承檐石东段孔子问礼老子画像局部　孔子车

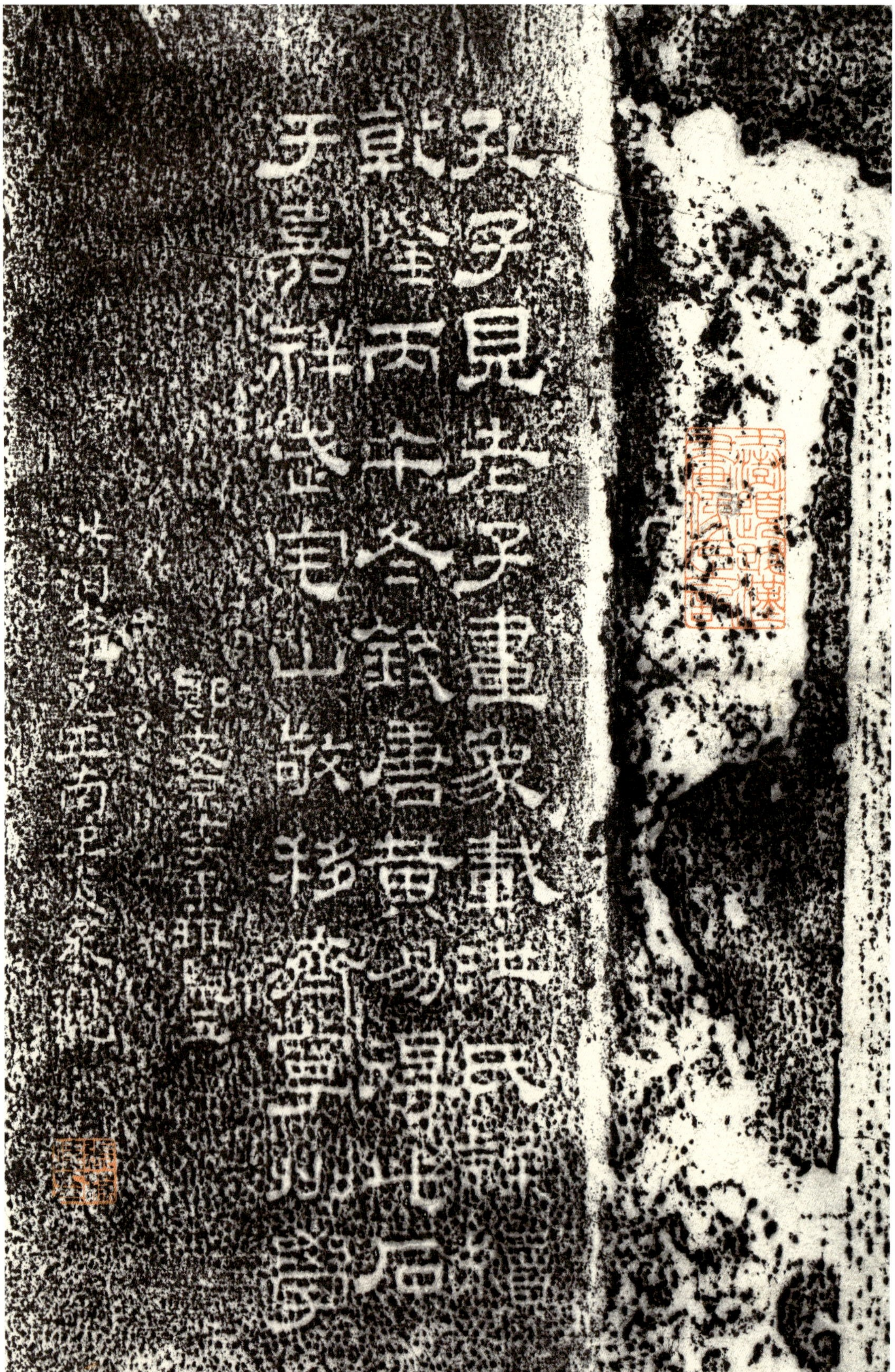

汉武氏祠前石室后壁承檐石东段孔子问礼老子画像黄易题刻

释文：孔子见老子画像载洪氏《隶续》，乾隆丙午冬钱塘黄易得此石于嘉祥武宅山，敬移济宁州学。郑文宗、李东琪监立，洪洞李克正、南正炎来观。

漢畫每有孔子問禮
老子此武氏祠孔子
見老子畫像石現存
濟寧博物館漢碑
室史記孔子世家載
魯南宮敬叔言魯君
曰請與孔子適周魯君
與之一乘車兩馬一豎

汉武氏祠前石室后壁承檐石东段孔子问礼老子画像题跋

師達巷黨人項橐意
賛至聖先師敏而好
學不恥下問是以謂

者乃是七歲而為孔子
師達巷黨人項橐意
贊至聖先師敏而好
學不恥下問是以謂
之文也
漢尊儒為政以德禮

治天下崇信黃老陰
陽五行及讖緯之學
亦於千秋萬歲兮樂
未失親安衆子兮皆蒙
慶孔老思想影響深
遠貫穿華夏文明史
澤被寰宇與日月同
輝

天池蘇士澍記

自强不息厚德载物
天池苏士澍敬题

汉武氏祠前石室后壁横额车马出行画像

尺寸：655cm×72cm

释文：

自强不息，厚德载物。　天池苏士澍敬题

古人尚右，独乘车尚左，即尊者居左，御者在右，故有战国四公子魏信陵君为侯嬴虚左以待之佳话。　士澍

天行健，君子以自强不息；地势坤，君子以厚德载物。

此汉武氏祠画像前石室四石，蒋英炬等考定为前石室武荣祠后壁上石。上下两层，高五十厘米，宽三百五十厘米。上为车马出行图，与其东西壁车马出行各自独立，不似孝堂山石祠大王车出行图三面连贯。下为一列云纹华饰，间有祥禽吉兽。平面减底阴线刻，细腻古雅，强悍艺术跃然其上。

汉朝建立，内者自强不息，奋发向上，朱熹云：『武王持其自强不息之心，故其功烈之盛』。外者融容与共，谋求和平，对匈奴采取和亲政策，积极抵御，开通丝路，终扬大汉雄风。张岱年先生概括中华精神为『自强不息』『厚德载物』。

此画像正是汉家繁昌之映示，汉《盐铁论》曰：『列羽旄，陈戎马，所以示威武；奇虫珍怪，所以示怀广远、明盛德，远国莫不至也。』该画像纸墨俱佳，神采分明，可宝爱之。

士澍又记

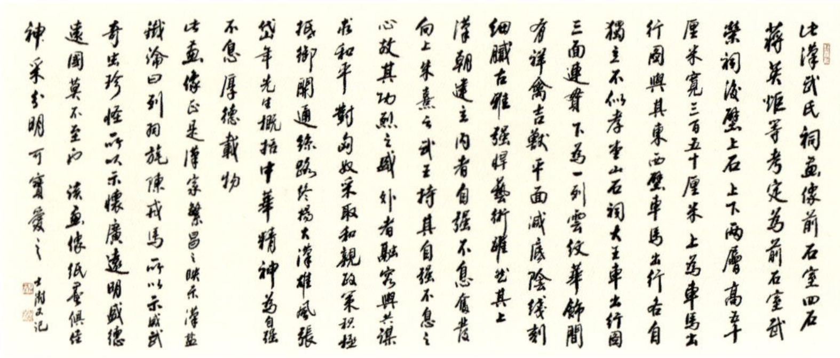

此漢武氏祠畫像前石室四石
蔣英炬等考定為前石室武
梁祠後壁上石 上下兩層高五十
厘米寬三百五十厘米 上為車馬出
行圖與其東西壁車馬出行各自
獨立不似孝堂山石祠大王車出行圖
三面連貫 下為一列雲紋華飾間
有祥禽吉獸平面減底陰綫刻
細膩古雅強悍藝術雖出其上
漢朝建立內者自強不息奮發
向上朱熹云武王持其自強不息之
心故其功烈之盛 外者融突與共謀
求和平 對匈奴采取和親政策積極
抵御開通絲路終揚大漢雄風張
岱年先生概括中華精神為自強
不息厚德載物
此畫像正是漢家繁昌之映示漢盛
識渝曰列祠旐陳戎馬所以示威武
奇出珍怪所以示懷廣遠明盛德
遠國莫不至而 該畫像紙墨俱佳
神采分明可寶愛之

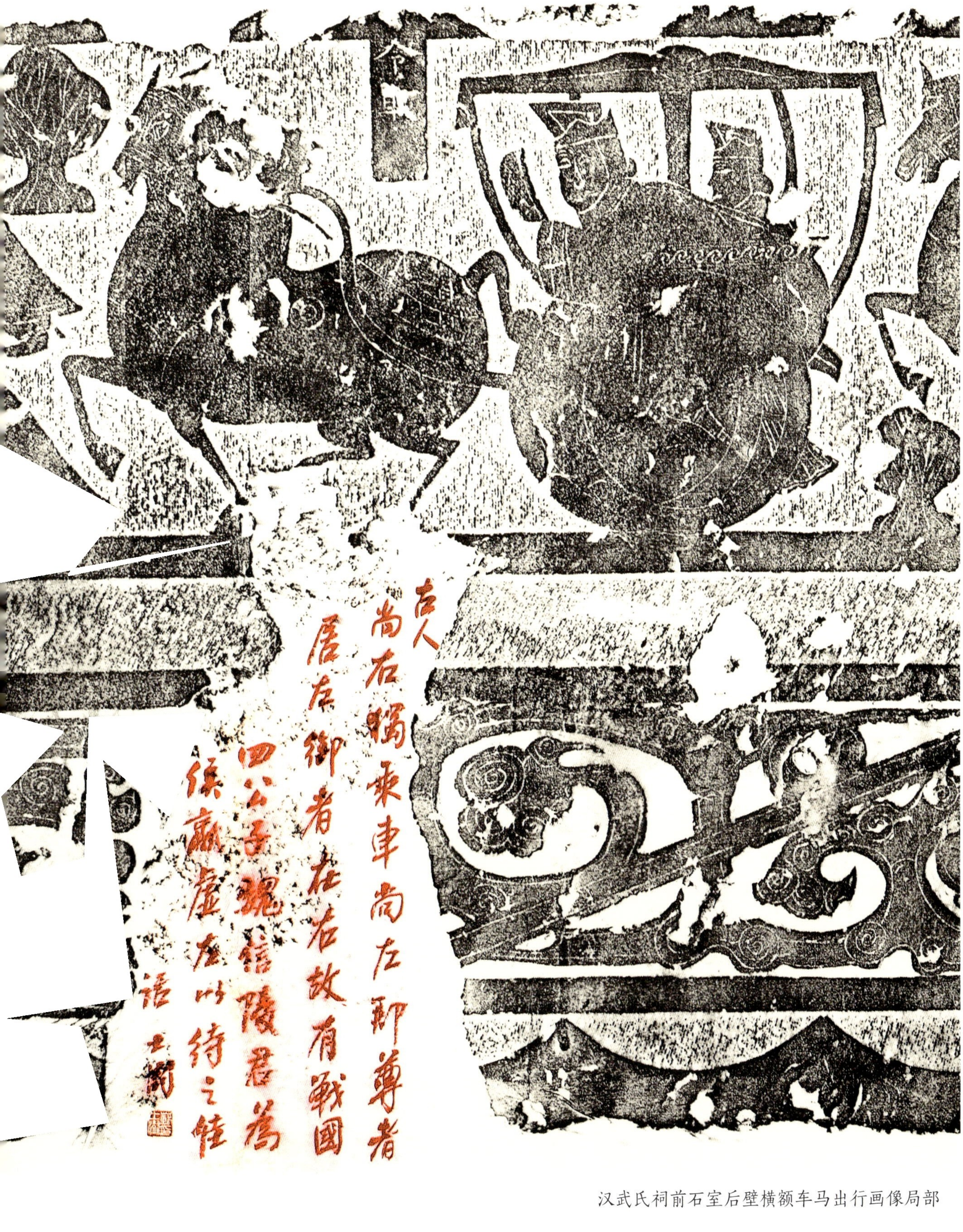

汉武氏祠前石室后壁横额车马出行画像局部

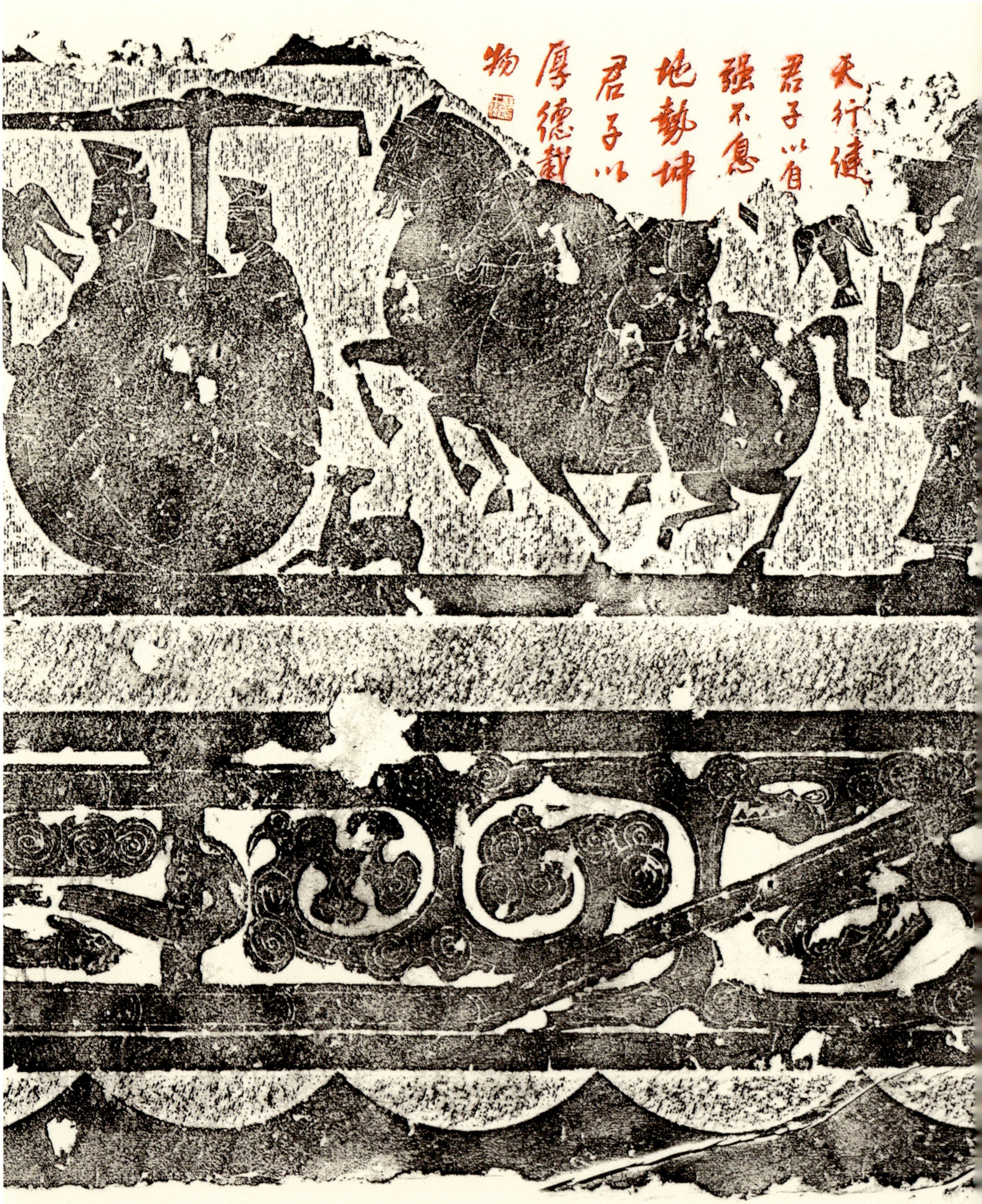
天行健
君子以自
強不息
地勢坤
君子以
厚德載
物

此漢武氏祠畫像前石室四石
蔣英矩等考定為前石室武
梁祠後壁上石上下兩層高五十
厘米寬三百五十厘米上為車馬出
行圖與其東西壁車馬出行各自
獨立不似孝堂山石祠大王車出行圖
三面連貫下為一列雲紋華飾間
有祥禽吉獸平面減底陰綫刻
細膩古雅強悍藝術躍然其上
漢朝達之內者自強不息奮發

汉武氏祠前石室后壁横额车马出行画像题跋

心[illegible]其[illegible]之盛[illegible]者[illegible]與其[illegible]求和平對匈奴采取和親政策積極抵御開通絲路終揚大漢雄風張岱年先生概括中華精神為自強不息厚德載物此畫像正是漢家繁昌之映示漢鹽鐵論曰列羽旄陳戎馬所以示威武奇蟲珍怪所以示懷廣遠明盛德遠國莫不至也 該畫像紙墨俱佳神采分明可寶愛之

士澍又記

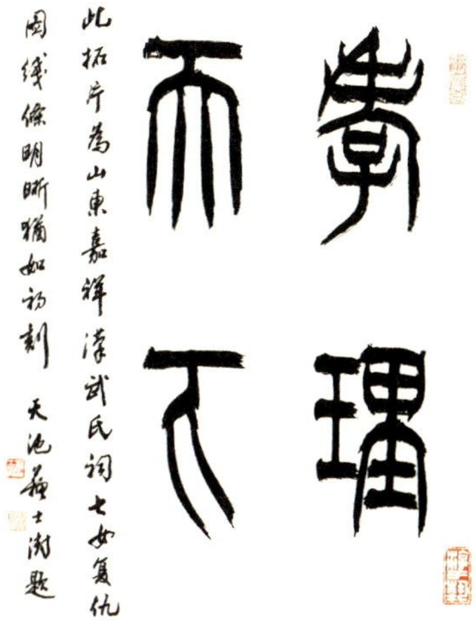

汉武氏祠前石室西壁下石画像

尺寸：452cm×78cm

释文：

孝理天下。此拓片为山东嘉祥汉武氏祠七女复仇图，线条明晰，犹如初刻。

天池苏士澍题

此汉武氏祠前石室第六石，清黄易、日本大村西崖等人推测为武荣祠堂，蒋英炬、吴文琪等配置图定为前石室西壁下半构件。据武荣碑文及祠堂型制，内容推断应为武荣祠堂。此类图像传统称为『水陆攻战图』，今内蒙古和林格尔汉墓壁画发现『七女为父报仇』榜题，及山东莒县东莞镇汉画像有『七女』榜题等，始知原意。该『七女为父报仇』图，汉时多有绘制，《孝经·开宗明义》云：『夫孝，德之本也。』《孝经·三才章》又云：『夫孝，天之经也，地之义也，人之行也。』古帝王以孝理天下，孝道上升为治国安邦之本也。

天池苏士澍记于京华

此漢武氏祠前石室第六石清黃易
日本大村西崖等人推測爲武梁祠
堂蔣英炬吳文琪等配置圖定爲前
石室西壁下半構件據武梁碑文及祠
堂型制內容推斷應爲武梁祠堂
此類畫像傳統稱爲水陸攻戰圖今
內蒙古和林格爾漢墓壁畫發現七女爲
父報仇榜題及山東莒縣東莞鎮漢畫
像有七女榜題等始知原意該七女爲
父報仇圖漢時多有繪製孝經開宗明
義云夫孝德之本也孝經三才章又云夫
孝天之經也地之義也人之行也古帝
王以孝理天下孝道上升爲治國安
邦之本也

大池蔚士渊記於京華

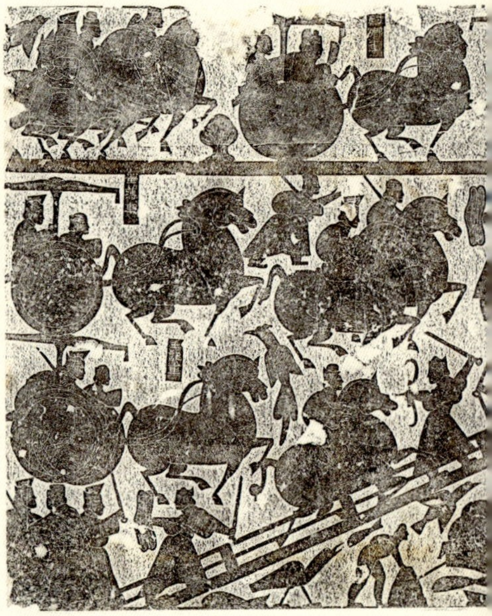

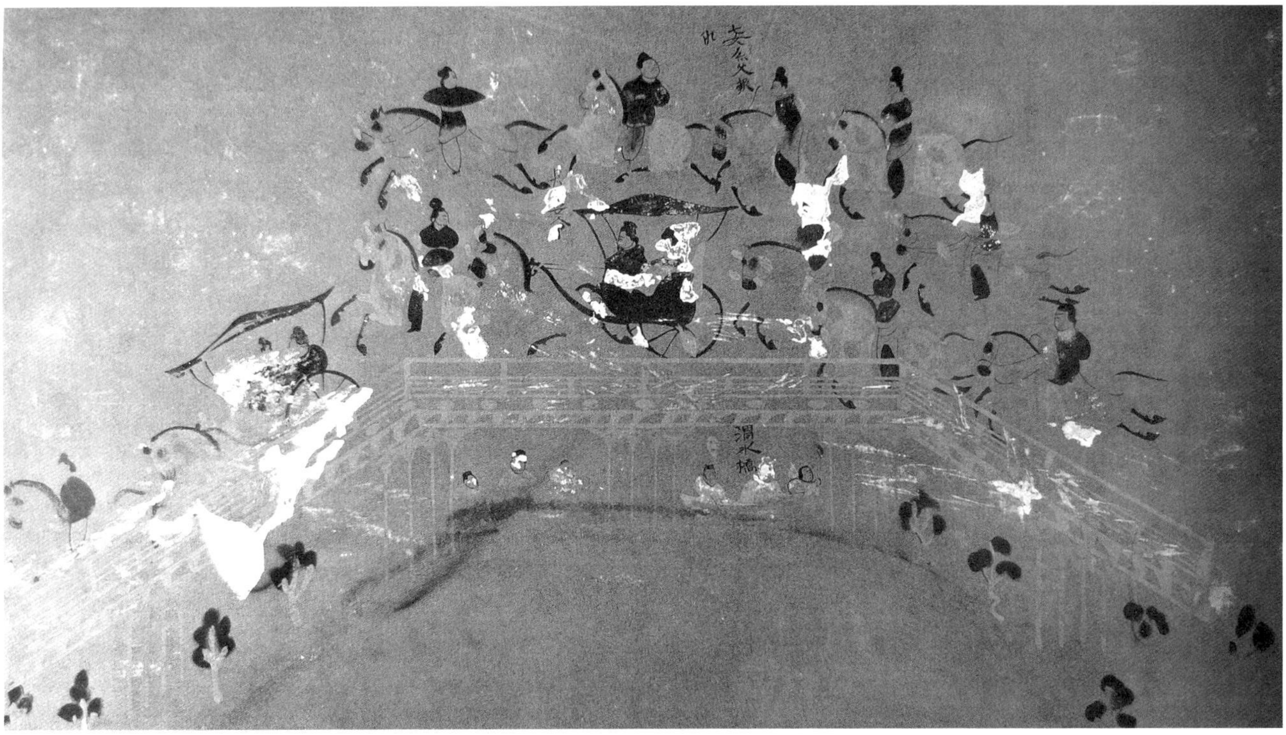

内蒙古和林格尔汉墓彩绘壁画七女复仇图（复原图）

内蒙古和林格尔汉墓彩绘壁画七女复仇图题榜（复原图）

山东莒县博物馆藏东莞镇出土画像石七女复仇图原石

山东莒县博物馆藏东莞镇出土画像石七女复仇图拓片

汉武氏祠前石室西壁下石画像局部

尉卿車
主記車

此漢武氏祠前石室第六石清黃易
日本大村西崖等人推測為武梁祠
堂蔣英矩吳文琪等配置圖定為前
石室西壁下半構件據武榮碑文及祠
堂型制內容推斷應為武榮祠堂
此類畫像傳統稱為水陸攻戰圖今
內蒙古和林格爾漢墓壁畫發現七女為
父報仇[illegible]山東[illegible]嘉祥[illegible]鎮[illegible]

父報仇圖漢時為有繪制孝經開宗明
義云夫孝德之本也孝經三才章又云夫
孝天之經也地之義也人之行也古帝
王以孝理天下孝道上升為治國安
邦之本也

天池蘇士澍記於京華

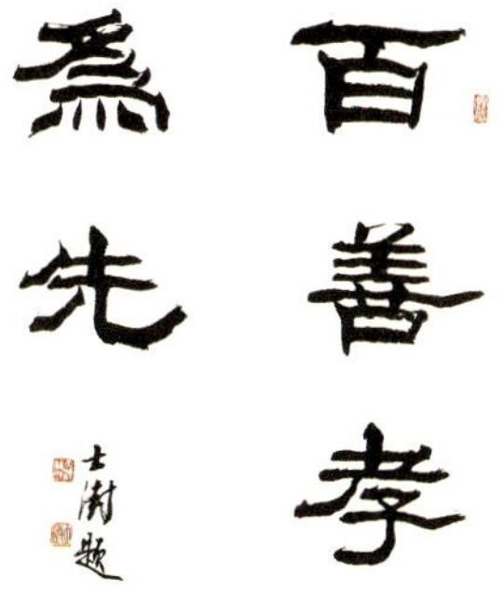

汉武氏祠前石室东壁下石画像

尺寸：606cm × 68cm

释文：

百善孝为先。　士澍题

此马左下部微泐，清晚拓仅存头部及前腿，乃人力所为也。此画像线条清晰，人物形态毕现，拓工精良，纸佳墨妙，乃稀见也。

该汉画像石清乾隆丙午（1786年）秋济宁运河同知黄易等人发掘武氏祠时，定为前石室第七石。并崭刻编序于上横隔最右端。今蒋英炬等先生认为武氏祠前石室是武荣享堂，即该石乃武荣祠东壁下石也。此画像高九十三厘米，长二百厘米，画面分上下四层。上两层皆为孝义故事。上一层自左而右分列赵盾餔辄翳桑、刑渠哺父、闵子骞单衣顺母、鲁义姑姊等，二层左为文王十子，中乃老莱子娱亲，右是伯游泣杖，伯游即东汉梁人韩伯俞也。三层燕亨图，四层为庖厨。

是石张彦生《善本碑帖录》有考，云今故宫藏有第二层榜题『王发』两字完好者拓本，及沈树镛跋鲍问楳所藏榜题拓本，其『王发』、『蔡叔度』之『度』字完好。端方藏本『发』字首损。今考此拓本，『王』字泐失，『发』字首损，应与端方藏本相若。清晚拓则『王发』两字，『蔡叔度』之『度』字皆泐无。

《孝经·开宗明义》，云：『夫孝，德之本也。』清王永彬《围炉夜话》曰：『百善孝为先，万恶淫为源，常存仁孝心，则天下凡不可为者，皆不忍为。』

汉字『教育』之『教』字，由『孝』和『文』组成，故教之根本，乃建立在孝道人伦基础之上也。『孝』为中华传统之美德，举孝廉风行于汉，孝道扎根于人们骨髓灵魂之中，为促进世界和平、家庭和顺、民族和睦、社会和谐，皆有积极的现实意义。　天池苏士澍记

此拓原为郭若愚简装本，并钤印三方，名号印迹清楚，现装池成卷，以飨大家。　士澍又记

该拓伯邑考、武王发二人造像完好，清晚拓两人头像皆损泐也。　士澍补记

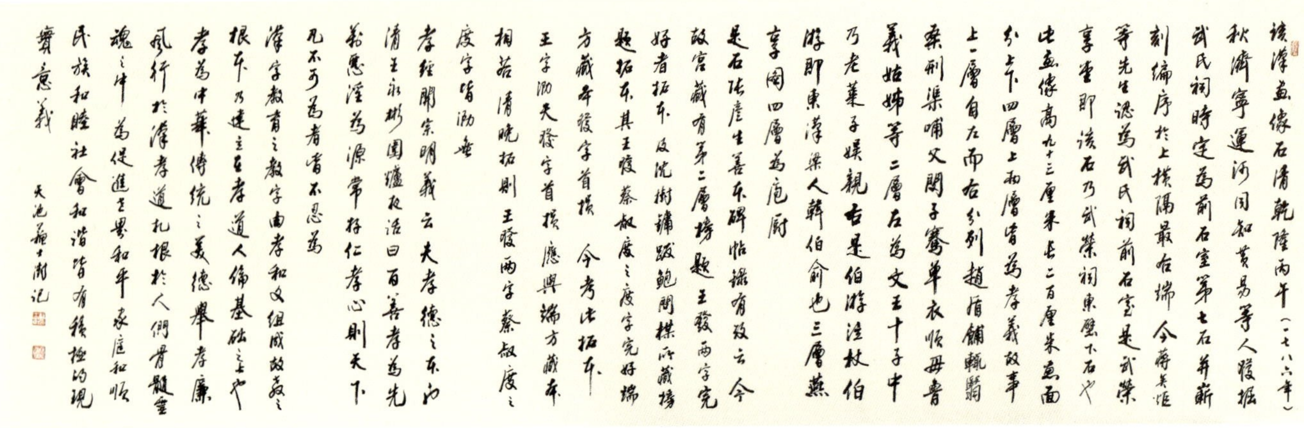
談漢畫像石清乾隆丙午（一七八六年）
秋濟寧運河同知黃易等人發掘
武氏祠時定為前石室第七石并新
刻編序於上横隔最右端 今蔣英炬
等先生認為武氏祠前石室是武榮
享堂即該石乃武榮祠東壁下石也
此畫像高九十三厘米長二百厘米畫面
分上下四層上和層皆為孝義故事
上一層自左而右分列趙循餔輒翳
桑刑渠哺父閔子騫單衣順毋章
義姑姊等二層左為文王十子中
乃老萊子娛親右是伯游泣杖伯
游即東漢梁人韓伯俞也三層燕
享圖四層為庖廚
是石張彥生善本碑帖識有跋云 今
故宮藏有第二層榜題王發兩字完
好者拓本 及沈樹鏞跋鮑阴棋所藏榜
題拓本其王發蔡叔度之度字完好端
方藏本發字首橫 今考此拓本
王字泐夫發字首橫應與端方藏本
相若 清晚拓則王發兩字蔡叔度之
度字皆泐無
孝經開宗明義云 夫孝德之本也
清王永彬圍爐夜話曰百善孝為先
萬惡淫為源常存仁孝心則天下
凡不可為者皆不忍為
漢字教育之教字由孝和文組成故教之
根本乃建立在孝道人倫基础之上也
孝為中華傳统之美德舉孝廉
風行於漢孝道孔根於人們骨髓靈
魂之中 為促進至要和平家庭和順
民族和睦社會和谐皆有積極的現
實意義
天池蘇士澍記

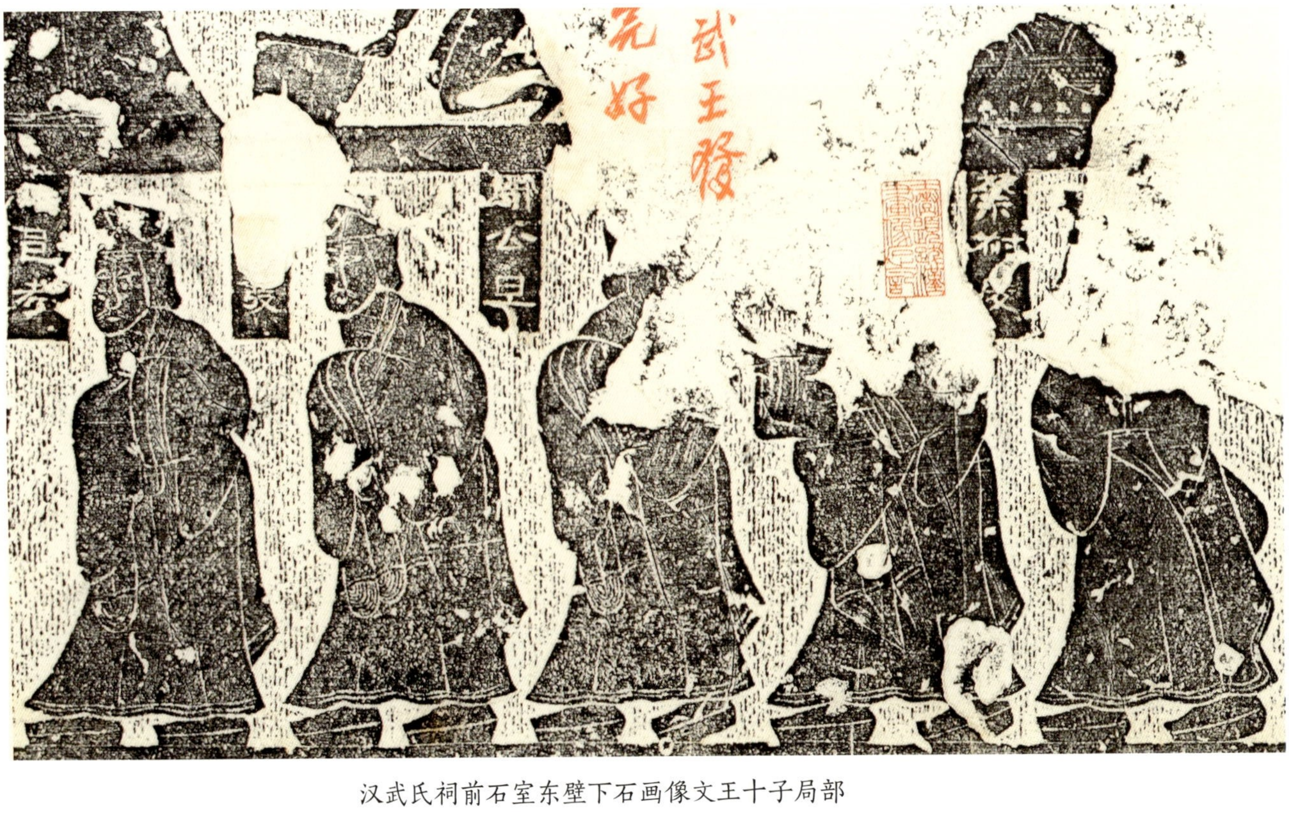

汉武氏祠前石室东壁下石画像文王十子局部

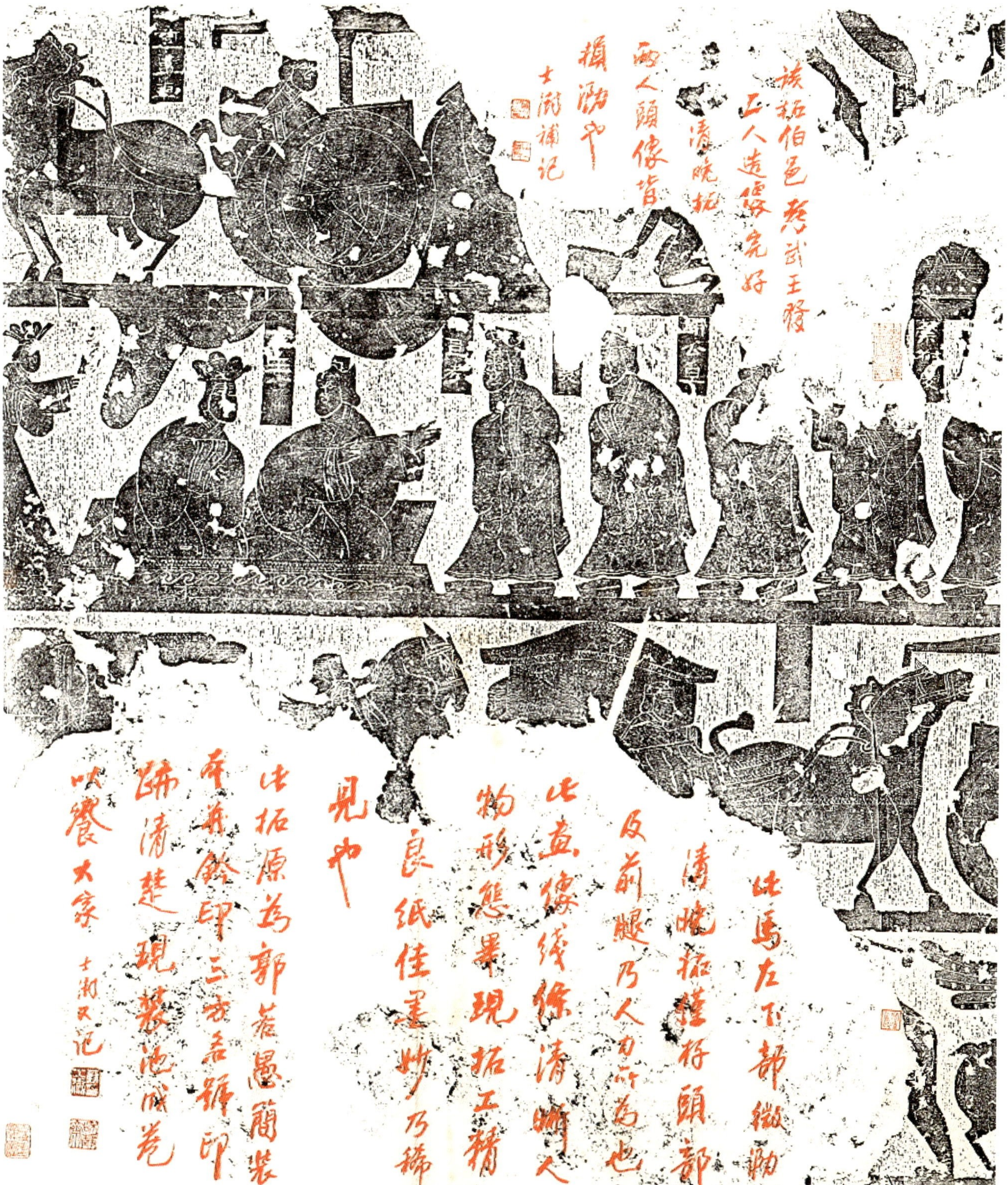

清拓汉武氏祠前石室东壁下石画像局部

新拓汉武氏祠前石室东壁下石画像局部

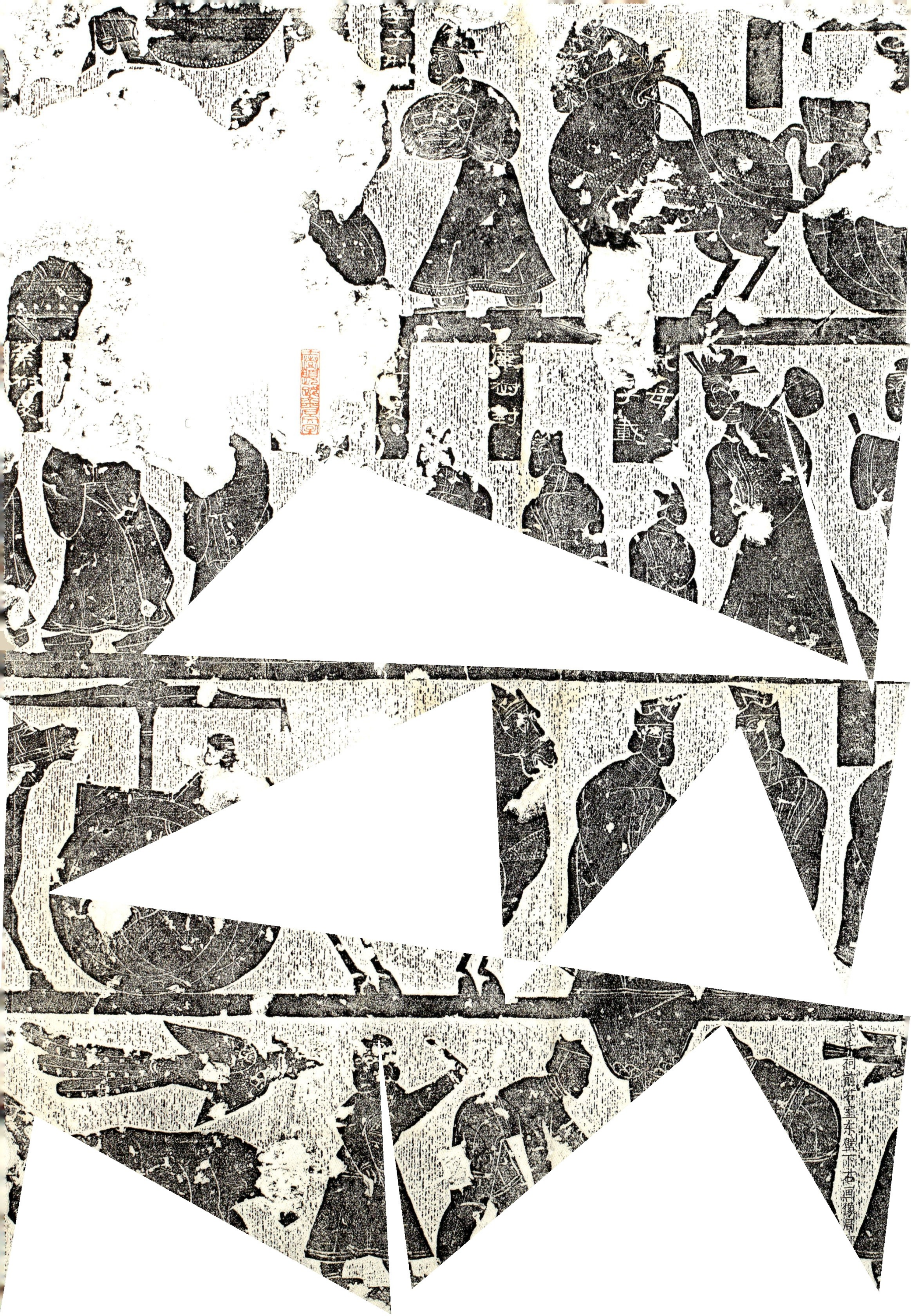

武氏祠前石室东壁下石画像局部

該拓伯邑考武王發
二人造像完好
清晚拓
兩人頭像皆
損泐也
士澍補記

此馬左下部纖泐
清晚拓僅存頭部
及前腿乃人力所為也
此畫像线條清晰人
物形態畢現拓工精
良紙佳墨妙乃稀
見也
此拓原為郭若愚簡裝
有其鈐印三方吾獲即
歸清楚硯裝池成卷
以饗大家
士澍又記

該漢畫像石清乾隆丙午（一七八六年）
秋濟寧運河同知黄易等人發掘
武氏祠時定爲前石室第七石并新
刻編序於上横隔最右端今蔣英炬
等先生認爲武氏祠前石室是武榮
享堂即該石乃武榮祠東壁下石也
此畫像高九十三厘米長二百厘米畫面
分上下四層上兩層皆爲孝義故事
上一層自左而右分列趙盾餔輒翳
桑刑渠哺父閔子騫單衣順母魯
義姑姊等二層左爲文王十子中
乃老萊子娛親古是伯游泣杖伯
游即東漢梁人韓伯俞也三層燕
享圖四層爲庖厨
是石張彦生善本碑帖録有考云今
故宫藏有第二層榜題王發兩字完

汉武氏祠前石室东壁下石画像题跋

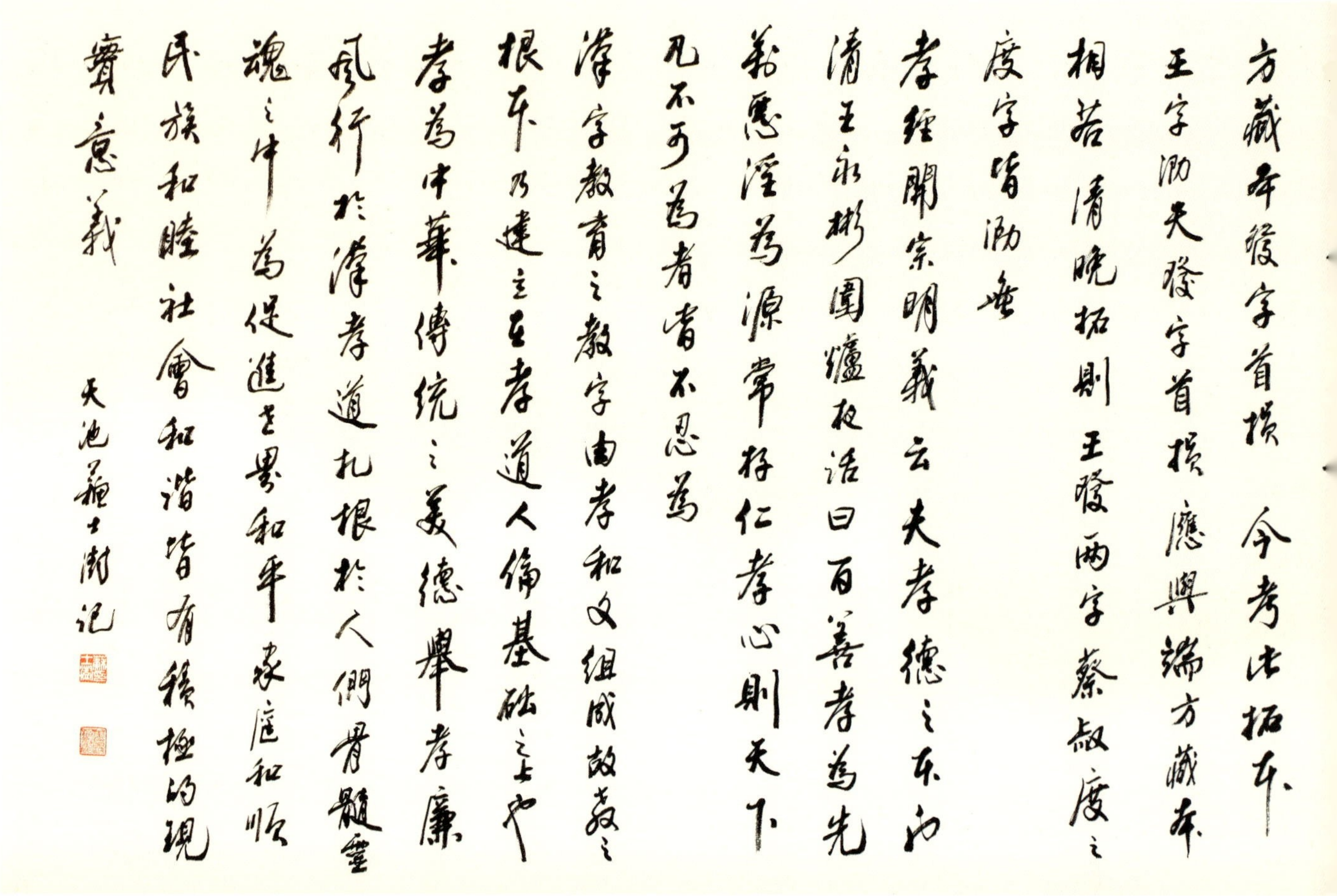
方藏本發字首損 今考此拓本
王字泐天發字首損 應與端方藏本
相若 清晚拓則 王發兩字 蔡叔度之
度字皆泐無
孝經開宗明義云 夫孝德之本也
清王永彬圍爐夜話曰 百善孝為先
萬惡淫為源 常存仁孝心 則天下
凡不可為者 皆不忍為
漢字教育之教字由孝和文組成 故教之
根本乃建立在孝道人倫基礎之上也
孝為中華傳統之美德 舉孝廉
風行於漢 孝道扎根於人們骨髓靈
魂之中 為促進世界和平 家庭和順
民族和睦 社會和諧 皆有積極的現
實意義
天池羅士衡記

汉武氏祠左石室画像

尺寸：730cm×63cm

释文：

舍生取义，翠墨流芳，读汉武氏祠王陵母拓片有感。 苏士澍记

公子『无忌』，魏信陵君，虚左『自迎夷门，执辔入市屠』，侯嬴『故久立』侯朱亥，言语多，『公子愈和，色终不改』，『乃谢客就车』。 士澍试读

释文：颜淑独处，飘风暴雨，妇人乞宿，升堂入户，燃蒸自烛，惧见意疑，未明蒸尽，摍苲续之。 士澍试读

右拓榜题试读如左：宣孟晋卿，餔辄翳桑，灵公凭怒，伏甲嗾獒，车右提明，跆犬绝桓，灵辄乘盾，爰发甲中。 天池苏士澍又记

释文：王公陵母获于楚，陵为汉将，与项相距，母见汉使，曰：（王）『长者』，因伏剑死，以免其子。此释文源于《史记·陈丞相世家》。 士澍记

此为刻跋本，拓工精良，与右未刻相校也。 士澍补记

晋灵公嗾獒

其中『绝桓』之『桓』与『颌』音近相通也。如《公羊传》载：『祁弥明逆而踆之，绝其颌。』 士澍记

此山东嘉祥武氏祠画像左石室，据载原石断为三，其中左端残石不知所踪，至今未见图形，右端『颜淑握火』石，曾被人移作铺桥石，清乾隆五十四年（1789年）收回祠堂，时人李东琪随右上题铭，述明此事。中断『楚将石』即『王陵母石』，直至清光绪六年庚辰（1880年），间隔近百年之后，始有浙江绍兴陈锦从当地张氏手中访得，增补入祠，并于左上纹饰间刻跋，云：

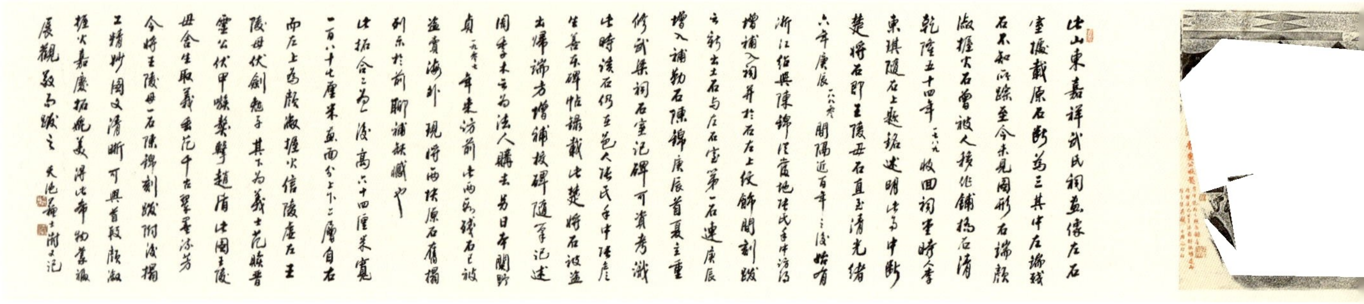

『新出土石与左石室第一石连，庚辰增入，补勒石陈锦』。庚辰首夏立《重修武梁祠石室记》碑，可资考识，此时该石仍在邑人张氏手中。张彦生《善本碑帖录》载：『此楚将石被盗出，归端方。』《增补校碑随笔》记述：『周季木云为法人购去，另日本关野贞（1907年）来访前，此两段残石已被盗卖海外。』现将两块原石旧拓列示于前，聊补缺憾也。

此拓合二为一后，高六十四厘米，宽一百八十七厘米，画面分上下二层，自右而左，上为『颜淑握火』『信陵虚左』『王陵母伏剑勉子』。其下为义士范赎、晋灵公伏甲嗾獒击赵盾。此图王陵母舍生取义，垂范千古，翠墨流芳。

今将王陵母一石陈锦刻跋附后，拓工精妙，图文清晰，可与首段颜淑握火嘉庆拓媲美，得此稀物，蒙福展观，敬而跋之。

天池苏士澍又记

汉武氏祠左石室画像清人题刻

释文：

汉武梁祠堂画像，洪氏《隶续》载之明矣。乾隆丙午钱塘黄小松搜得前后石室及祥瑞图，垒于墙壁，乙酉秋七月，洪洞梅郚李克正、桂仙刘肇镛督工建祠，续得左石室画像一石，隶书一百六字，更为古人所未见者，即砌壁间书以记之。左石室一。

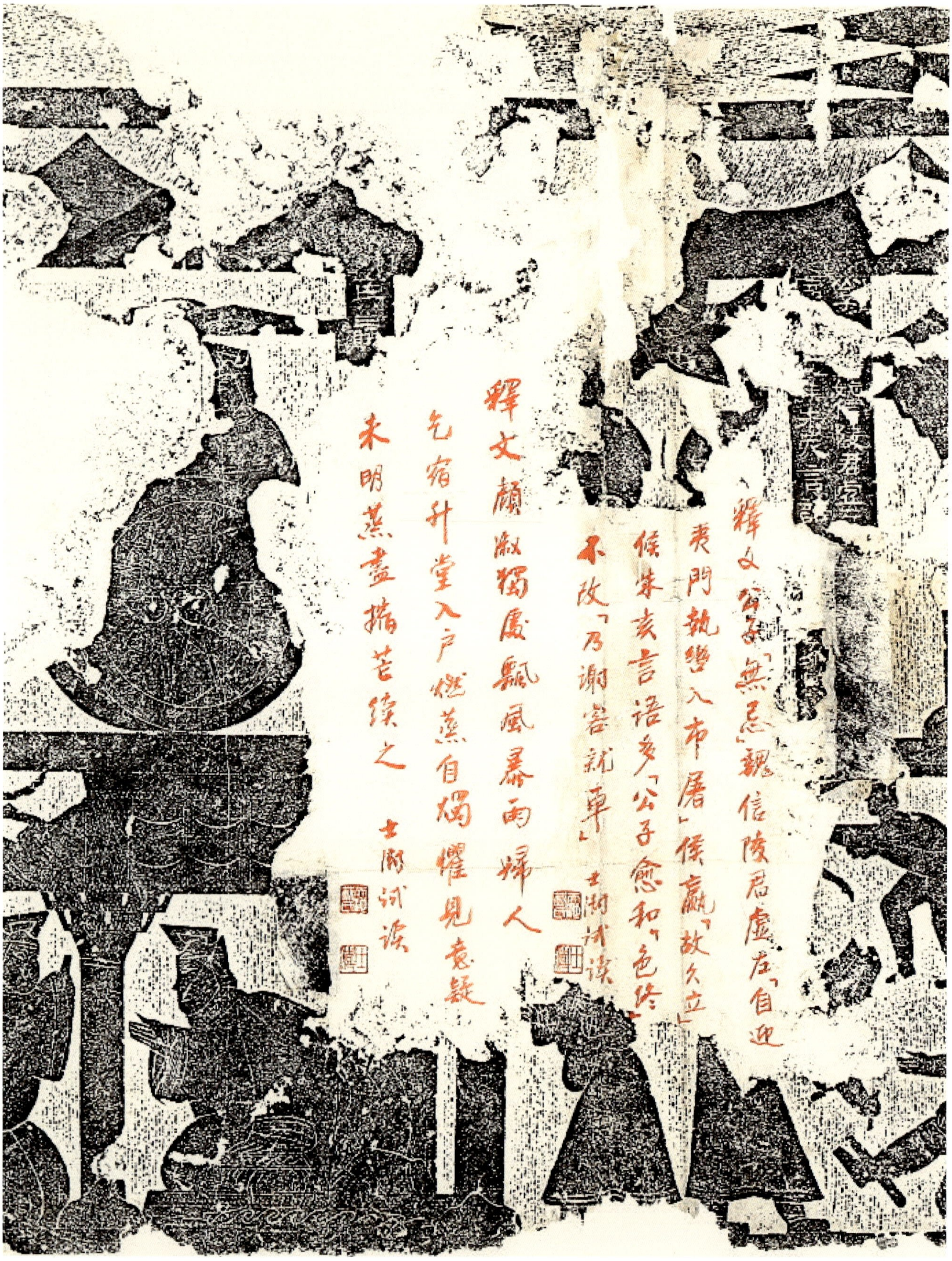

汉武氏祠左石室画像题跋

汉武氏祠左石室画像题跋

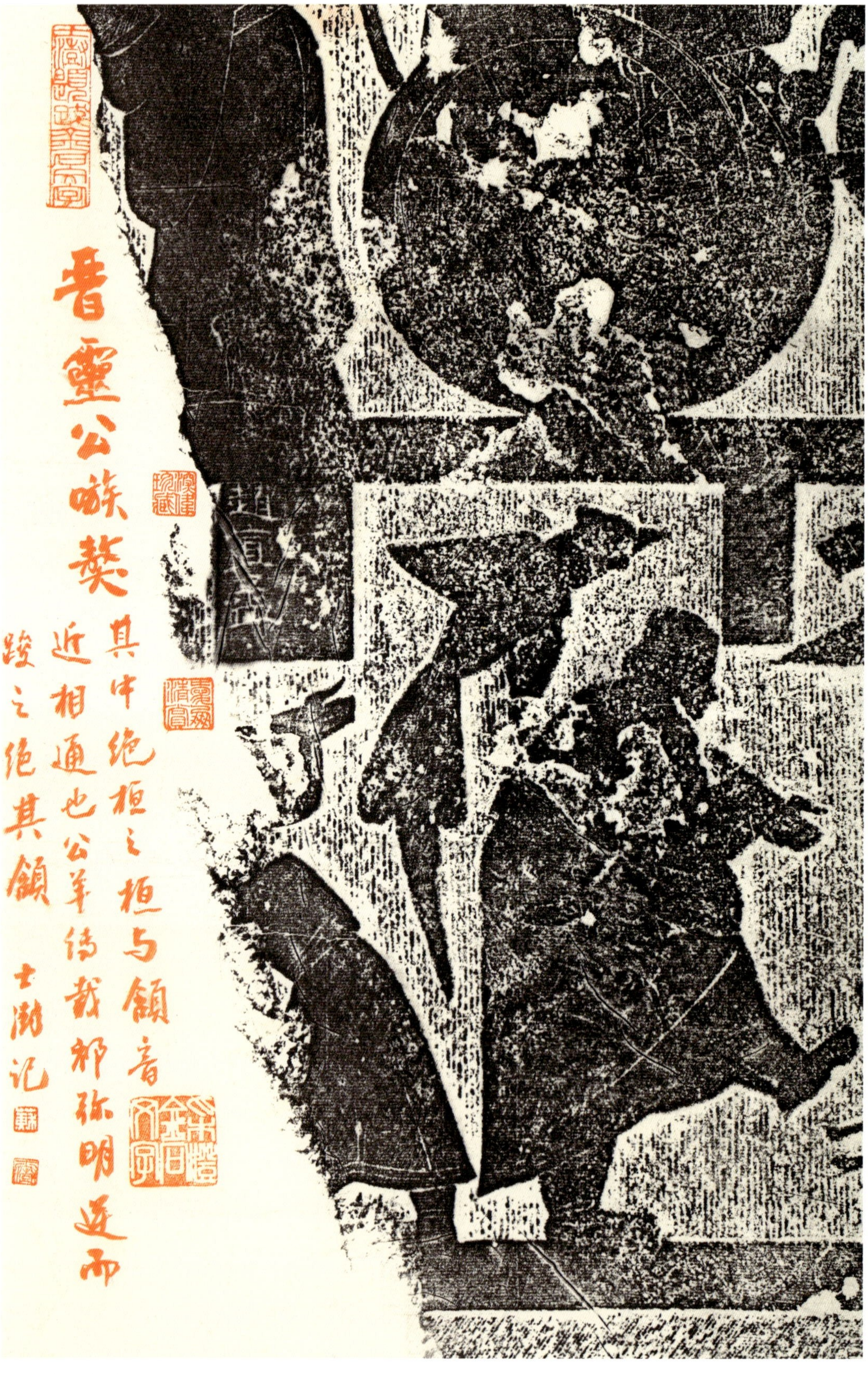

汉武氏祠左石室画像题跋

汉武氏祠左石室画像局部　颜淑握火

汉武氏祠左石室画像局部　王陵母榜题

汉武氏祠左石室画像局部　晋灵公噉獒

此山東嘉祥武氏祠畫像左石室據載原石斷爲三其中左端殘石不知所蹤至今未見圖形右端顏淑握火石曾被人移作鋪橋石清乾隆五十四年一七八九收回祠堂時李東琪隨右上題銘述明此爲中斷楚將石即王陵母石直至清光緒六年庚辰一八八零間隔近百年之後始有浙江紹興陳錦從當地張氏手中訪得增補入祠并於石右上紋飾間刻跋云新出土石與左石室第一石連庚辰增入補勒石陳錦庚辰首夏立重修武梁祠石室記碑可資考識此時該石仍在邑人張氏手中 張彦

汉武氏祠左石室画像题跋

閒季木云爲法人購去 另日本關野
貞一九〇七年來訪前 此兩殘石已被
盜賣海外 現將兩塊原石舊搨
列示於前 聊補缺憾也
此拓合二爲一後 高六十四厘米寬
一百八十七厘米 畫面分上下二層 自右
而左上爲顏淑握火 信陵虛左 王
陵母伏劍勉子 其下爲義士范睢 晉
靈公伏甲嗾獒擊趙盾 此圖王陵
母舍生取義 垂范千古 筆墨流芳
今將王陵母一石陳錦刻跋附後 搨
工精妙 圖文清晰 可與首段顏淑
握火嘉慶拓媲美 得此希物 蒙徵
展觀 敬而跋之 天池羅士澍又記

汉武氏祠左石室后壁西侧画像

尺寸：70cm×160cm

释文：

以人为本。　苏士澍题

自般周之际人本、民本思想已形成。《管子》最早提出：『夫霸王之所始也，以人为本。本理则国固，本乱则国危』，应与《书经》所言：『民为邦本，本固邦宁。』意义相通。

此汉武氏祠左石室第四石，三层竖式画像，绘伏羲女娲之神灵图列其下，反而管仲射钩，荆轲刺秦列置其上，正是汉代这一人本思想之体现，亦是汉画中少见也。张岱年先生所主编《中国文化概论》将以人为本与天人合一、刚健有为、贵和尚中并列传统文化四大要素。

天池苏士澍记

以人為本

藉士謝題

自殷周之際人本民本思
想已形成管子最早提出
夫霸王之所始也以人為本
本理則國固本亂則國危
應與書經所言民為邦本
本固邦寧意義相通
此漢武氏祠左石室第四石
三層豎式畫像繪伏羲女媧
之神靈圖列其下反而管
仲射鉤荊軻刺秦列置其
上正是漢代這一人本思想之
體現亦是漢畫中少見也
張岱年先生所主編中國文化
概論將以人為本與天人合
一剛健有為貴和尚中并列傳
統文化四要素　天池藉士謝記

汉武氏祠左石室后壁西侧画像局部　伏羲女娲

自殷周之際人本民本思
想已形成管子最早提出
夫霸王之所始也以人為本
本理則國固本亂則國危
應與書經所言民為邦本
本固邦寧意義相通
此漢武氏祠左石室第四石
三層豎式畫像繪伏羲女媧

汉武氏祠左石室后壁西侧画像题跋

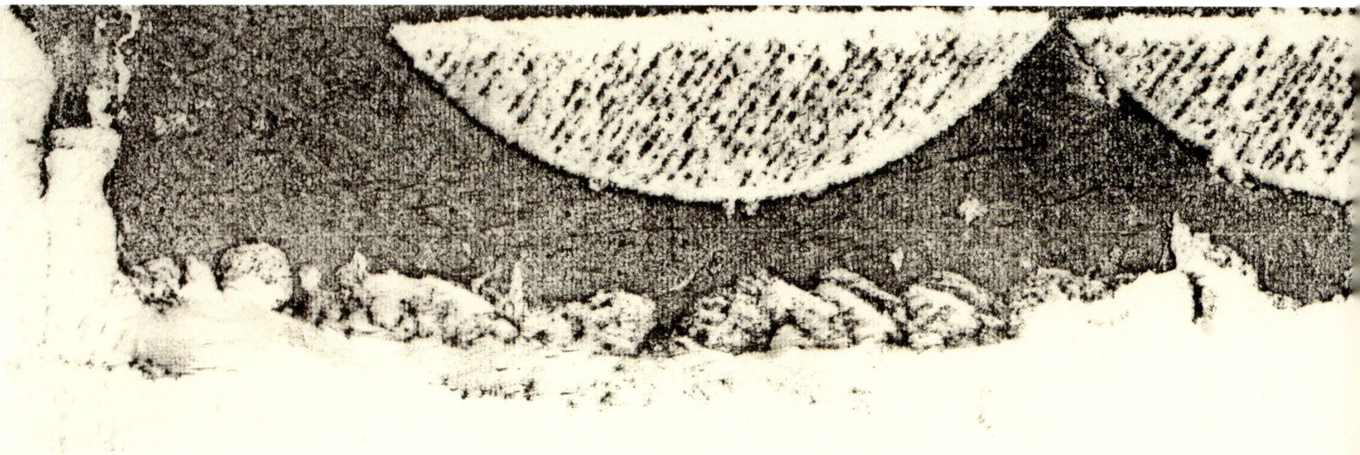

件射詞荊軻刺秦列置其
上正是漢代這一人本思想之
體現亦是漢畫中少見也
張岱年先生所主編中國文化
概論將以人為本與天人合
一剛健有為貴和尚中并列傳
統文化四大要素

天池翁士衡記

汉武氏祠左石室后壁小龛西壁画像

尺寸：74cm × 135cm

释文：

明德勤施。　苏士澍题

元圣周公『敬德保民』之为政理念，乃夏商从敬鬼神到重人事之转变。即『皇天无亲，惟德是辅』。周公定国安邦、文功武治、经天纬地、制礼作乐、勤政爱民、礼贤下士。曹操《短歌行》赞曰『周公吐哺，天下归心』。周公威仪天下，德昭日月，辉映古今。此汉武氏祠左石室第八石，四层画像之中，下两层周公辅成王、车马出行比上两层画面较大。乃扬周公至伟，炫耀位尊。

此拓片古意盎然，制作精美，神态毕现，线条清晰，犹如新刻，应为黄易发掘后不久所拓也，另有郭若愚收藏印二枚，诚可宝也。　士澍记

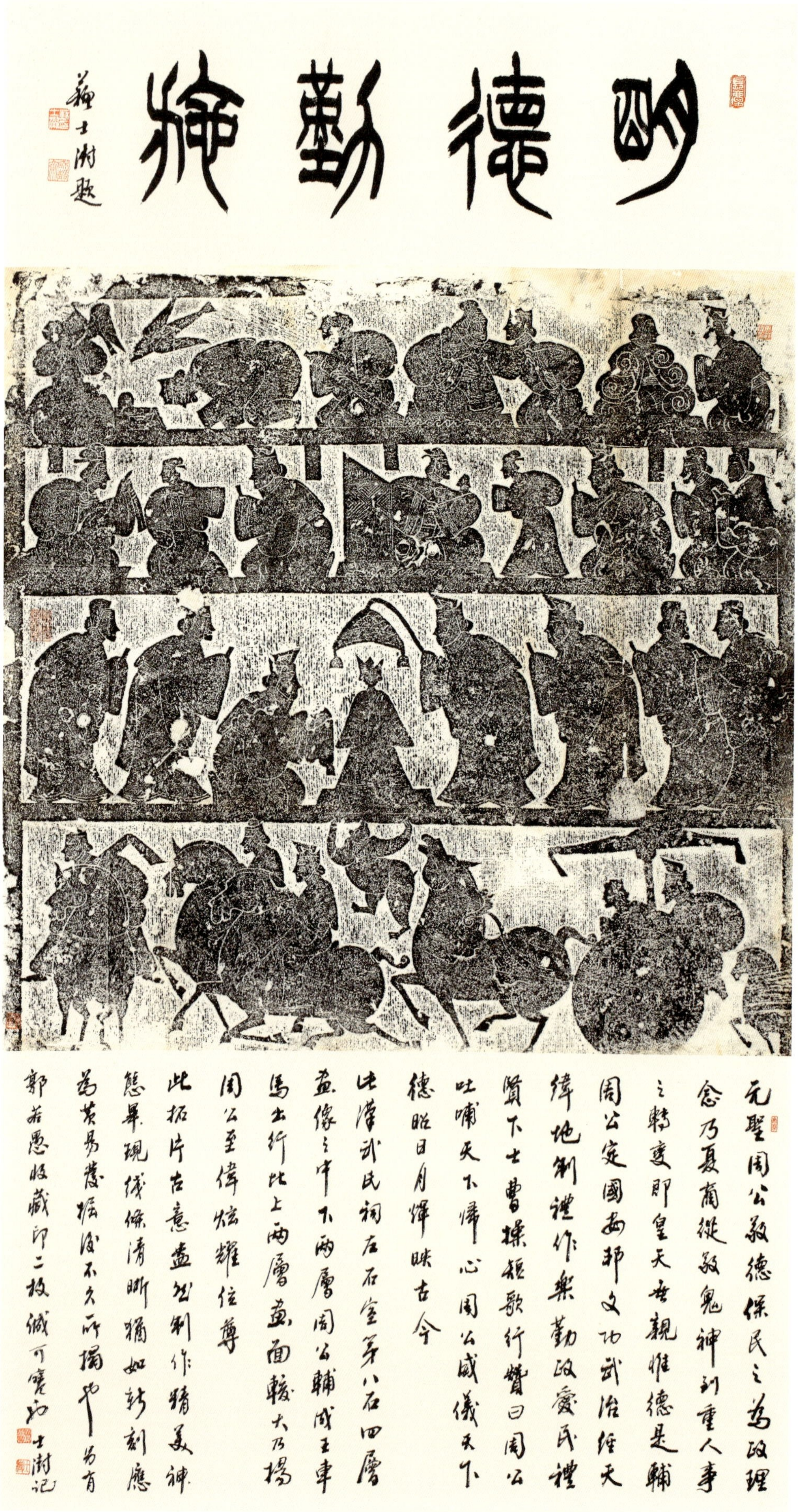
蘇士澍題
元聖周公敬德保民之為政理
念乃夏商從敬鬼神到重人事
之轉變即皇天無親惟德是輔
周公定國安邦文功武治經天
緯地制禮作樂勤政愛民禮
賢下士曹操短歌行贊曰周公
吐哺天下歸心周公威儀天下
德昭日月輝映古今
此漢武氏祠左石室第八石四層
畫像之中下兩層周公輔成王車
馬出行此上兩層畫面較大乃場
周公至偉炫耀位尊
此拓片古意盎然制作精美神
態畢現線條清晰猶如新刻應
為黃易發掘後不久所搨也 另有
郭若愚收藏印二枚 誠可寶也 士澍記

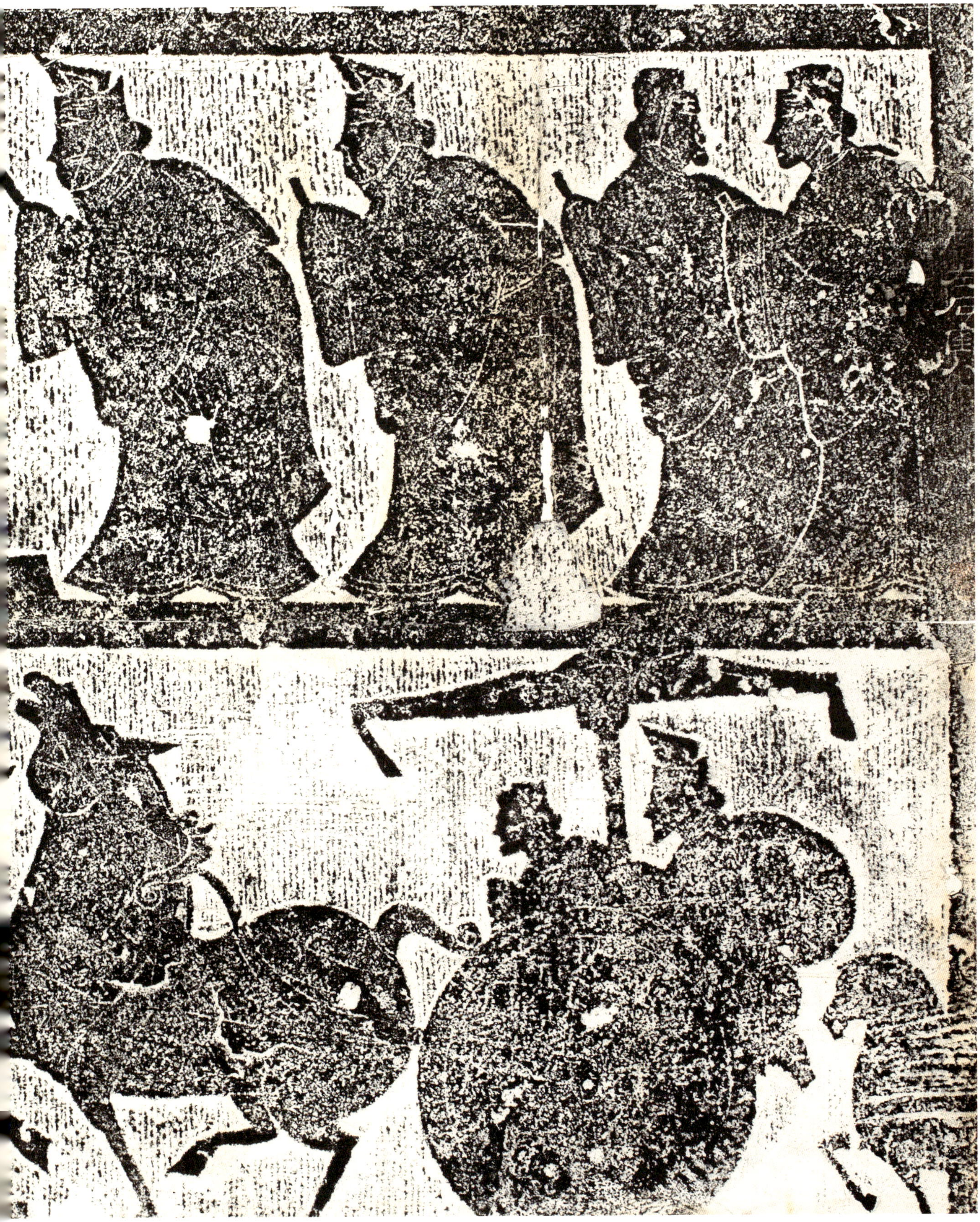
汉武氏祠左石室后壁小龛西壁画像局部　上层为周公辅成王、下层为车骑

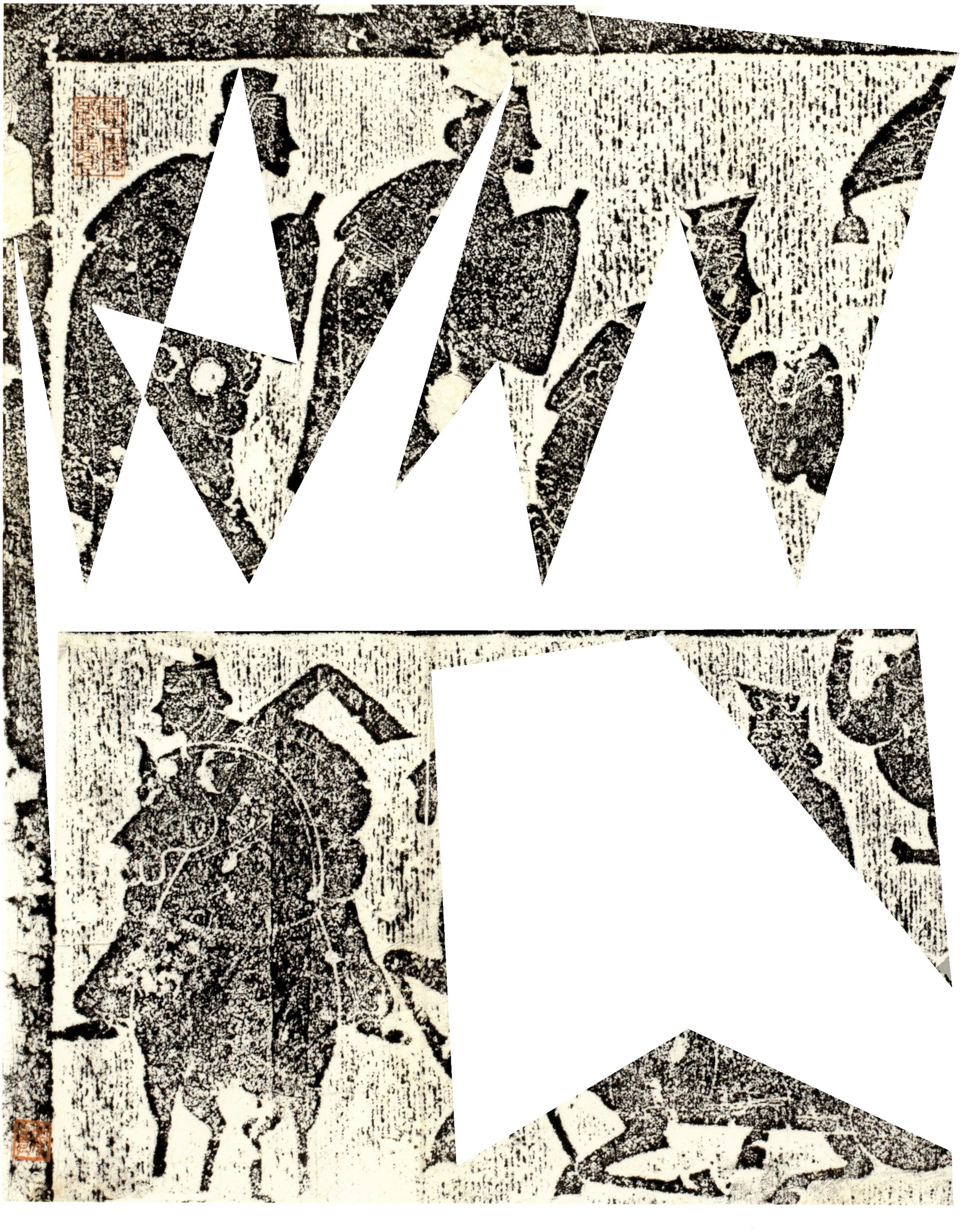

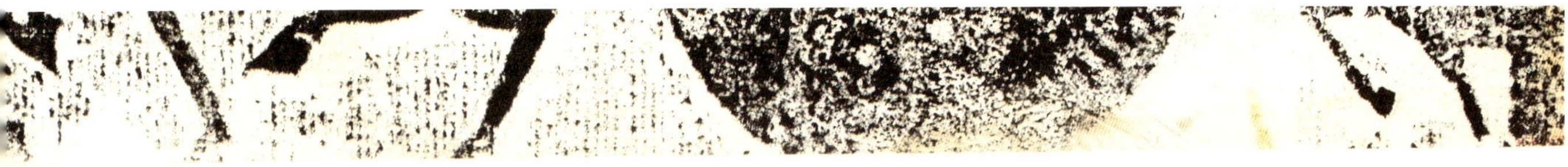

元聖周公敦德保民之為政理
念乃夏商從敬鬼神轉重人事
之精變即皇天無親惟德是輔
周公定國安邦文功武治經天
緯地制禮作樂勤政愛民禮
賢下士曹操短歌行贊曰周公
吐哺天下歸心周公威儀天下
惠照日月澤流古今

汉武氏祠左石室后壁小龛西壁画像题跋

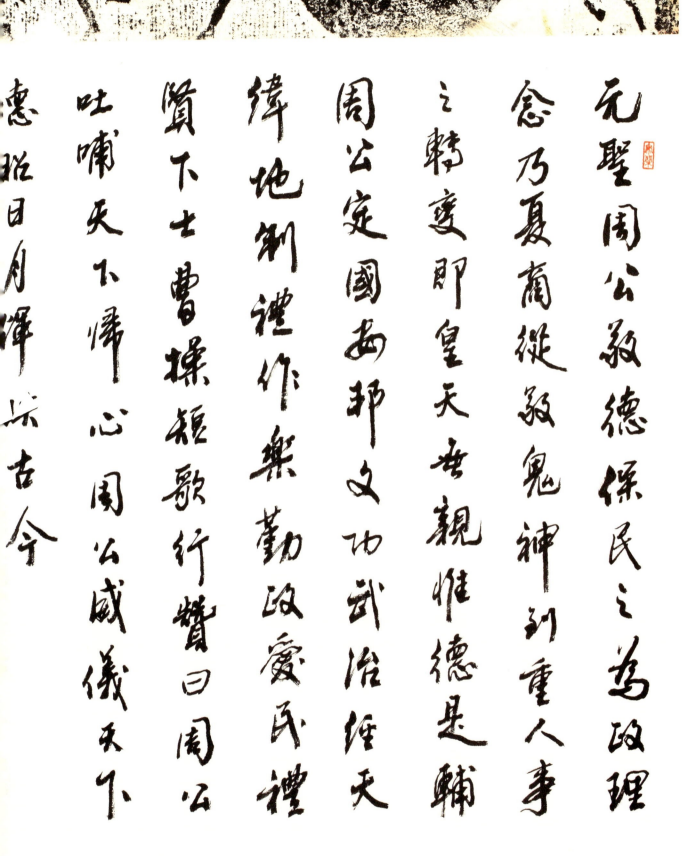

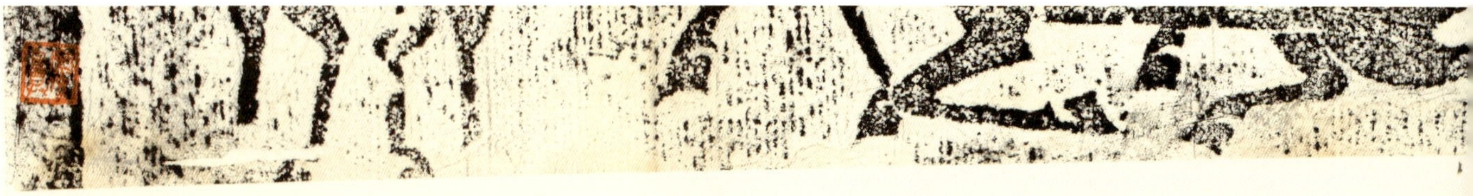

畫像之中下兩層周公輔成王車馬出行此上兩層畫面較大乃揚周公至偉炫耀位尊

此拓片古意盎然制作精美神態畢現綫條清晰獨如新刻應為黃易發掘後不久所搨也 另有郭若愚收藏印二枚 識可寶也 士樹記

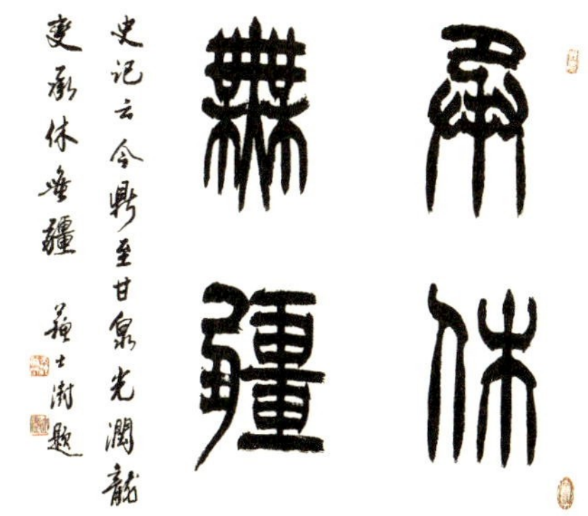

汉武氏祠左石室东壁下石画像

尺寸：525cm×75cm

释文：

承休无疆。史记云：『今鼎至甘泉，光润龙变，承休无疆』。 苏士澍题

该武氏祠汉画像石清乾隆黄易定为左石室三，今蒋英炬等定为左石室东壁下石，有人推断左石室乃武开明享堂。众说纷纭，有待考定。

此石一八八一年冯云鹏、冯云鹓《金石索·石索》卷中有绘注，左下庖厨图完好，而此拓略损，应为嘉道间所拓。

此右刻石秦始皇帝泗水捞鼎，据《史记正义》云：『禹贡金九牧，铸鼎于荆山下，各象九州之物，故言九鼎。历殷至周赧王十九年，秦昭王取九鼎，其一飞入泗水，余八入于秦中。』郦道元《水经注》亦记述：『（秦始皇）使数千人没水求之，弗锝，所谓「鼎伏」也。亦云系而行之，未出，龙啮断其系』。

唐魏征《谏太宗十思疏》云：『臣闻：求木之长者，必固其根本；欲流之远者，必浚其泉源；思国之安者，必积其德义。人君当神器之重，居域中之大，将崇极天之峻，永保无疆之休。』

今天朗气清，观之怡然，跋而叙之。 天池苏士澍记

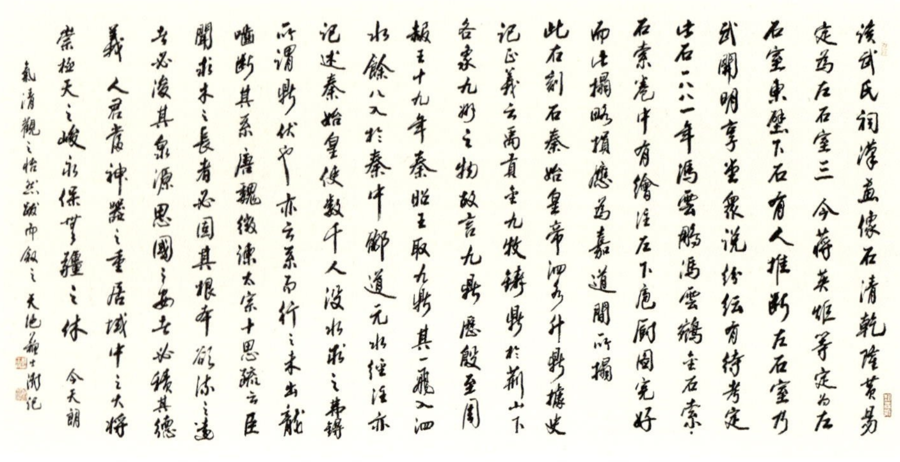

汉武氏祠左石室东壁下石画像泗水升鼎（龙啮绠断）

吉金樂石

清拓汉武氏祠左石室东壁下石画像局部　庖厨图

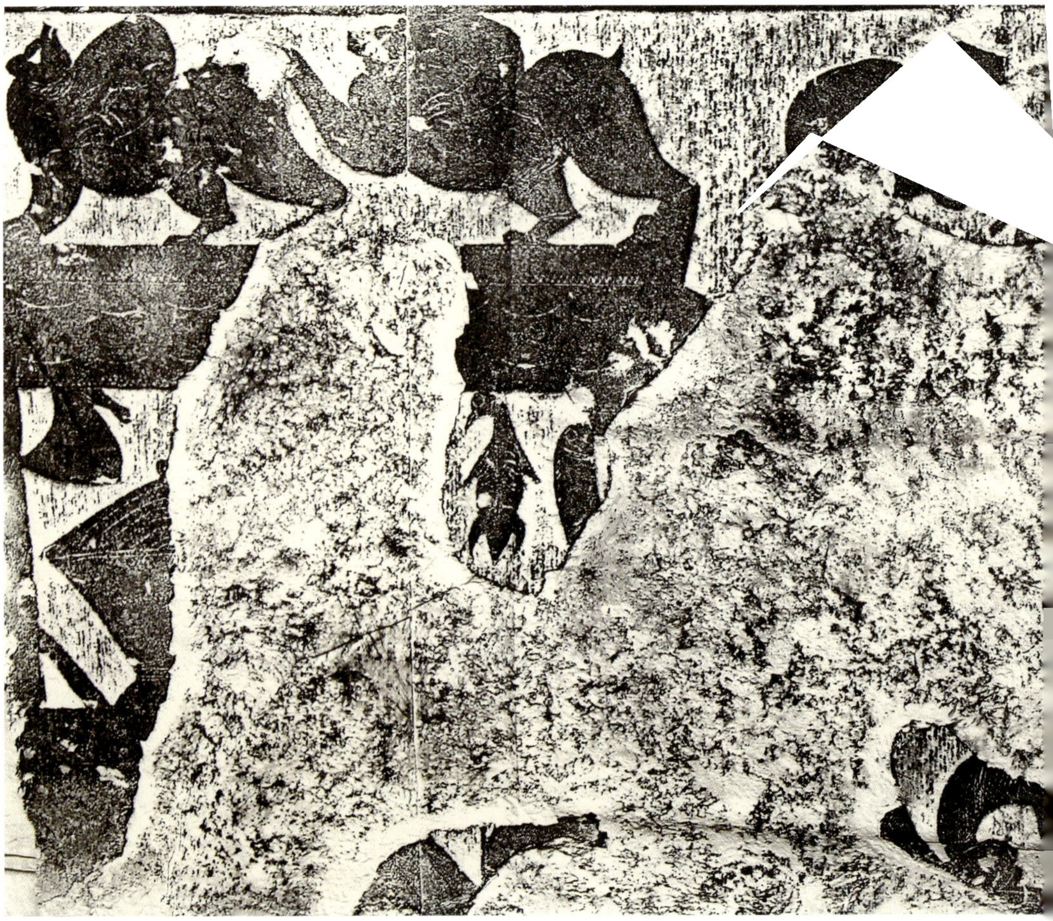

新拓汉武氏祠左石室东壁下石画像局部　庖厨图

汉武氏祠左石室东壁下石画像局部　泗水升鼎

後武氏祠漢畫像石清乾隆黃易定為左石室三今蔣英雄等定為左石室東壁下石有人推斷左石室乃武開明享堂衆說紛紜有待考定此石一八八一年馮雲鵬馮雲鵷金石索石索卷中有繪注左下庖廚圖完好而此搨略損應為嘉道間所搨此石刻石秦始皇帝泗水升鼎據史記正義云禹貢金九牧鑄鼎於荊山下

汉武氏祠左石室东壁下石画像题跋

水餘八入於秦中鄉道元水經注亦記述秦始皇使數千人没水求之弗得所謂鼎伏也亦云系而行之未出龍齧斷其系唐魏徵諫太宗十思疏云臣聞求木之長者必固其根本欲流之遠者必浚其泉源思國之安者必積其德義人君當神器之重居域中之大將崇極天之峻永保無疆之休 今天朗氣清觀之怡然跋而叙之 天池蘇士澍記

汉武氏祠清轩辕华藏新出土第二石画像

尺寸：68cm ×140cm

释文：

金声玉振。　苏士澍题

『石墨楼』主人淮阴陈伯衡曾跋此画像石拓本曰：『此碑以同治十年（1871）辛未四月在嘉祥县出土。癸酉去辛未甫及三年，石已微损，』此本『勤体』二字完好无缺。其为见碑即施毡可无疑义。』此拓『勤体』完好，应为初拓也！

清人陈锦于一八八零年在该石上题铭云：『新出土第二石，为轩辕华所藏。光绪庚辰四月丁文江增入陈锦志。』一九零七年前盗卖国外。

此武氏祠汉画像残石分上下两层，上为孔子击磬，下为柳惠、赵氏孤儿。图中何馈与何蓧杖人应为同一人，隐士也。『何』通『荷』，非姓也。唐道士吴筠有诗云：『荷蓧隐耕艺，晨门潜抱关。』画像铭文中何蓧杖人所言与《论语·微子》所记相符。清乾隆曾立碑赞：『荷蒉人过识有心，既讥揭浅厉于深。知其一未知其二，玉振金声冠古今。』天池苏士澍题于和静草堂

此『勤』字纸残，非石泐也。　士澍

金聲玉振

士澍題

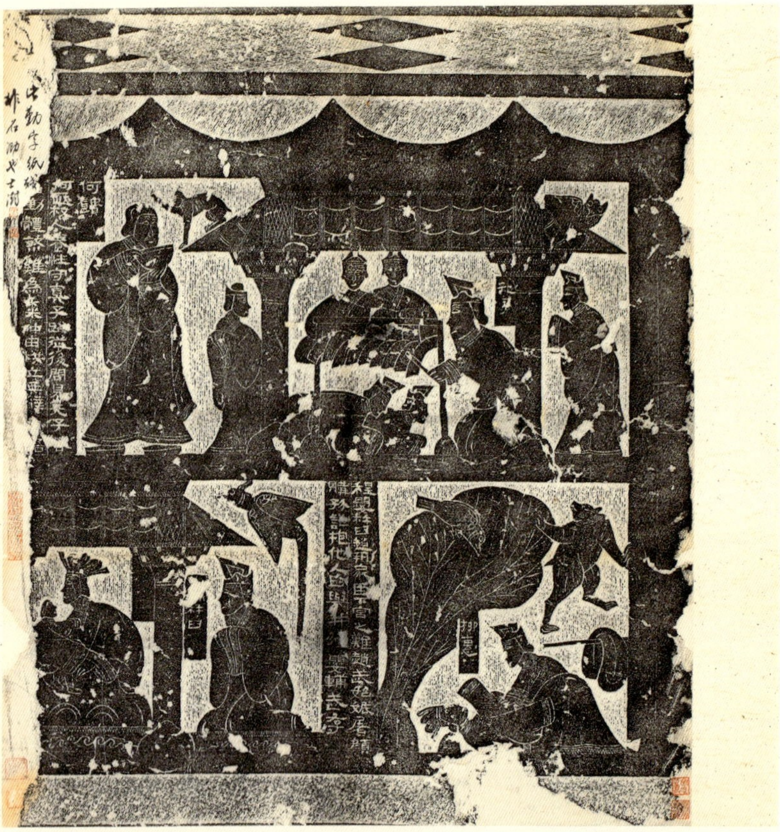

石墨樓主人淮陰陳伯衡曾跋此畫像石揭本曰此碑以同治十年（一八七一）辛未四月在嘉祥縣出土茲閱去辛未甫及三年石已微損此東勤體二字完好無缺其爲見碑即就拓可無疑義此拓勤體完好應爲初拓也 清人陳錦於一八八零年在該石上題銘云新出土第二石爲軒轅華所藏光緒庚辰四月丁文江增入陳錦志 一九零七年前盜賣國外 此武氏祠漢畫像殘石分上下兩層上爲孔子擊磬下爲柳惠老氏孤兒圖中何饋与何蓧杖人應爲同一人隱士也何通荷非姓也唐道士吳筠有詩云荷蓧隱耕藝晨門潛抱關畫像銘文中何蓧杖人所言與論語微子所記相符 清乾隆曾出畔贊荷蕢人過識有心既訊揭淺屬于濮知其一未知其二玉振金聲冠古今

天池蘇士澍題於和靜州堂

汉武氏祠清轩辕华藏新出土第二石画像孔子击磬局部　何馈杖人及题铭

释文：何蓧杖人，养性守真，子路从后，问见夫子，告以勤体，煞鸡为黍，仲由拱立，无辞以语。

汉武氏祠清轩辕华藏新出土第二石画像孔子击磬局部

汉武氏祠清轩辕华藏新出土第二石画像局部　柳下惠坐怀不乱

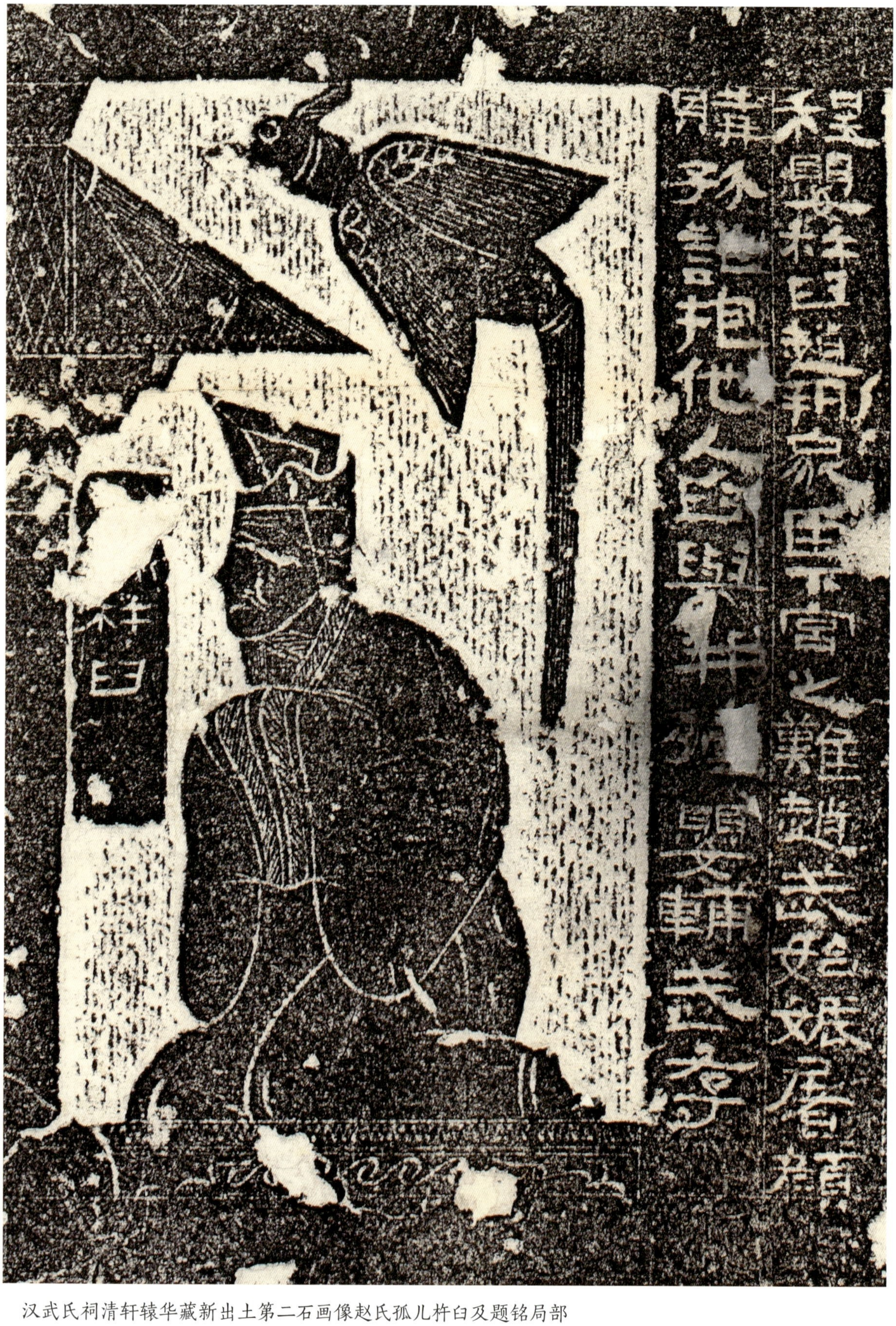

汉武氏祠清轩辕华藏新出土第二石画像赵氏孤儿杵臼及题铭局部

释文：程婴、杵臼，赵朔家臣。下宫之难，赵武始娠。屠颜购孤，诈抱他人。臼与并殪，婴辅武存。

石墨樓主人淮陰陳伯衡曾跋此畫像

石搨本曰此碑以同治十年一八七一辛未四月在

嘉祥縣出土殘圖去辛未甫及二年石已微損

此本勤體二字完好無缺其為見碑即施氊

可無疑義此拓勤體完好應為初拓也

清人陳錦於一八八零年在該石上題銘云新

出土第二石為軒轅華所藏光緒庚辰四月

丁文江贈入陳錦志 一九零七年前盜賣國外

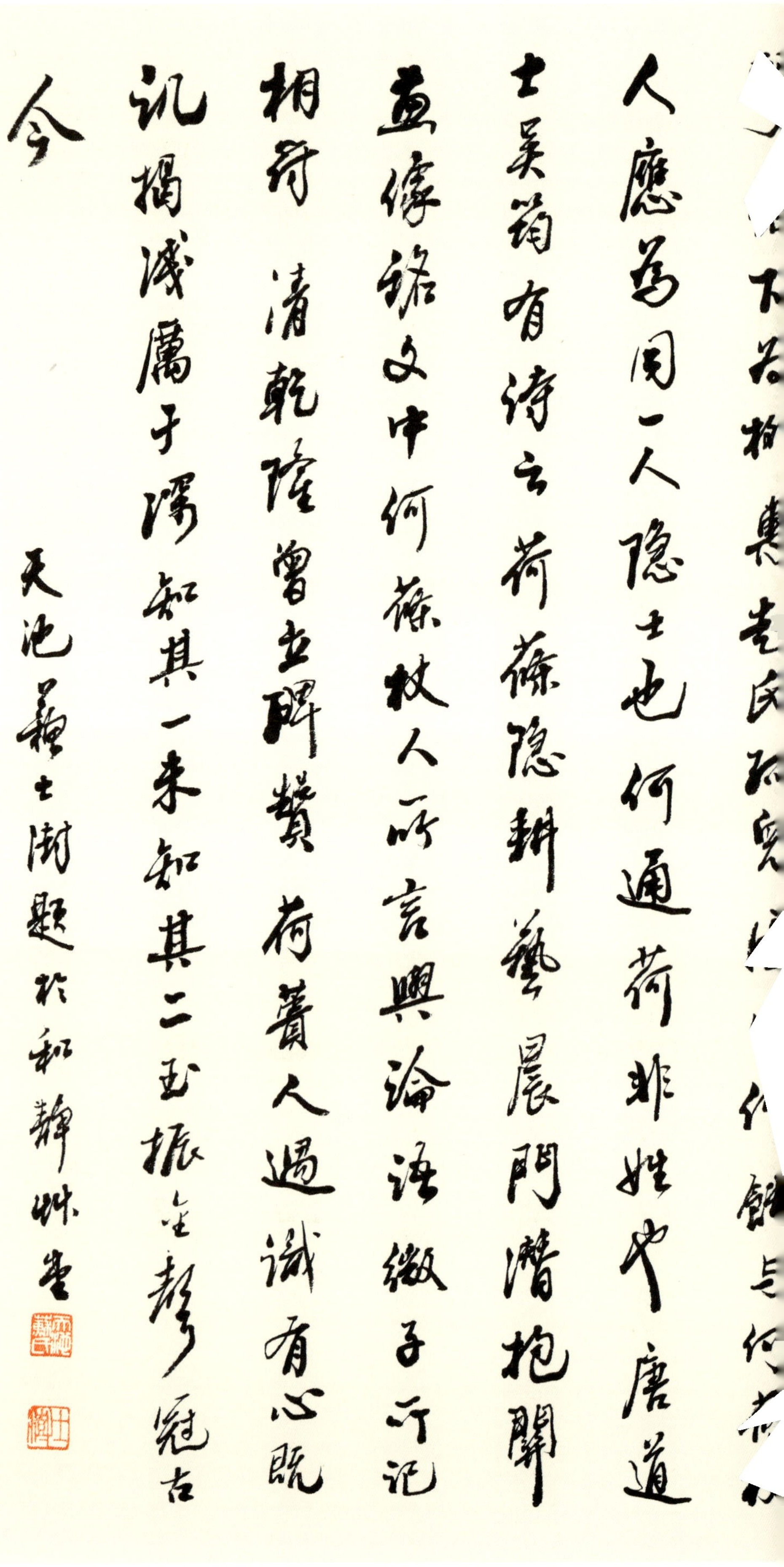

人應為同一人隱士也何通荷非姓也唐道
士吳筠有詩云荷篠隱耕藝晨門潛抱關
畫像諸文中何篠杖人所言與論語微子所記
相符 清乾隆曾立碑贊荷蕢人過識有心既
訊揭淺屬于深知其一未知其二玉振金聲冠古
今
天池蕭士樹題於知靜州堂

汉武氏祠清轩辕华藏新出土第二石画像题跋

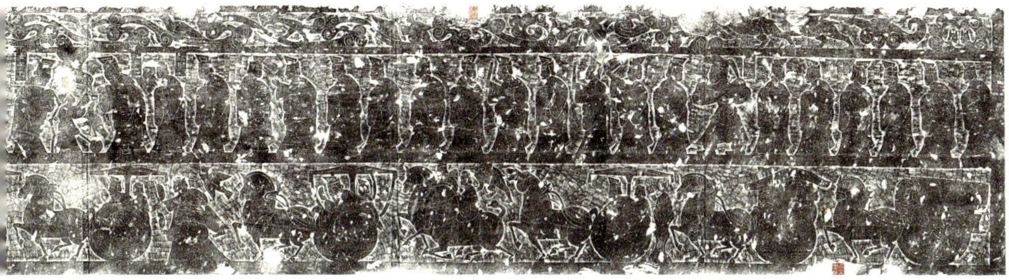

嘉祥齐山汉画像石（一）

尺寸：607cm×54cm

释文：

有容乃大。孔子见老子画像。　天池苏士澍敬题

《孔子家语》载：『吾闻老聃博古而达今，通礼乐之源，明道德之归，即吾之师也。』诚如世人所赞『孔老同辉。』　士澍记

子曰：『有颜回者，好学，不迁怒，不贰过。』　士澍录

子张云：『吾所闻君子尊贤而容众，嘉善而矜不能。我之大贤欤，于人何所不容？我之不贤欤，人将拒我。』　士澍又记

一九七七年朱锡禄先生舍家财，为国家购此汉画像石于山东嘉祥县核桃园乡齐山村，随保存于武氏祠，其保护文物功莫大焉，应铭记之，宣扬之。自清乾隆间运河同知黄易之众，义务发掘保护武氏祠刻石群以来，无数仁人义士，纷纷捐钱献物，买地建宅，搜集佑护，刻石日益增多，方得如此规模，致其声名远播。建国后列入全国文保单位，得以保护。

原石高五十六厘米，宽二百八十五厘米，分上中下三层。上层绘导引升仙长生图；中刻孔子问礼老子，榜题有『老子也』『孔子也』『颜回』『子路』『子张』；第三层车马出行，人喊马嘶，威武壮观。子张即颛孙师，春秋末孔门弟子之一，好学深思，宽宏豁达，主张尊贤容众，被称为古之善交者。《尚书·君陈》云：『有容，德乃大。』至圣孔子多次问礼于老子，克己复礼，谦虚博学。仲尼祖述尧舜，宪章文武，上律天时，下袭水土，如日月之代明，此天地之所以为大也。

近代学者柳诒征评赞曰：『孔子者，中国文化之中心也。无孔子则无中国文化。』故我们应扎根本民族传统经典文化，海纳百川，汲古铸今，有容乃大，大道之行，天下为公也。

此拓应为初拓，墨色沉着温润，线条清晰爽利，画像毕现骋神。观之悦然，良善之物也。右端边框『子张』二字完好，今已模糊，似不可识读，故是拓应珍藏之。　天池苏士澍并题

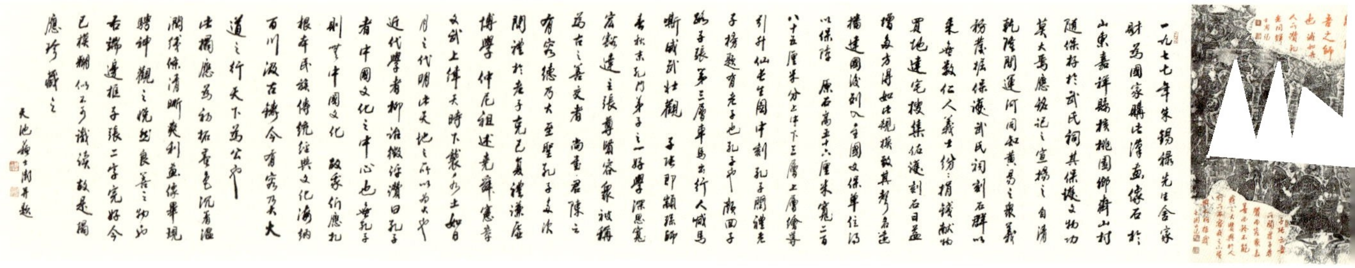

武氏祠藏齐山汉画像石右端局部

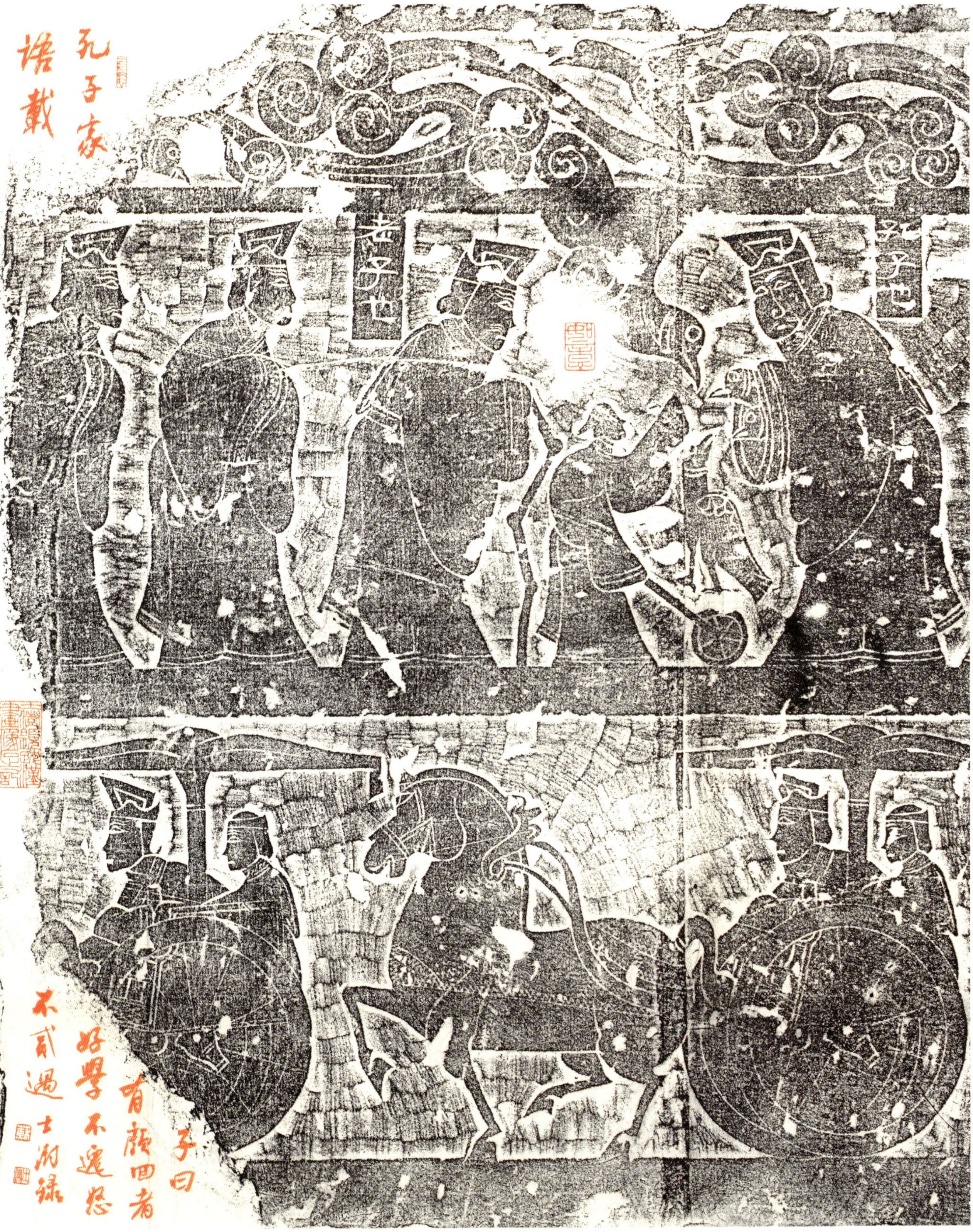

嘉祥齐山汉画像石孔子问礼老子左端局部

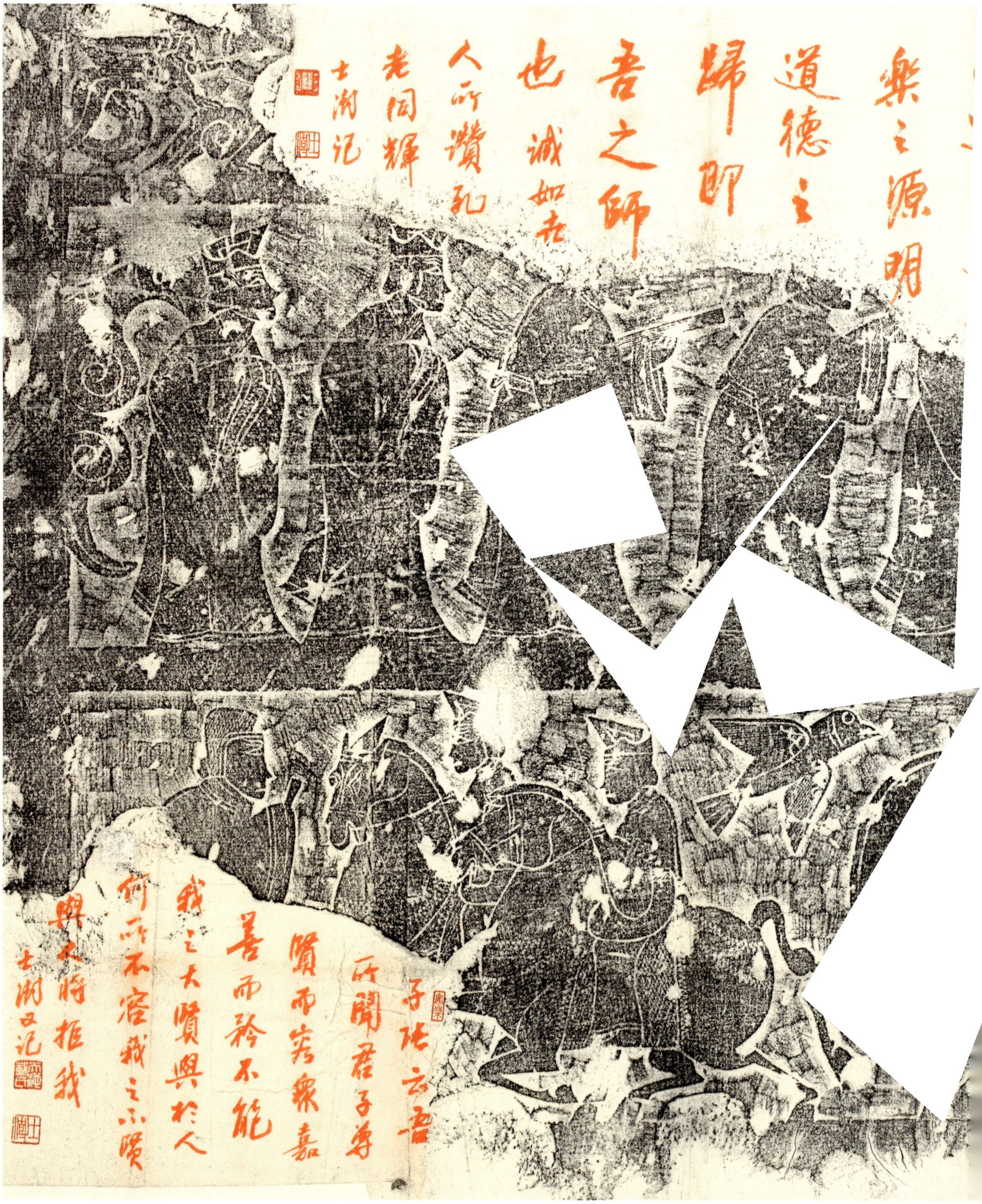
樂之源明
道德之
歸即
吾之師
也誠如夫
人所讚孔
老同輝
士渊記
子張云吾
所聞君子尊
賢而容衆嘉
善而矜不能
我之大賢與於人
何所不容我之不賢
與人將拒我
士渊又記

一九七七年朱錫祿先生舍家
財為國家購此漢畫像石於
山東嘉祥縣核桃園鄉齊山村
隨保存於武氏祠其保護文物功
莫大焉應銘記之宣揚之自清
乾隆間運河同知黃易之衆義
務發掘保護武氏祠刻石群以
來無數仁人義士紛紛捐錢獻物
買地建宅樓集佑護刻石日益
增多方得如此規模致其聲名遠
播建國後列入全國文保單位得
以保護 原石高五十六厘米寬二百

嘉祥齐山汉画像石（一）题跋

為古之善交者 尚書君陳云
有容德乃大至聖孔子多次
問禮於老子克己復禮謙虛
博學 仲尼祖述堯舜憲章
文武上律天時下襲水土如日

子榜題有老子也孔子也顏回子
路子張第三層車馬出行人喊馬
嘶威武壯觀 子張即顓孫師
春秋末孔門弟子之一好學深思寬
宏毅遠 子張尊賢容衆被稱
爲古之善交者 尚書·君陳之
有容德乃大 至聖孔子亦次

者中國文化之中心也無孔子
則無中國文化 故家所應孔
根本民族傳統經典文化海納
百川汲古鑄今有容乃大
道之行天下爲公也
此碣應爲初拓墨色沉着溫
潤線條清晰爽利畫像畢現
騁神觀之悅然良善之物也
右端邊框子張二字完好今
已模糊似不可識讀 故是碣
應珍藏之

天池藕士謝并題

嘉祥齐山汉画像石（二）

尺寸：477cm×55cm

释文：

博学笃行。齐山孔子礼老子画像。　天池苏士澍敬题

《礼记·中庸》云：『博学之，审问之，慎思之，明辨之，笃行之。』子夏亦云：『博学而笃志，切问而近思；仁在其中矣。』　士澍录

博学笃行，为学之道，践行所学，方能学有所依，学有所成，学为所用也。　苏士澍并记

此画像石近年出土于山东嘉祥齐山，保存于武氏祠。左端上部残损。画面『孔子问礼老子』，一列达三十人，榜题有五：老子也、孔子也、颜回、子路、子张。在该题材汉画像石中，亦属罕见。与同地区矿山村出土一石大小及人物数量相若。内蒙古和林格尔汉墓壁画上孔子见老子画像中，孔子身后绘有颜渊、子张、子夏等二十八位弟子，盖为『孔子问礼老子』壁画规模之最，可谓壮观。两石可与之媲美。

此类画像皆盛赞孔子谦虚博学、尊礼扬仁之道，并矢志不移，笃行之。

此拓纸佳墨妙，人物形态栩栩如生，纤毫毕现，犹如新镌，观之欣欣然也。　士澍叙之

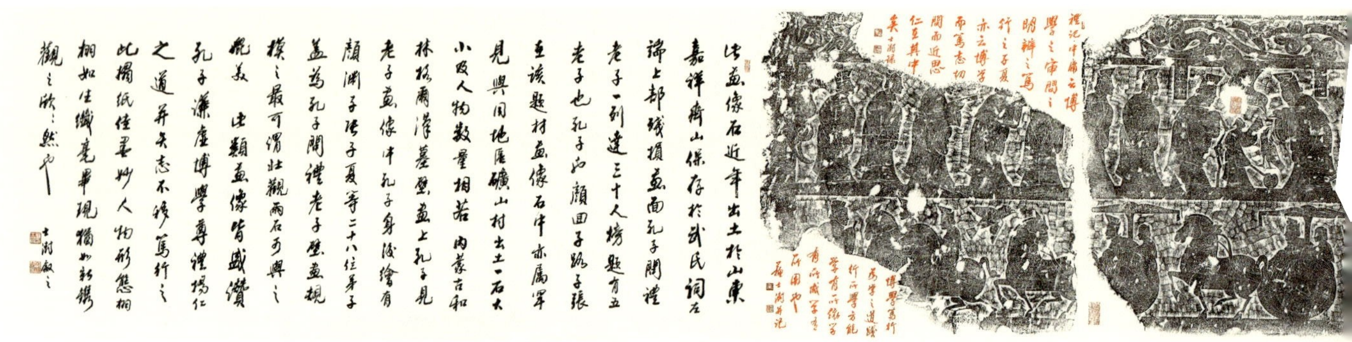

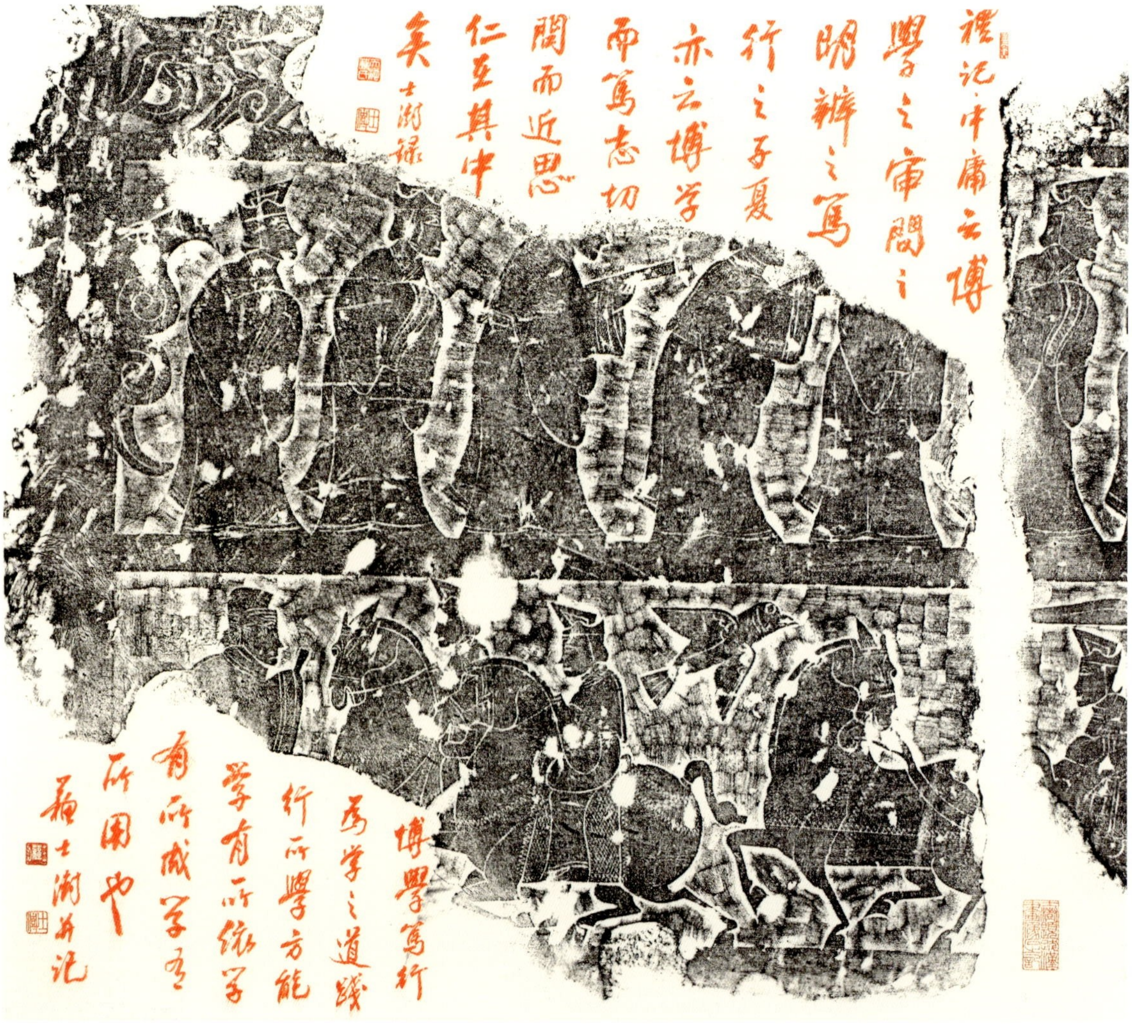

嘉祥齐山汉画像石左端局部

此畫像石近年出土於山東
嘉祥齊山保存於武氏祠左
端上部殘損畫面孔子問禮
老子一列達三十人榜題有五
老子也孔子如顏回子路子張
在諸題材畫像石中亦屬罕
見與同地區礦山村出土一石大
小及人物數量相若 内蒙古和
林格爾漢墓壁畫上孔子見

嘉祥齐山汉画像石（二）题跋

顏淵子張子夏等二十八位弟子
蓋為孔子問禮老子壁畫觀
摹之最可謂壯觀兩石可與之
媲美　此類畫像皆盛讚
孔子謙虛博學尊禮揚仁
之道并矢志不移篤行之
此榻紙佳墨妙人物形態栩
栩如生纖毫畢現猶如新鐫
觀之欣欣然也

士澍敘之

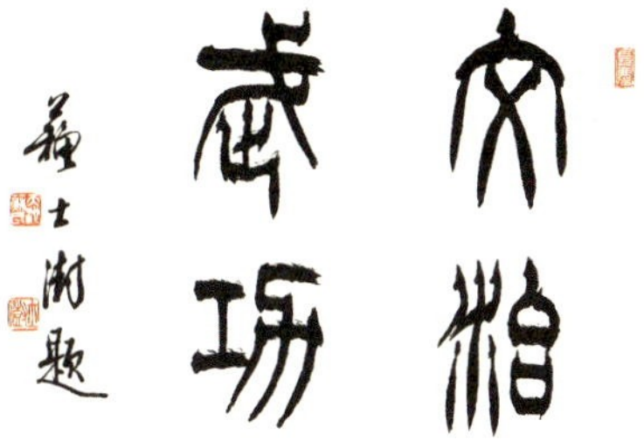

嘉祥五老洼汉画像石

尺寸：397cm×45cm

释文：

文治武功。　苏士澍题

此孔子问礼老子汉画像石，清末民国间出土于山东嘉祥五老洼，现藏于山东省博物馆。

石高四十八厘米，宽一百一十一厘米，厚二十一厘米，减地阴线刻，与汉武氏祠雕工相似。画面分二层，上有榜题三处，自右而左分别为『老子』、『孔子』、『晏子』，此类画像石有晏子者，吾见三块，另二石为嘉祥宋山及矿山村出土。其矿山村出土有榜题『齐相晏子』形像相同。晏子依《史记》载亦曾为孔子师，此盛赞孔子学而不厌。老子道德自然，孔老同辉，共铸中华文化之根。下有胡服骑射，张扬大汉帝国武威天下，江山一统。西汉·戴圣《礼记·祭法》云：『汤以宽治民而除甚虐；文王以文治；武王以武功；去民之灾；此皆有功烈于民者也。』

石刻逸动传神，构思佳妙，拓工良善，纸墨淳古，识者宝之。另附民国出售原装纸装，以资考究。

士澍记

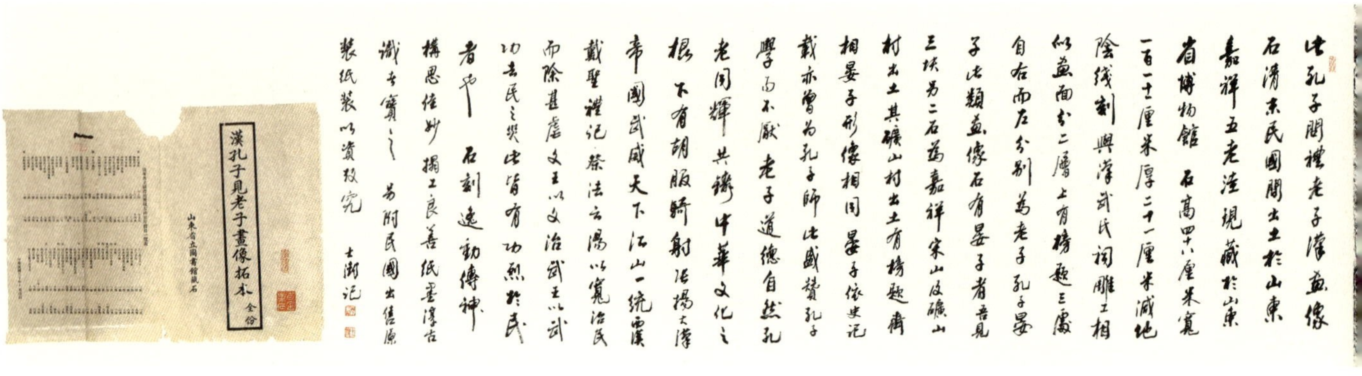
此孔子問禮老子漢畫像
石清末民國間出土於山東
嘉祥五老洼現藏於山東
省博物館 石高四十六厘米寬
一百一十厘米厚二十一厘米減地
陰線刻 與漢武氏祠雕工相
似畫面分二層上有榜題三處
自右而左分別為老子孔子晏
子此類畫像石有晏子者吾見
三块另二石為嘉祥宋山及礦山
村出土其礦山村出土有榜題齊
相晏子形像相同 晏子依史記
載亦曾為孔子師此盛贊孔子
學而不厭 老子道德自然孔
老同輝共鑄中華文化之
根 下有胡服騎射 漢揚大漢
帝國武威天下江山一統西漢
戴聖禮記祭法云湯以寬治民
而除其虐文王以文治武王以武
功去民之災此皆有功烈於民
者也 石刻逸動傳神
構思佳妙 搨工良善紙墨漢古
識者寶之 另附民國出售原
裝紙裝以資考究
士澍記
漢孔子見老子畫像拓本 全份
山東省立圖書館藏石

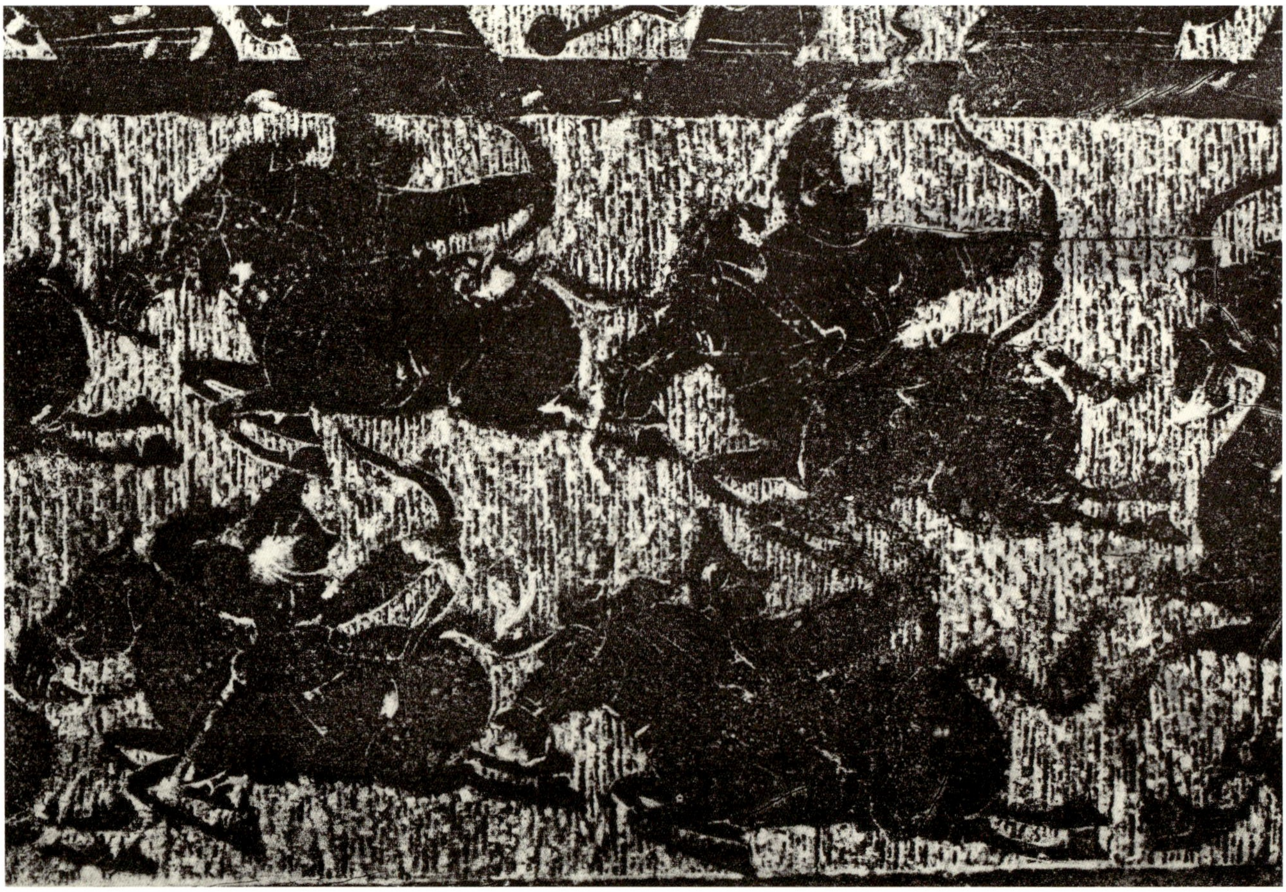

嘉祥五老洼汉画像石局部　胡服骑射

嘉祥五老洼汉画像石孔子问礼老子图局部（从左至右孔子、项橐、老子）

嘉祥五老洼汉画像石孔子问礼老子图局部（左二晏子，右子路）

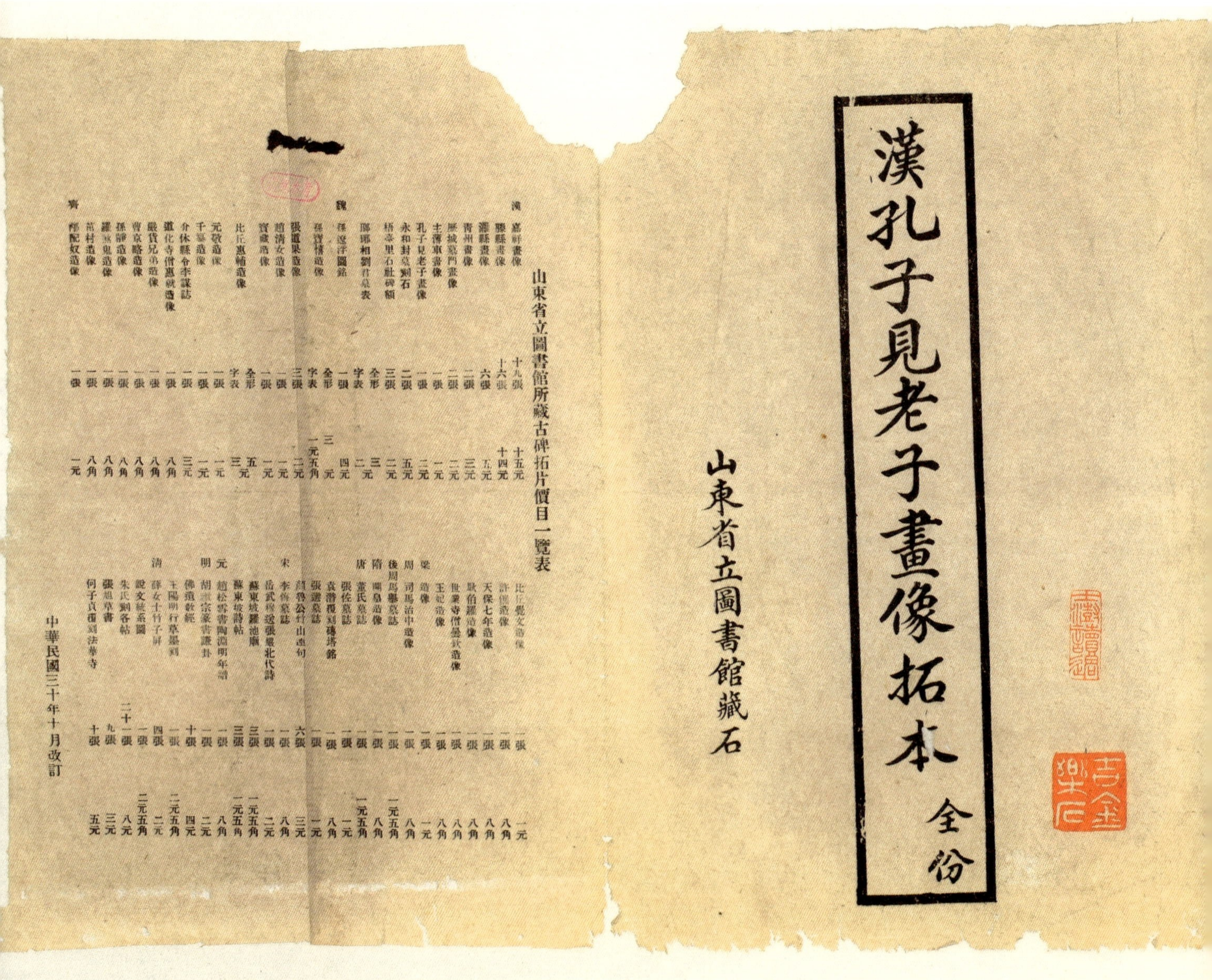

漢孔子見老子畫像拓本 全份

山東省立圖書館藏石

山東省立圖書館所藏古碑拓片價目一覽表

漢	嘉祥畫像	十九張	十五元
	滕縣畫像	十六張	十四元
	濰縣畫像	六張	五元
	青州畫像	二張	三元
	歷城黌門畫像	二張	二元
	王薄車畫像	一張	一元
	孔子見老子畫像	一張	二元
	永和封墓刻石	二張	五元
	梧臺里石社碑額	三張	二元
	琅琊相劉君墓表	全形	三元
		字表	二元
魏	孫遼浮圖銘	一張	四元
	孫寶憘造像	全形	三元
		字表	一元五角
	張道果造像	三張	二元
	趙清女造像	一張	一元
	寶歲造像	一張	一元
	比丘惠輔造像	全形	五元
		字表	三元
	元敬造像	一張	一元
	千篆造像	一張	一元
	介休縣令李謀誌	一張	三元
	道化寺僧惠就造像	一張	八角
	嚴貨兄弟造像	一張	八角
	曹京略造像	一張	八角
	孫靜造像	一張	八角
	羅□鬼造像	一張	八角
	范村造像	一張	八角
齊	鄭配奴造像	一張	一元
	比丘僧文造像	一張	一元
	許僧造像	一張	八角
	天保七年造像	一張	八角
	馱伯羅造像	一張	八角
	世業寺僧曇欽造像	一張	八角
	王妃造像	一張	八角
梁	造像	一張	一元
周	司馬治中造像	一張	八角
後周	馬縣墓誌	一張	一元五角
隋	蘭皇造像	一張	八角
唐	董氏墓誌	一張	一元五角
	張佐墓誌	一張	一元
	袁滑復刻磚塔銘	一張	八角
	張遵墓誌	一張	一元
	顏魯公竹山連句	六張	三元
宋	李侮墓誌	一張	八角
	岳武穆送張巖北伐詩	一張	二元
	蘇東坡羅池廟	三張	一元五角
	蘇東坡詩帖	三張	一元五角
元	趙松雪書陶淵明年譜	一張	八角
明	胡□宗篆書謙卦	一張	二元
	佛遺教經	十張	四元
	王陽明行草墨刻	一張	二元五角
清	薛女士竹子屏	四張	二元
	說文統系圖	一張	二元五角
	朱氏劉各帖	二十一張	八元
	張旭草書	九張	三元
	何子貞復刻法華寺	十張	五元

中華民國三十年十月改訂

民国山东省立图书馆藏古碑拓片价目表

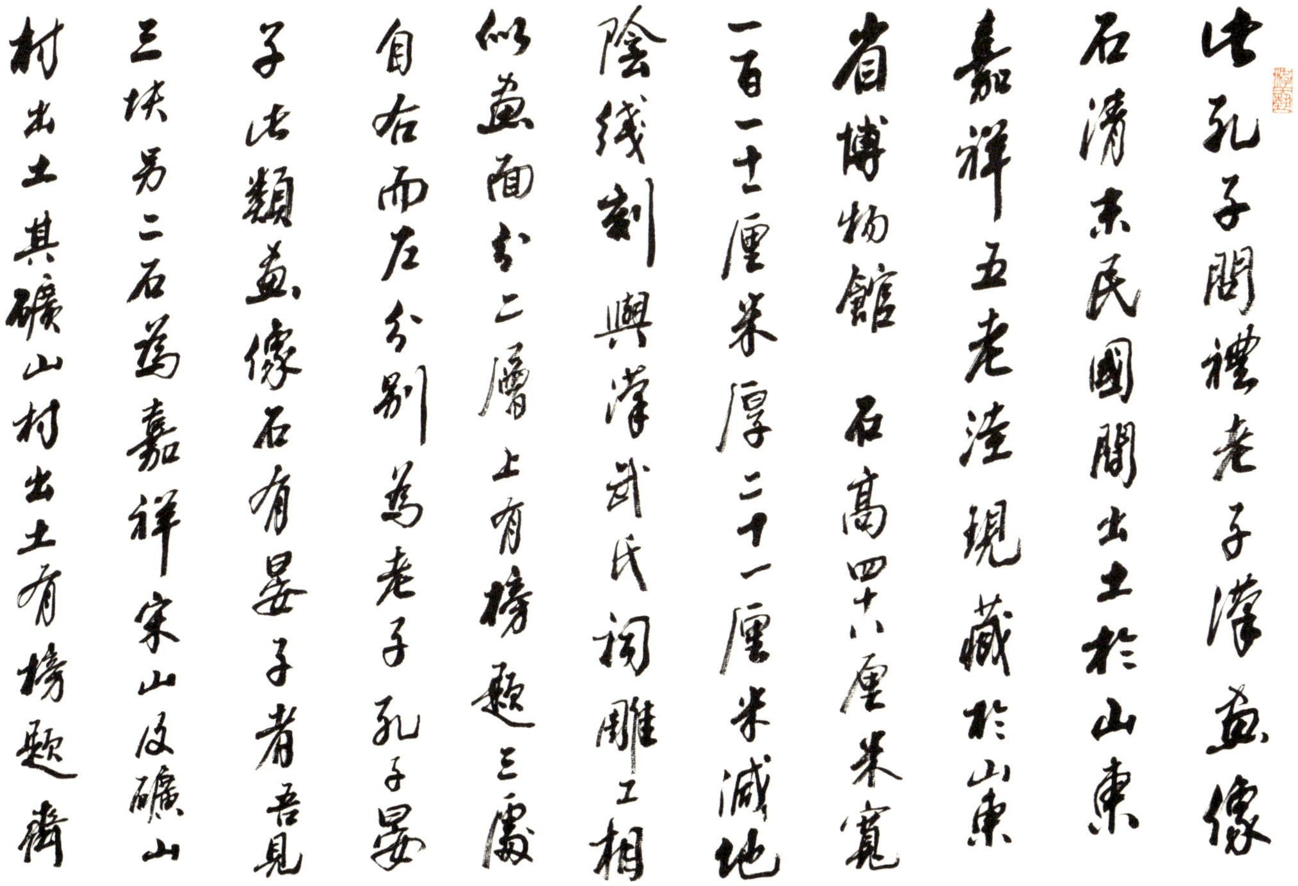
此孔子問禮老子漢畫像
石清末民國間出土於山東
嘉祥五老洼現藏於山東
省博物館 石高四十六厘米寬
一百一十七厘米厚二十一厘米減地
陰線刻 與漢武氏祠雕工相
似畫面分二層上有榜題三處
自右而左分別為老子孔子晏
子此類畫像石有晏子者吾見
三塊另二石為嘉祥宋山及礦山
村出土其礦山村出土有榜題齊

嘉祥五老洼汉画像石题跋

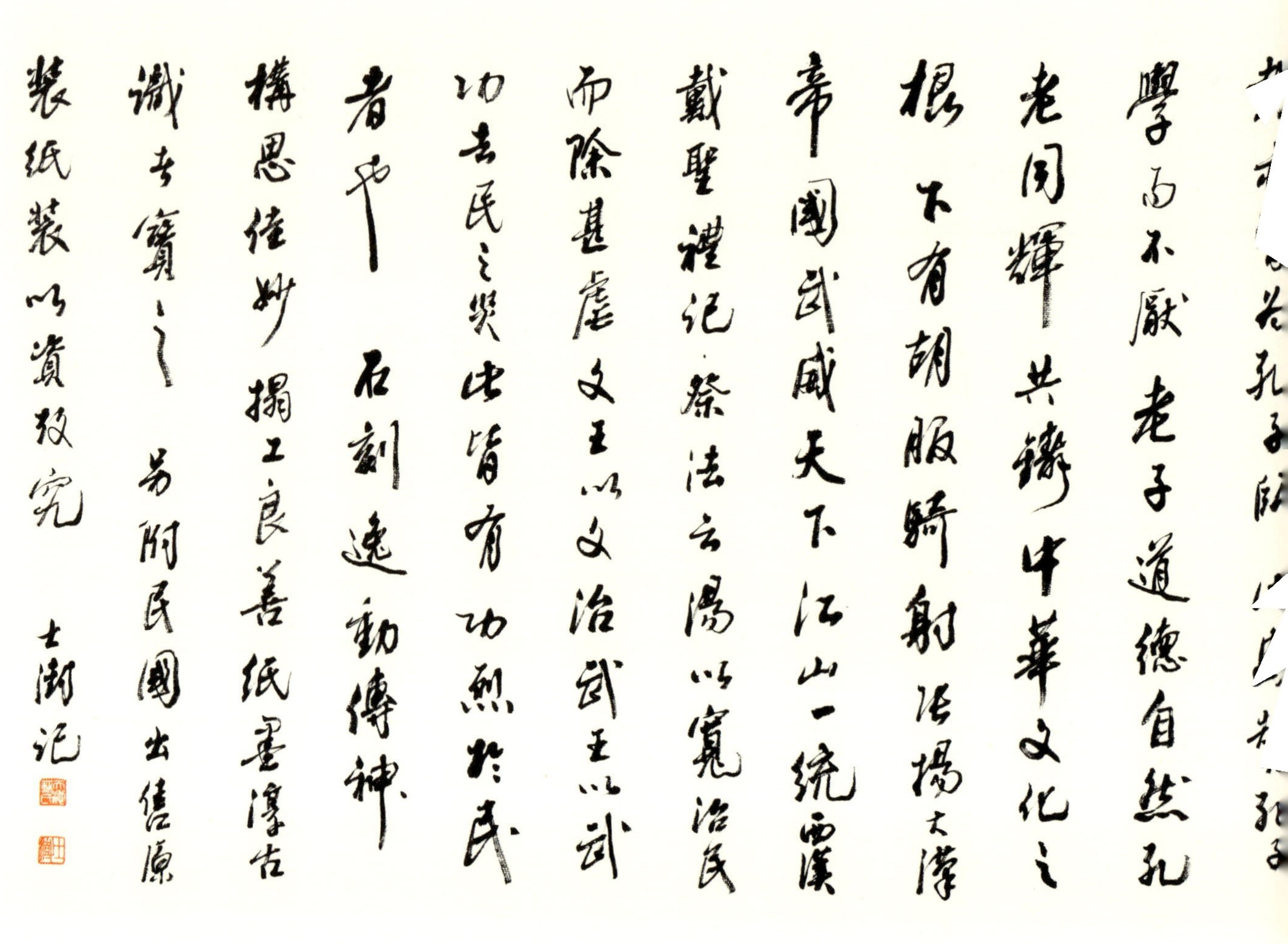
學而不厭 老子道德自然孔
老同輝 共鑄中華文化之
根 下有胡服騎射 弘揚大漢
帝國武威天下江山一統西漢
戴聖禮記 祭法云湯以寬治民
而除其虐 文王以文治武王以武
功去民之災 此皆有功烈於民
者也 石刻遒勁傳神
構思佳妙 搨工良善 紙墨淳古
識者寶之 另附民國出售原
裝紙裝以資考究
士衡記

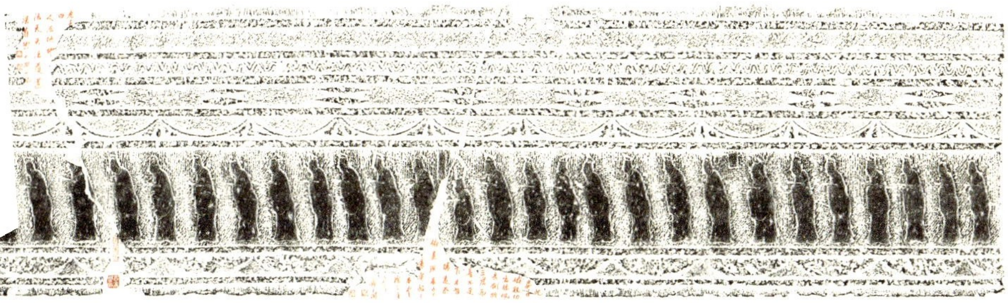

济宁矿山村汉画像石（一）

尺寸：628cm×62cm

释文：

金石启智，汲古铸今。　苏士澍题

此晏子峨冠切云，腰佩长剑，相三君而善不通下，才智博远，恭俭廉洁。晏子曰：『廉者，政之本也，德之主也。』　苏士澍

老子曰：『人法地，地法天，天法道，道法自然。』　士澍又记

汲古得修绠，开怀畅远襟。　以唐韩愈《秋怀诗》及褚亮《临高台》诗句为联以明志。　天池苏士澍书于味静斋

『金』为『吉金』，『石』为『乐石』，古者成功盛德，铸金刻石，坚结永固，以达永年。金石学滥觞于魏晋，到隋唐之际，及至两宋，金石学兴盛。清代受乾嘉学派影响，金石学进入鼎盛，著作纷呈。清末民初，金石学研究范围又包括新发现之甲骨、简牍等。罗振玉和王国维是集大成者。近代马衡《中国金石学概要》，对金石学作出较全面总结。都以偏重铭文著录考证，以证经补史为目的。自包世臣《艺舟双楫》和康有为《广艺舟双楫》是一部倡导碑学力作以来，使金石学研究又推向书法艺术，扩大人们视野，多角度全方位诠释金石，取得丰硕成果，金石学迎来新生。施蛰存云：『我不赞同以文物学或考古学来代替金石学，因为这三者的概念各不相同』。金石学是一门综合学科，涉及典章文献、政治经济、军事科学、农业生产、美术书法、雕刻艺术等，把许多学科从中心到边缘联系一起。譬如对汉画像研究，从历史、文化、艺术、保护、收藏等方面进行探讨研究，通过展览论坛沾溉经典，汲古铸今，开启心智。

此汉画像石一九九七年出土于山东嘉祥疃里矿山村，青石质，石材巨大，独立雕刻『孔子问礼老子』，实属罕见。榜题有三，为：大巷橐、齐相晏子、子路。纹饰吉祥华贵，老子披发之形，只此一例，其余发现画像石皆为戴进贤冠，值得探讨。金石拓片是记录中华民族文化的独特载体，对文化传承有不可替代作用。此拓无洇无浸，风物尽现，神理分明，良工佳拓，藏而宝之。　天池苏士澍并记

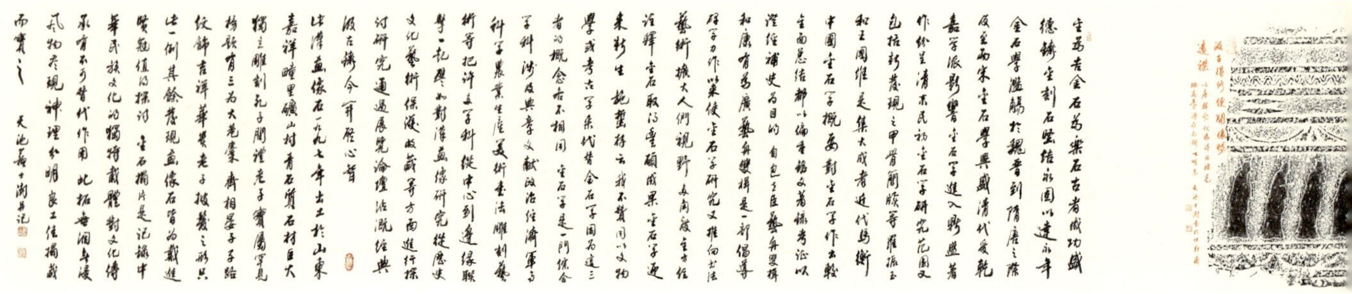

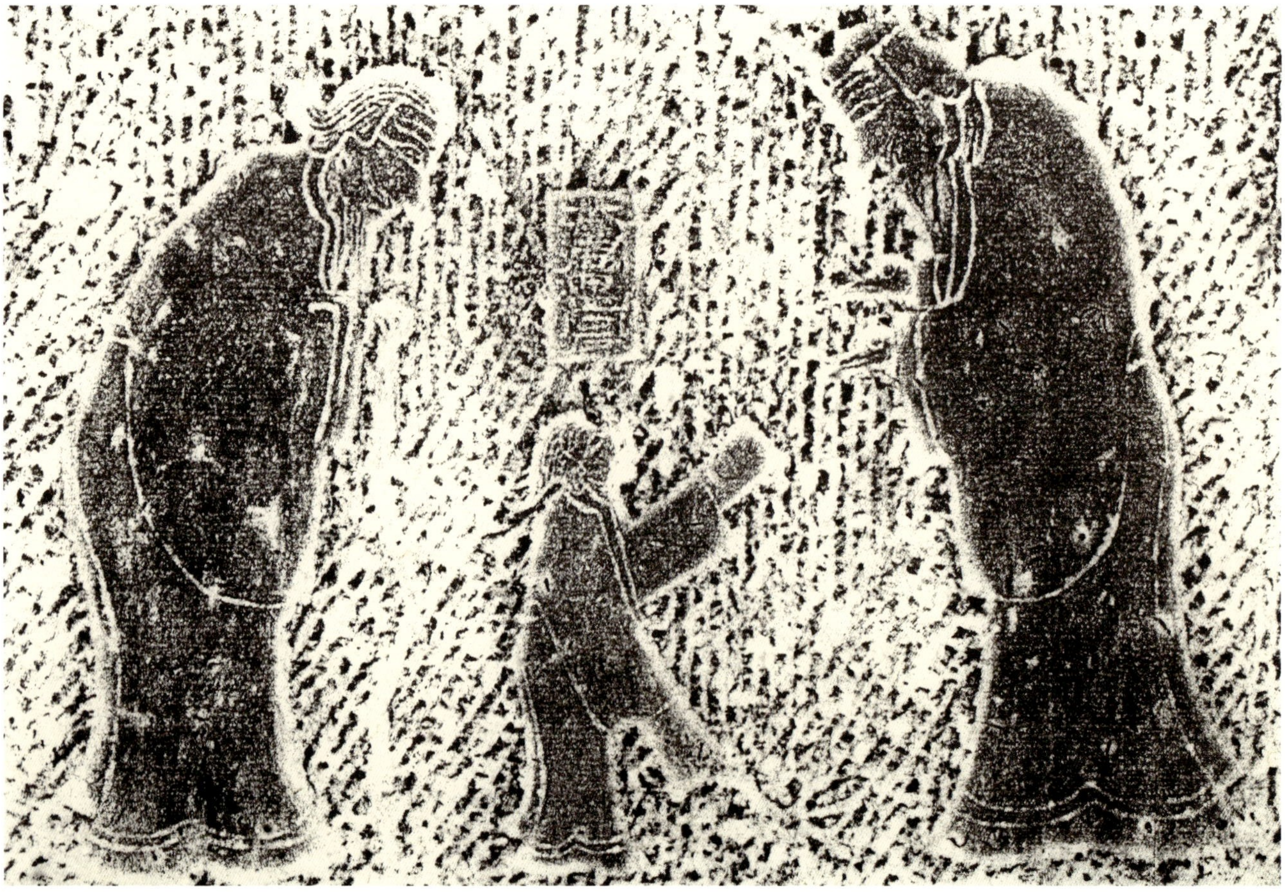

济宁矿山村汉画像石孔子问礼老子局部

济宁矿山村汉画像石局部及题跋（左四为齐相晏子）

老子曰
人法地地
法天天法道道
法自然
士陶又记

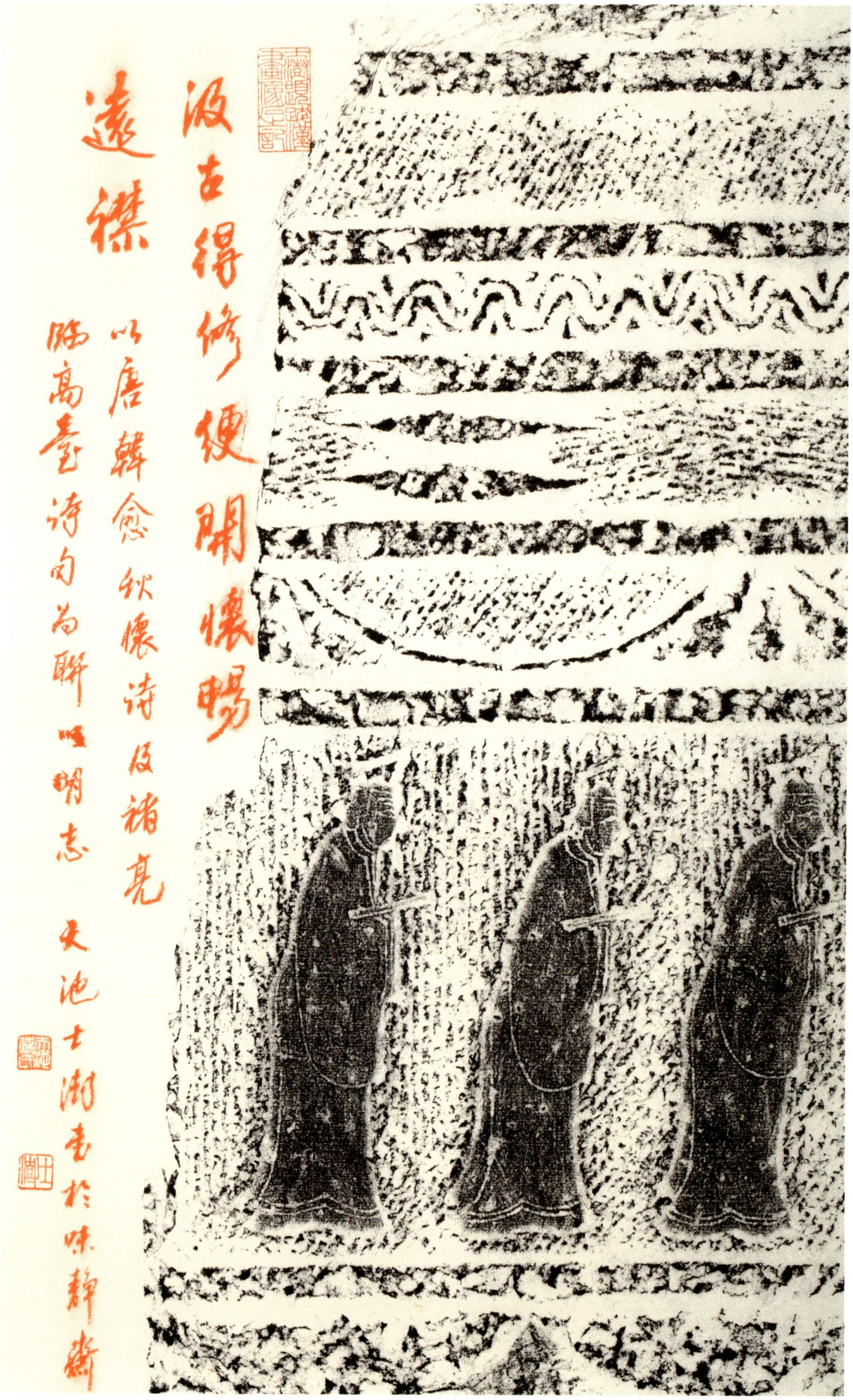

济宁矿山村汉画像石题跋

金為吉金石為樂石古者成功盛
德鑄金刻石昭結永固以遺永年
金石學濫觴於魏晉到隋唐之際
及至兩宋金石學興盛清代受乾
嘉學派影響金石學進入鼎盛著
作紛呈清末民初金石學研究范圍又
包括新發現之甲骨簡牘等羅振玉
和王國維是集大成者近代馬衡
中國金石學概要對金石學作出較
全面總結都以偏重銘文著錄考證以
證經補史為目的 自包世臣藝舟雙楫
和康有為廣藝舟雙楫是一部倡導
碑學力作以兼使金石學研究又推向書法
藝術擴大人們視野 為開啟全方位

济宁矿山村汉画像石（一）题跋

學或考古學來代替金石學因為這三
者的概念各不相同 金石學是一門綜合
學科涉及典章文獻政治經濟軍事
科學農業生產美術書法雕刻藝

學或考古學來代替金石學因為這三者的概念各不相同 金石學是一門綜合學科涉及典章文獻政治經濟軍事科學農業生產美術書法雕刻藝術等把許多學科從中心到邊緣聯繫一起與之如對漢畫像研究從歷史文化藝術保護收藏等方面進行探討研究通過展覽論壇沾溉經典汲古據今開啓心智

文化藝術保護收藏等方面進行探討研究通過展覽論壇沾溉經典汲古據今開啓心智此漢畫像石一九九七年出土於山東嘉祥疃里礦山村青石質石材巨大獨立雕刻孔子問禮老子實屬罕見榜題有三為大項橐齊相晏子子路紋飾吉祥華貴老子披蓑之形只此一例其餘發現漢畫像石皆為戴進賢冠值得探討 金石搨片是記錄中華民族文化的獨特載體對文化傳承有不可替代作用 此拓無涸無浸風物表現神理分明良工佳搨藏而寶之

天池蘇士澍并記

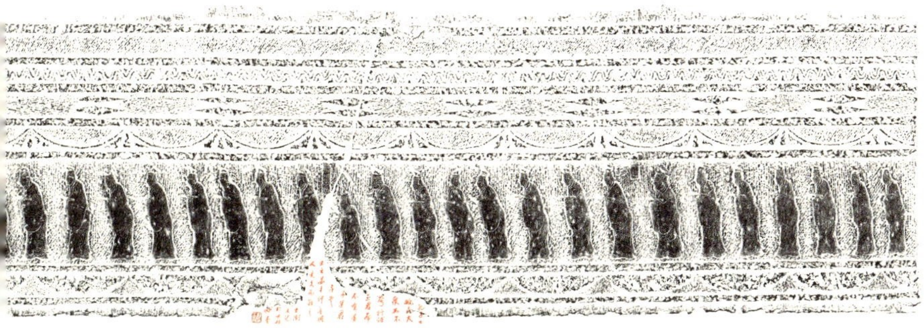

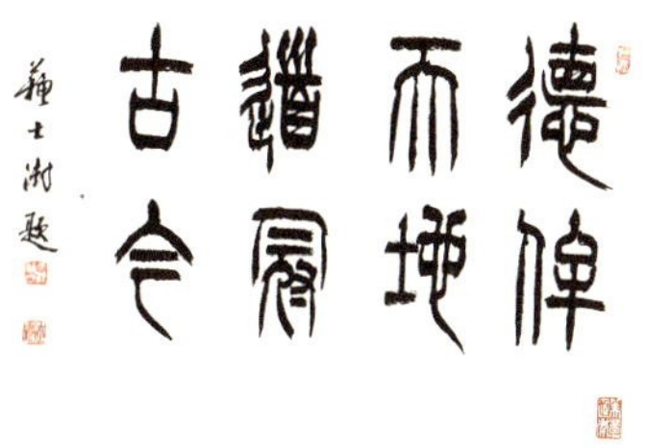

济宁矿山村汉画像石（二）

尺寸：612cm×62cm

释文：

德侔天地，道冠古今。　苏士澍题

三字经赞曰：『昔仲尼，师项橐，古圣贤，尚勤学。』

孔子云：『救民大众而不夸，行补三君而不有，晏子果君子也』。又云：『晏平仲善与人交，久而敬之。』　士澍又记于味静草堂

此汉画像石一九九七年出土于山东嘉祥疃里镇矿山村东北处一座汉墓中，为墓室过梁石。长二百六十八厘米，宽五十七厘米，厚三十厘米，单面刻。与朱锡禄《汉嘉祥画像石》书中五石同类。

该孔子问礼老子图中多达三十四人，应为同题材画像石之首。榜题有三：大巷橐、齐相晏子、子路。其中『宫』为『橐』，与山东平阴一石『太项诧』及和林格尔壁画榜题『大后橐』皆为达巷党人里项橐之意。此图即项橐穷难孔子，至今发现有此榜题仅三例。《战国策·秦策》记：『项橐生七岁而为孔子师。』刘师培《达项党人考》云：『汉儒以项橐释达巷党人者，以大项即达巷转音。』是图盛赞孔子尚勤学好问。

画像之中，华饰帷幔之下，老子披发垂须，曲身低首，拄杖而立，仙风道骨，大智先师也。孔子身材伟岸，高冠长袍，大目炯炯，躬身执雁，尊敬谦恭，求教周礼，序礼法，弘仁德，以至大道。

宋代大儒张载《横渠》四句：『为天地立心，为生民立命，为往圣继绝学，为万世开太平』，正是孔子精神之写照。

至圣孔子，德侔天地，道冠古今，垂宪万世，与日同辉。

此拓为出土时所施毡，迁安纸，一得阁墨，无洇无浸，风物尽现，佳品良物，诚可宝也。

苏士澍记

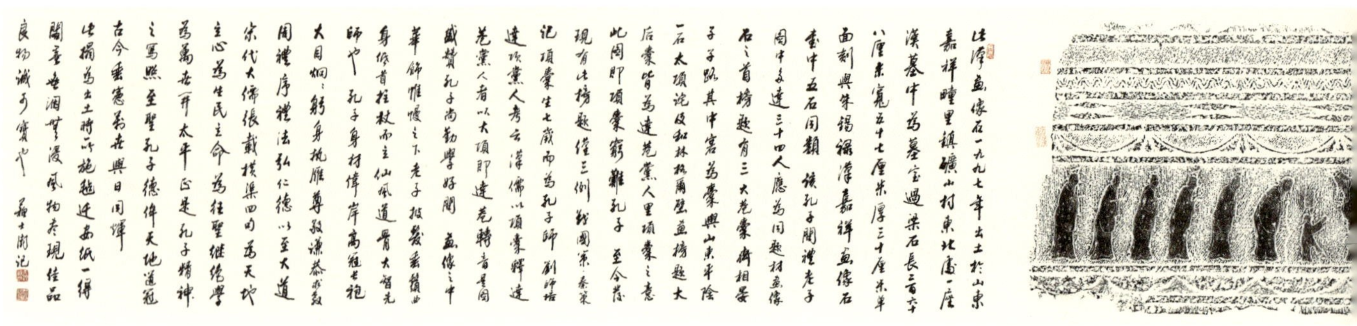

济宁矿山村汉画像石子路画像

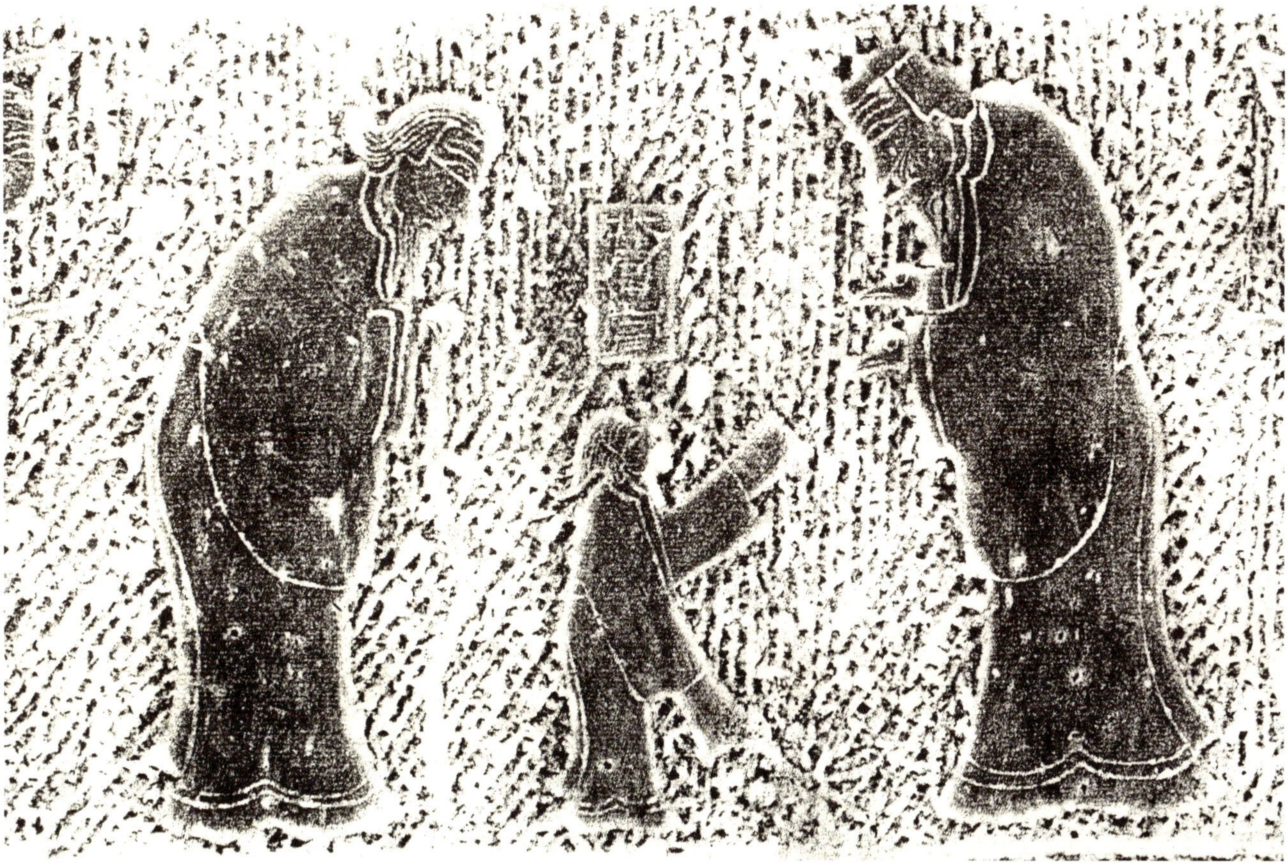

济宁矿山村汉画像石孔子问礼老子图

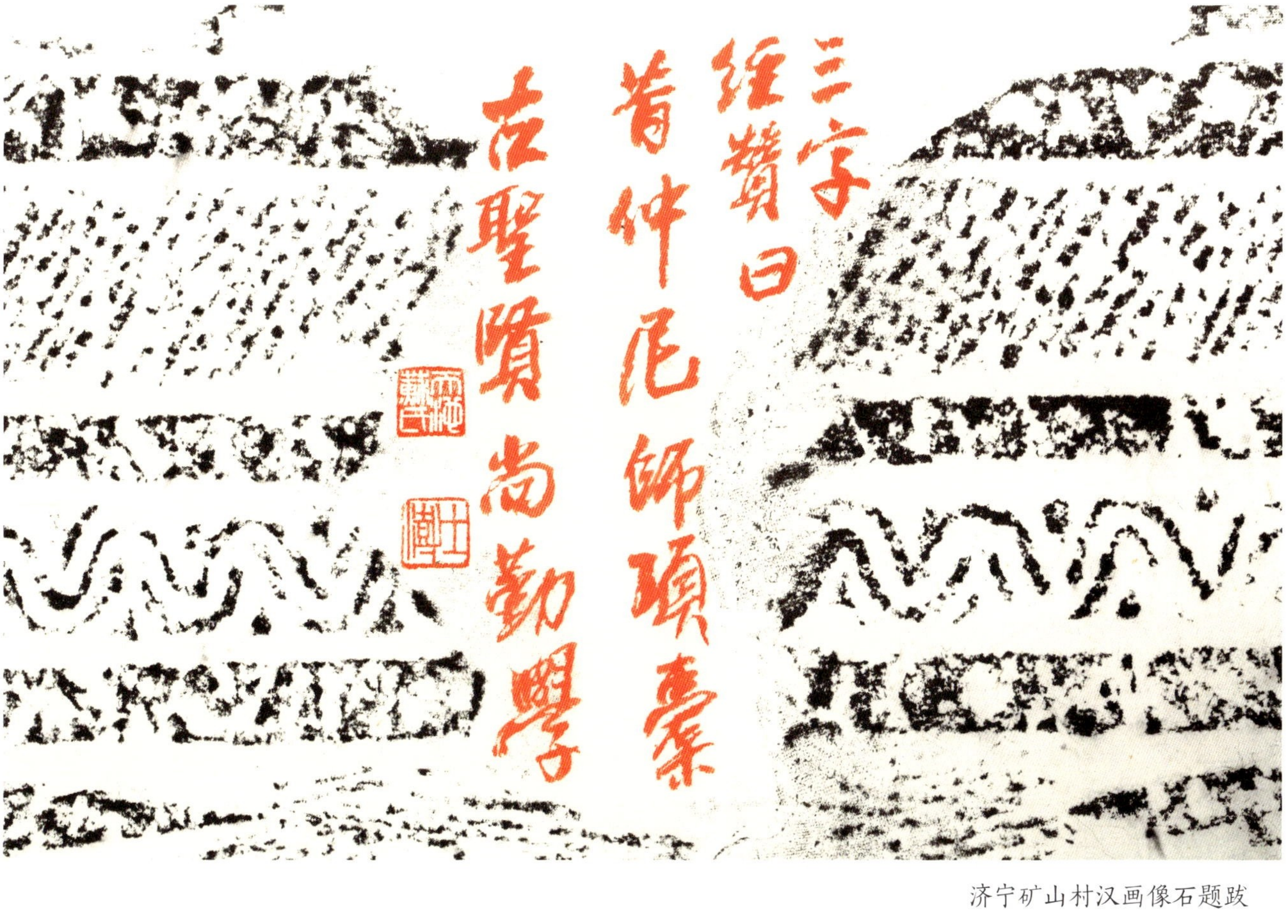

济宁矿山村汉画像石题跋

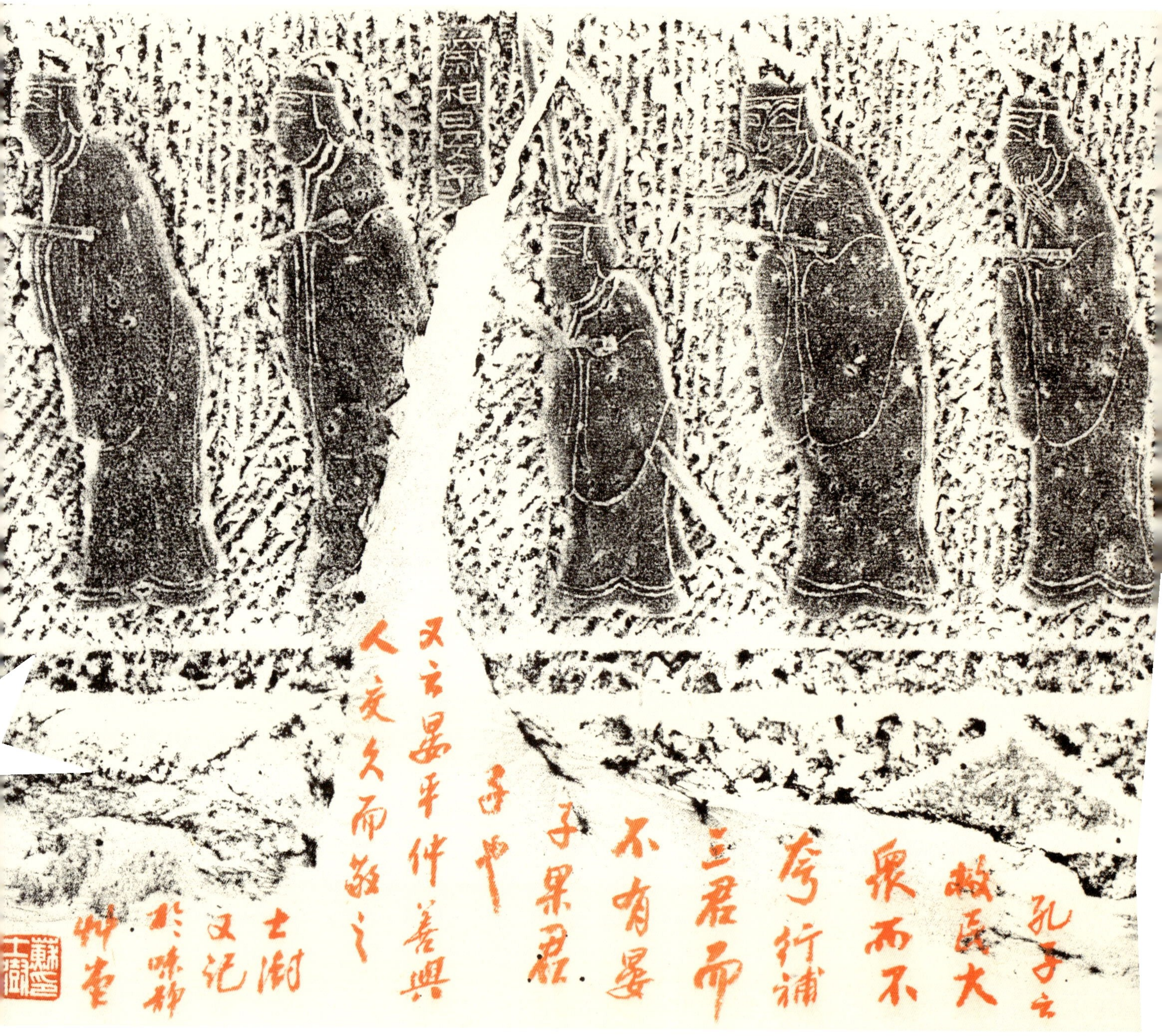

济宁矿山村汉画像石题跋

此漢畫像石一九九七年出土於山東嘉祥瞳里鎮礦山村東北處一座漢墓中為墓室過梁石長二百六十八厘米寬五十七厘米厚三十厘米單面刻與朱錫祿漢嘉祥畫像石書中五石同類 該孔子問禮老子圖中多達三十四人應為同題材畫像石之首榜題有三大巷橐齊相晏子子路其中宫為橐與山東平陰一石太項詑及和林格爾壁畫榜題大后橐皆為達巷黨人里項橐之意此圖即項橐窮難孔子 至今發現有此榜題僅三例 戰國策·秦策記項橐生七歲而為孔子師 劉師培

济宁矿山村汉画像石（二）题跋

盛贊孔子尚勤學好問　畫像之中
華飾帷幔之下老子披髮垂鬚曲
身佝首拄杖而立仙風道骨大智先
師也　孔子身材偉岸高冠長袍
大目炯炯躬身執雁尊敬謙恭求教
周禮序禮法弘仁德以至大道
宋代大儒張載橫渠四句為天地
立心為生民立命為往聖繼絕學
為萬世開太平正是孔子精神
之寫照至聖孔子德侔天地道冠
古今垂憲萬世與日同輝
此搨為出土時所施氈迭安紙一得
闓臺無洇暈漫風物者現佳品
良物識于寶也
蘇士澍記

肥城汉画像石

尺寸：555cm×45cm

释文：

周公吐哺，天下归心。

周公吐哺，天下归心，孔子礼老子。　士澍敬题

此『孔子礼老子』汉画像石，出土于山东泰安肥城。该拓长二百二十七厘米，宽四十三厘米。日本大村西崖《支那美术史·雕塑篇》，常盘大定、关野贞《支那文化史迹》均有记述。定海方若、王壮弘《增补校碑随笔》载：『像一层，题字隶书六行。近年山东泰安出土，在山东济宁。未见著录。周公、颜渊、子露（路作露）、侍郎、命乘下。其中『命乘下』，『命乘』应为『食桑』二字，方若误也。沔阳陆和九公于丁亥（1947年）为此石题跋云：『按原题十三榜，今可见五榜者，八榜俱泐，今审视之，八榜未刻也。』

汉画孔子礼老子所见者众，有周公榜题者稀也。《论语》曰：『周监于二代，郁郁乎文哉！吾从周。』《史记》盛赞：『周公吐哺，天下归心。』

天池苏士澍观后感言

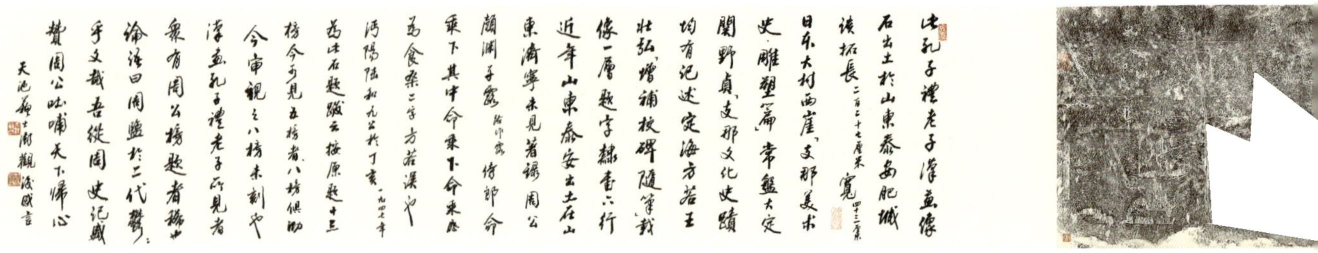

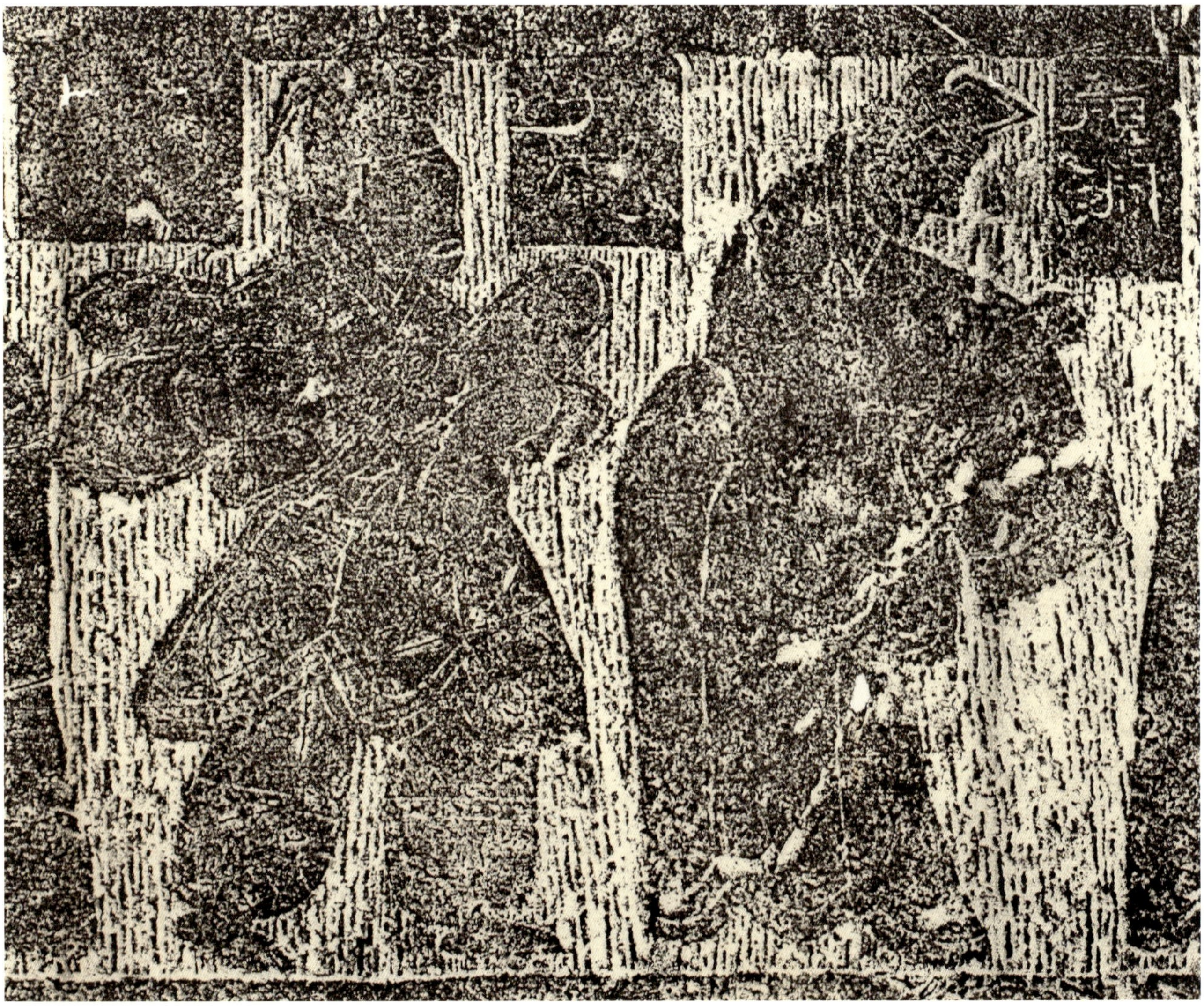

肥城汉画像石孔子问礼老子局部

肥城汉画像石孔子问礼老子局部

肥城汉画像石局部　赵盾救灵辄

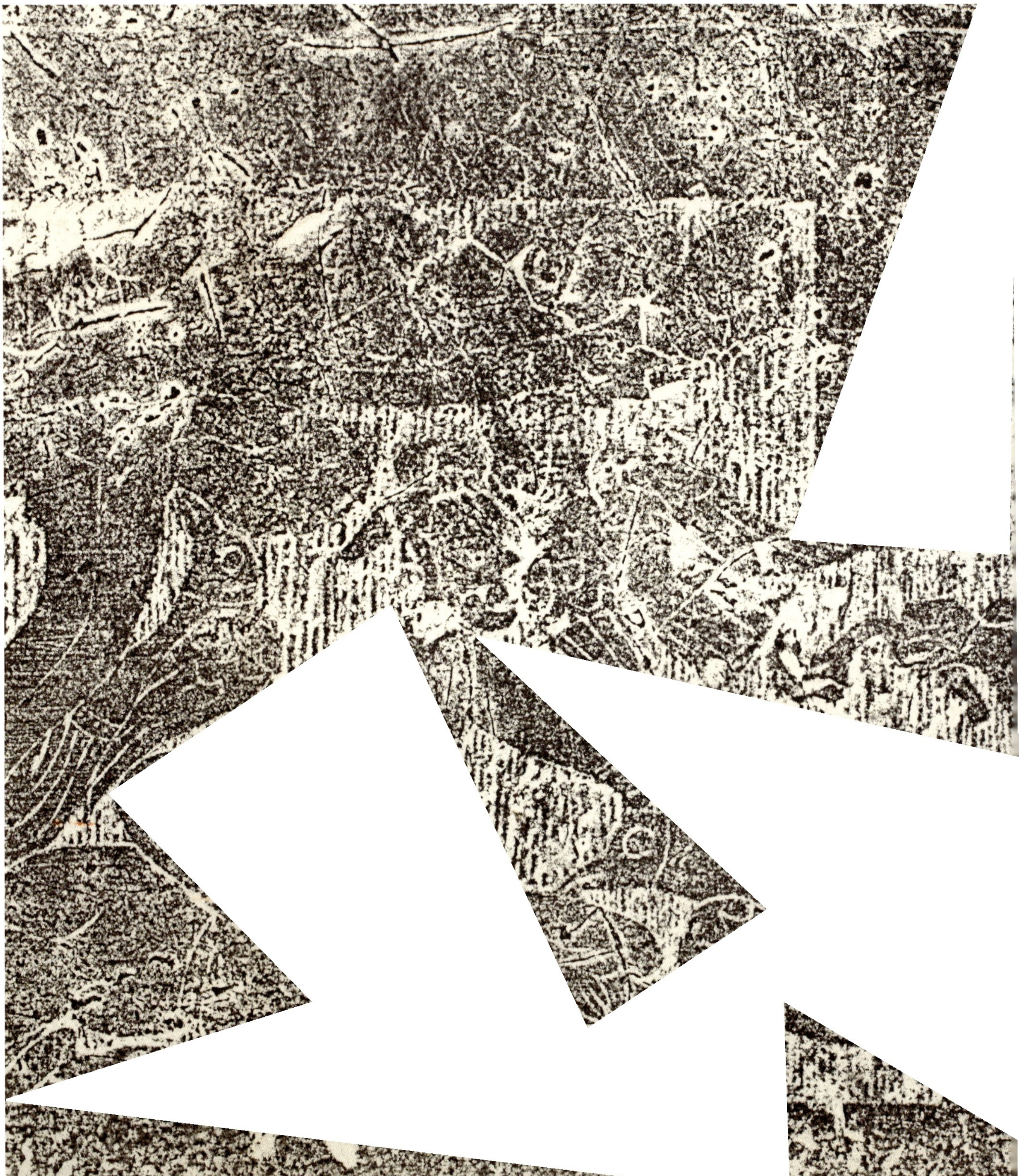

此孔子禮老子漢畫像
石出土於山東泰安肥城
該拓長二百二十七厘米寬四十二厘米
日本大村西崖「支那美术
史．雕塑篇」常盤大定
關野貞「支那文化史蹟」
均有记述定海方若王
壯弘「增補校碑隨筆」载
像一層題字隸書六行

肥城汉画像石题跋

東濟寧未見著錄周公
顏淵子露路作露侍郎命
乘下其中命乘下命乘應

顔淵子露（路作露）侍郎命
乘下其中命乘下命乘應
為食桑二字方若渠也
沔陽陸和九公於丁亥（一九四七年）

沔陽陸和九公於丁亥
為法石題跋云按原題十三
榜今所見五榜者八榜俱泐
今審視之八榜未刻也
漢畫孔子禮老子所見者
眾有周公榜題者稀也
論語曰周監於二代鬱鬱
乎文哉吾從周 史記盛
贊周公吐哺天下歸心
天池藝士謝觀後感言

芦山汉王晖石棺青龙画像

尺寸：150cm ×150cm

释文：

呈吉纳祥，亿年无疆。　士澍题

此四川王晖石棺青龙画像旧拓，其形羽翼，鳞甲竹节背鳍，双角长须，承秦汉之风，开后世之态也。该棺造于汉建安十六年（公元二一一）。

青龙乃天之四灵之一，源于远古星宿崇拜，东方之神，四象之阳，四季之春，五行主木。汉画青龙瑞物，呈吉纳祥，辟邪除恶之神明，『云从龙，风从虎』，升仙乘驾之灵兽，以达亿年无疆。

四川汉画像石棺，雕饰风格独特，宕逸雄强。郭沫若《咏王晖石棺》赞曰：『诚哉艺术万千秋』，并云『西蜀由来多名工，芦山僻地竟尔雄！』　天池苏士澍记于北京

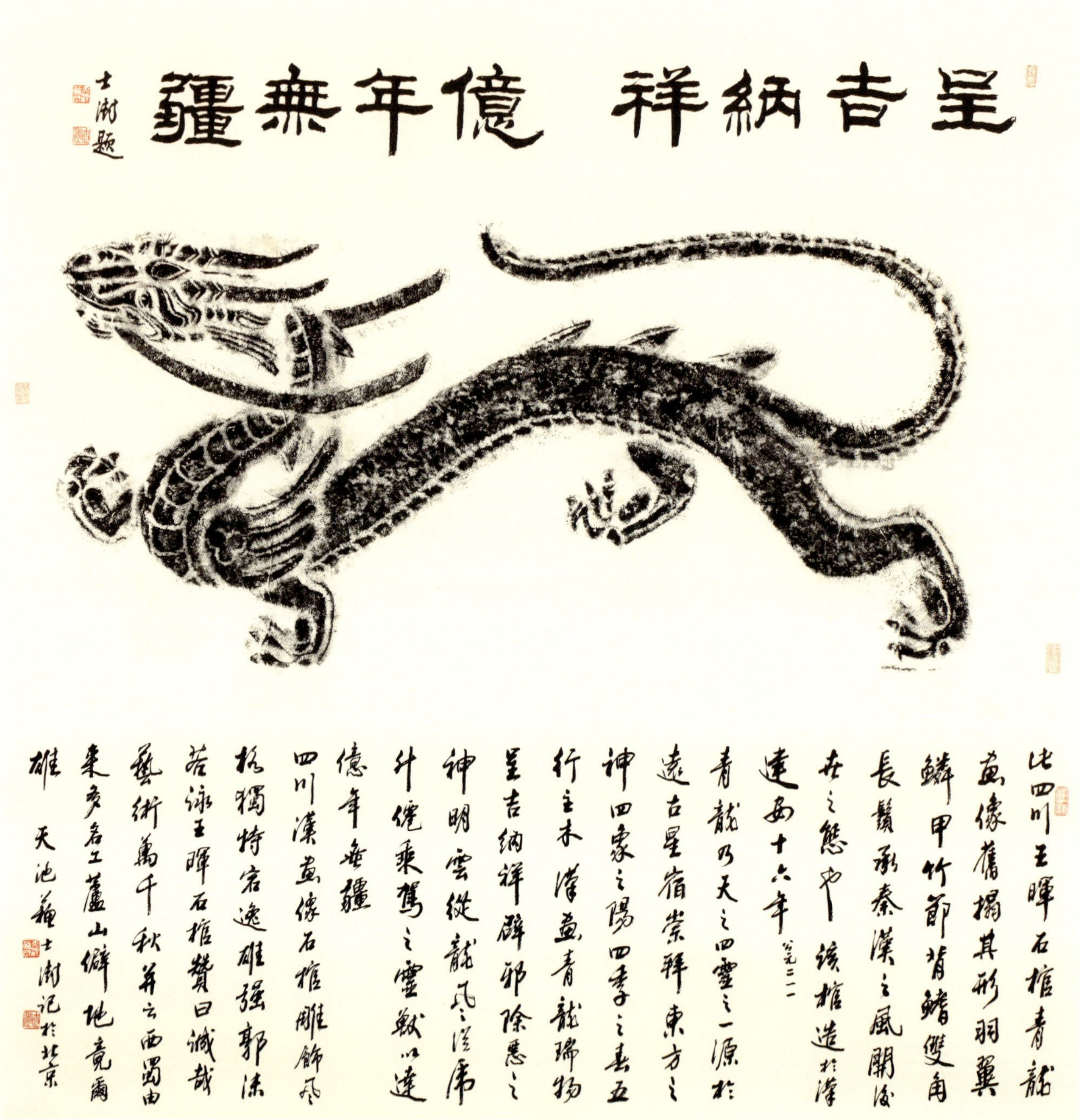
呈吉納祥 億年無疆
士澍題
此四川王暉石棺青龍畫像舊搨其形羽翼鱗甲竹節背鰭雙角長鬚承秦漢之風開後世之態也 該棺造於漢建安十六年 公元二一一
青龍乃天之四靈之一源於遠古星宿崇拜東方之神四象之陽四季之春五行主木 漢畫青龍瑞物呈吉納祥辟邪除惡之神明雲從龍風從虎升仙乘駕之靈獸以達億年無疆
四川漢畫像石棺雕飾風格獨特宏逸雄强郭沫若詠王暉石棺贊曰誠哉藝術萬千秋并云西蜀由來多名工蘆山僻地竟爾雄 天池蘊士澍記於北京

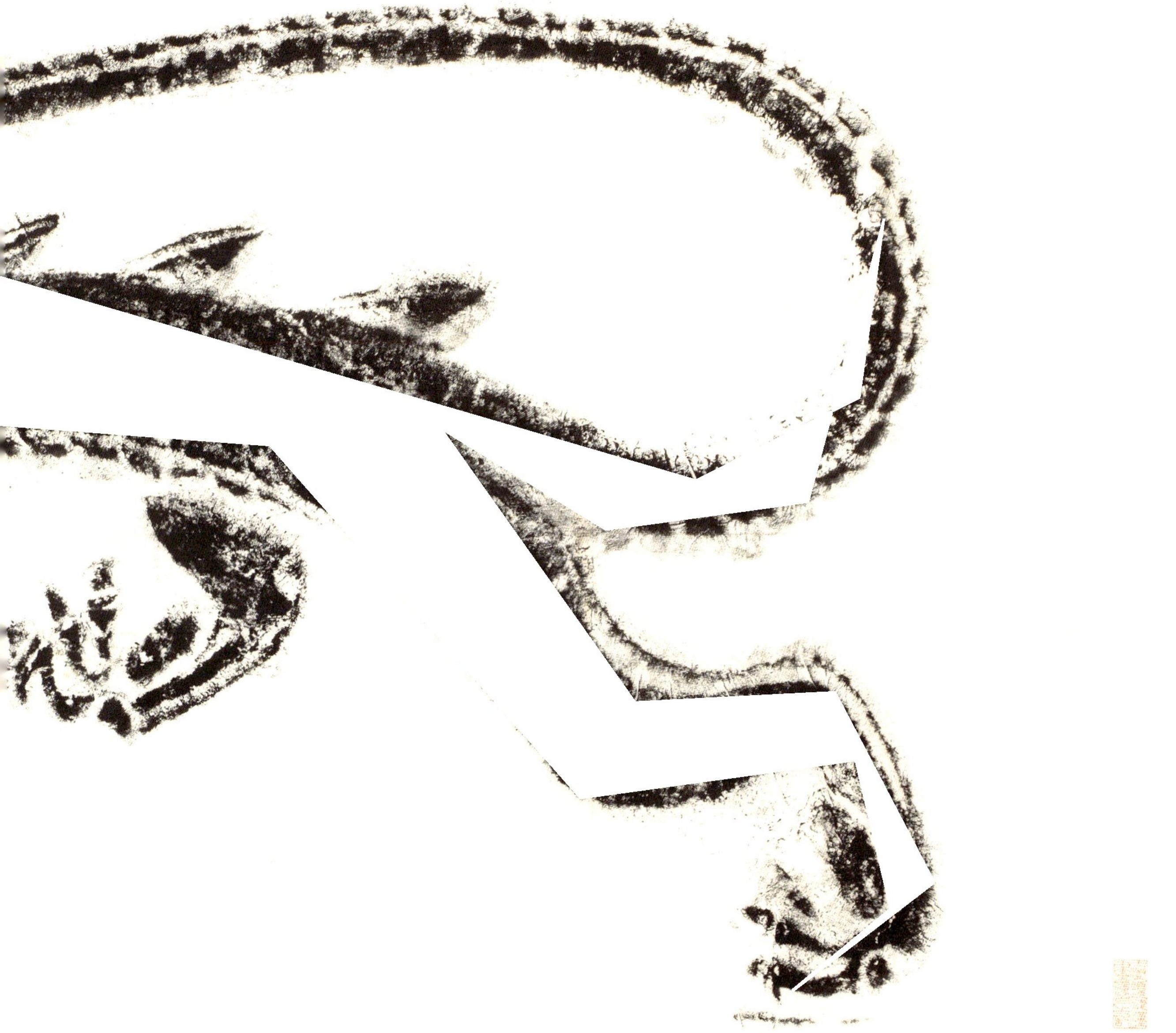

芦山汉王晖石棺青龙画像

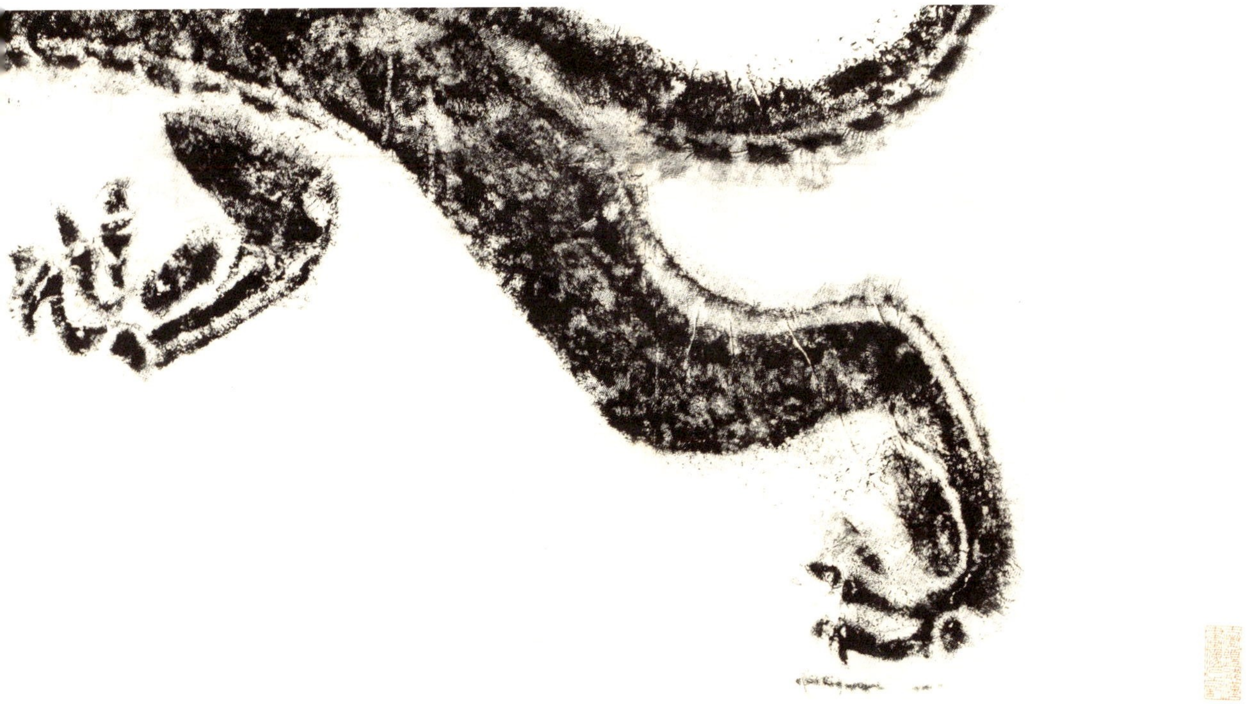

此四川王暉石棺青龍
畫像舊搨其形羽翼
鱗甲竹節背鰭雙角
長鬚承秦漢之風開後
世之態也 該棺造於漢
建安十六年 公元二一一
青龍乃天之四靈之一源於
遠古星宿崇拜東方之
神四象之陽四季之春五
行之木草色青

芦山汉王晖石棺青龙画像题跋

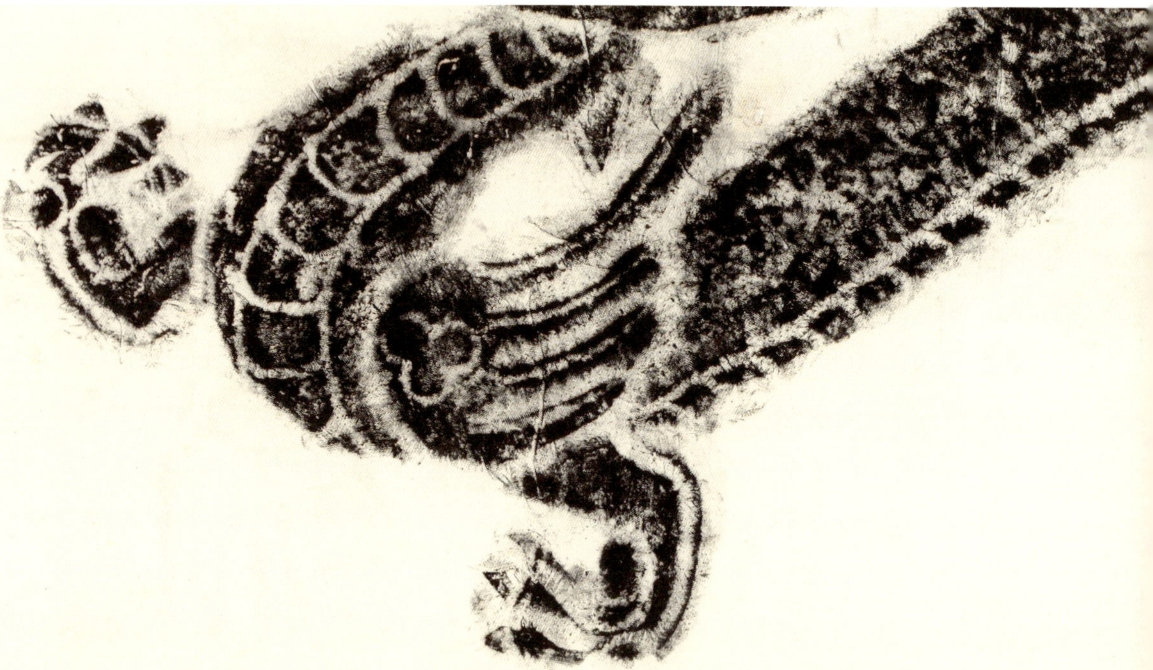

神明雲從龍風從虎升僊乘駕之靈獸以達億年無疆

四川漢畫像石棺雕飾風格獨特宕逸雄强郭沫若詠王暉石棺贊曰識哉藝術萬千秋并云西蜀由來多名工蘆山僻地竟爾雄

天池藉士澍記於北京

芦山汉王晖石棺白虎画像

尺寸：150cm × 150cm

释文：

高安万世，富贵久长。　　士澍题

『天府之国』四川芦山汉王晖石棺，于一九四二年出土，棺体造型雄伟，红砂岩质，以高浮雕工艺刻图像五幅。右壁刻虎头龙身，肩生双翼，环节与腹鳞缀饰，为螭虎灵兽也。《瑞应图》云：『白虎，义兽也。』呈吉纳祥，避凶禳灾。堪舆中，以方位配五行，『前朱雀后玄武，左青龙右白虎』。左青龙位为阳，居东方。右白虎位为阴，居西方，阴阳合和，顺天者昌也。

此画像应为白虎为妥。《说文》载：『螭，若龙而黄，北方谓之地蝼』，与堪舆方位相背。白虎正义威猛，御魑魅魍魉，得以升仙也。　　士澍又记

富安萬世 富貴久長

士澍題

天府之國四川蘆山漢王暉石棺於一九四二年出土棺體造型雄偉紅砂巖質以高浮雕工藝刻圖像女媧石壁刻虎頭龍身肩生雙翼環節與腹鱗纖飾為鱗虎靈獸也
瑞應圖云白虎義獸也呈吉納祥避凶禳灾堪輿中以方位配五行前朱雀後玄武左青龍右白虎青龍位為陽居東方右白虎位為陰居西方陰陽合和順天者昌也
此畫像應為白虎為妥說文載螭若龍而黃北方謂之地螭與堪輿方位相背白虎示義威猛御魑魅魍魎得以升仙也

士澍又記

芦山汉王晖石棺白虎画像

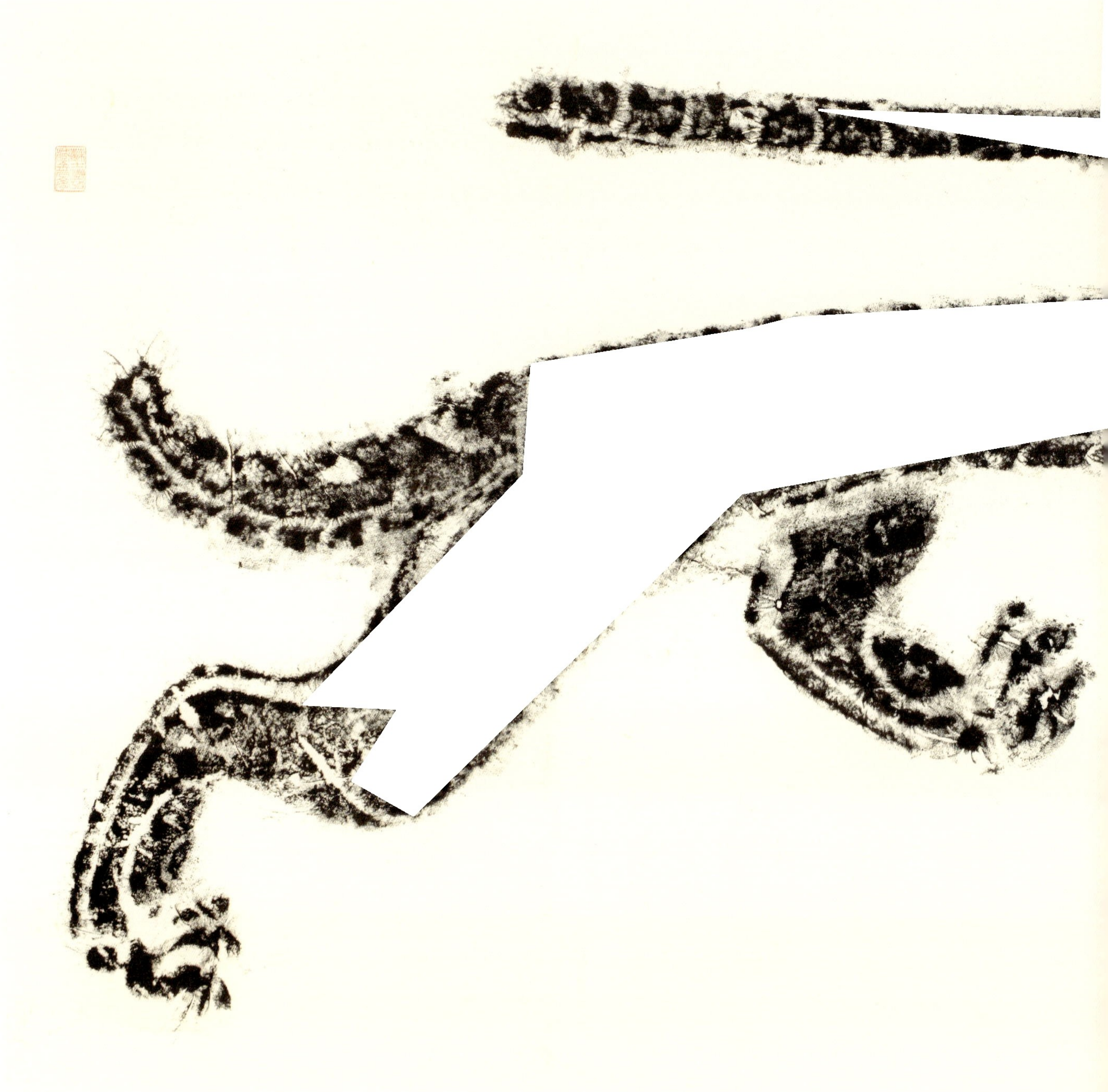

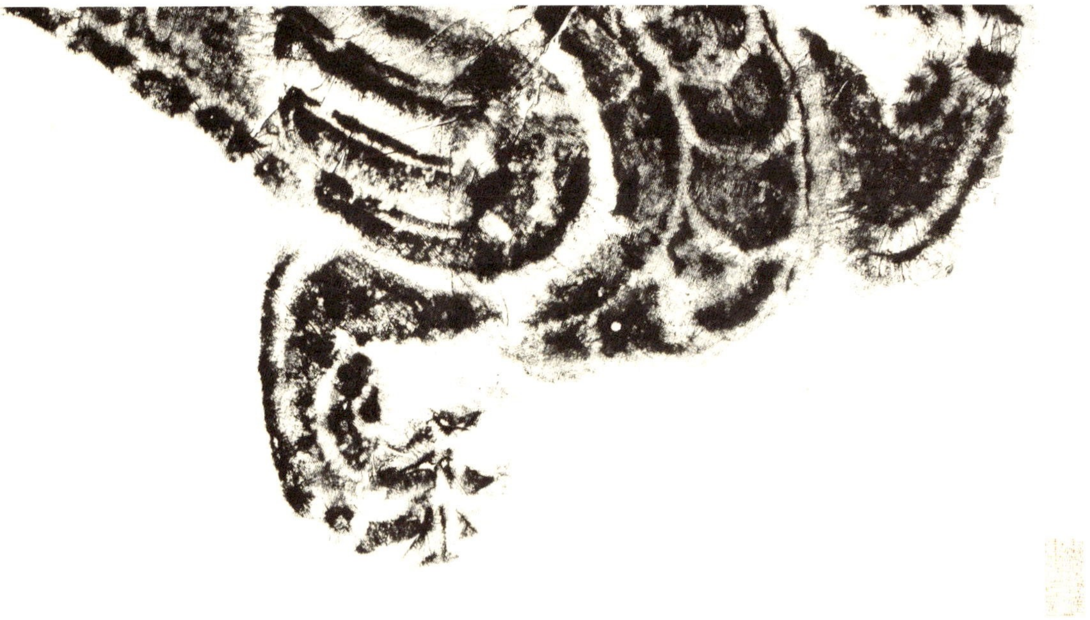

天府之國四川蘆山漢王暉石棺於一九四二年出土棺體造型雄偉紅砂巖質以高浮雕工藝刻圖像五幅石壁刻虎頭龍身肩生雙翼環節與腹鱗綴飾為螭虎靈獸也瑞應圖云白虎義獸也呈吉納祥避凶禳灾[illegible]與

芦山汉王晖石棺白虎画像题跋

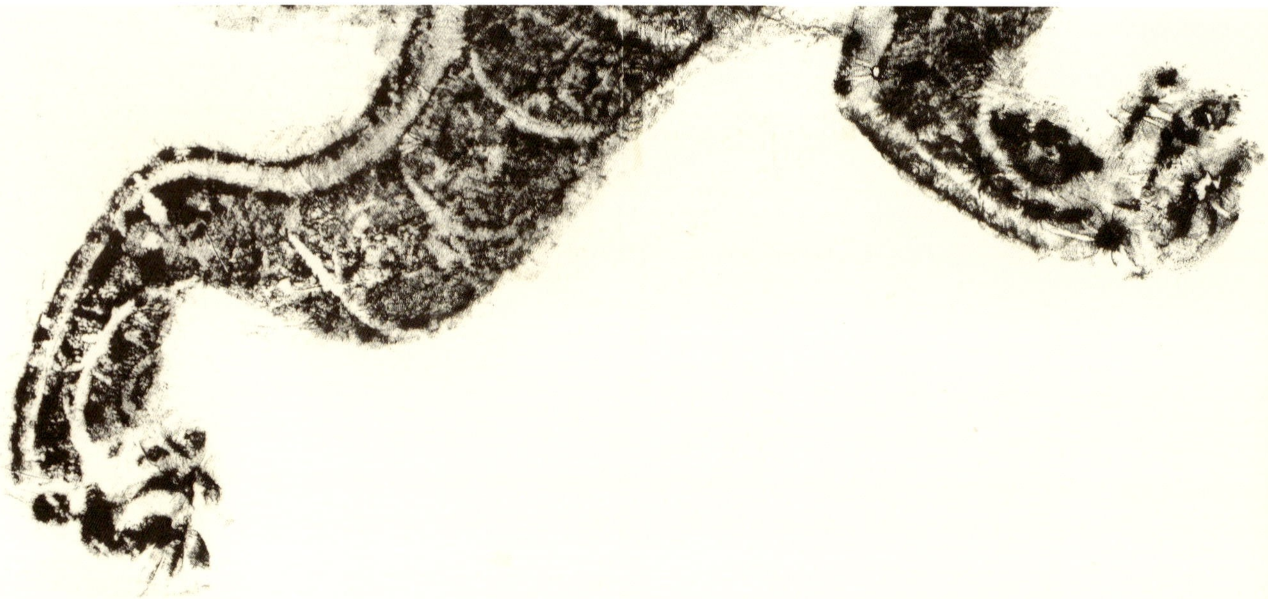

後玄武左青龍右白虎左青龍位為陽居東方右白虎位為陰居西方陰陽合和順天者昌也此畫像應為白虎為妥說文載螭若龍而黃北方謂之地螭與堪輿方位相背白虎正義威猛御魑魅魍魎得以升仙也

士淵又記

榆林汉画像石

尺寸：498cm×45cm

释文：

永受嘉福。　苏士澍题

此汉画像石与陕西米脂县博物馆藏一墓门相类，平面减地刻，与剪纸同脉。以轻灵飘逸祥云纹为边饰，异兽仙物悠游其间，畅然自得。下饰朱雀、白鹿、虬龙、比肩兽、双凤、麒麟、青龙、玉兔捣药等奇禽灵瑞。左右日月高悬，阴阳相谐，与日月同寿，与天地同休。

《汉书·地理志》载：『安定、北地、上郡、西河，皆迫近戎狄，修习战备，高尚气力，以射猎为先』。此区域汉画像石也具有其独特风格。先镌刻其形，后墨线勾描，施以丹青涂彩，色泽艳丽凝重，别具一格，为西北边塞艺术之奇葩也。

苏士澍记于京华

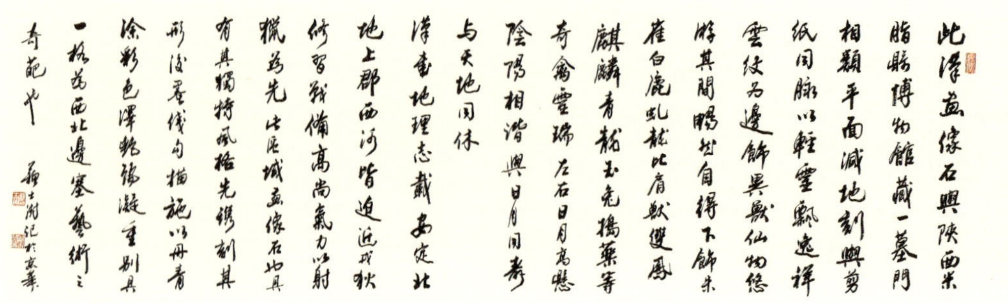
此漢畫像石興陝西米
脂縣博物館藏一墓門
相類平面減地刻興剪
紙同脈以輕靈飄逸祥
雲紋爲邊飾異獸仙物悠
游其間暢然自得下飾朱
雀白虎虬龍比肩獸變鳳
麒麟青龍玉兔搗藥等
奇禽靈瑞左右日月高懸
陰陽相諧與日月同壽
与天地同休
漢書地理志載安定北
地上郡西河皆迫近戎狄
修習戰備高尚氣力以射
獵爲先此區域畫像石亦具
有其獨特風格先線刻其
形後墨線勾描施以丹青
塗彩色澤艷麗凝重別具
一格爲西北邊塞藝術之
奇葩也

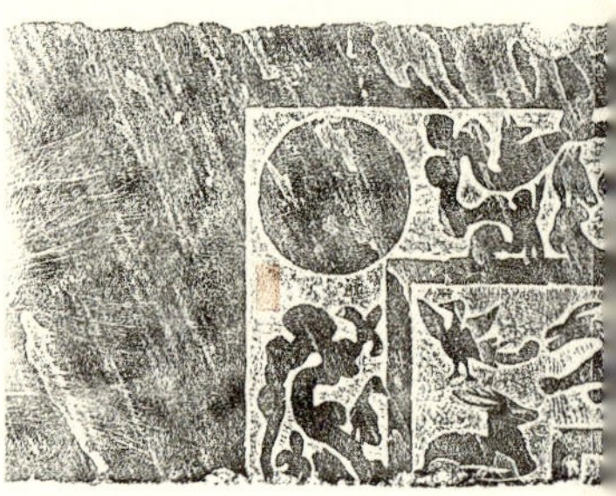

榆林汉画像石局部

此漢畫像石與陝西米脂縣博物館藏一墓門相類平面減地刻與剪紙同脉以輕靈飄逸祥雲紋為邊飾異獸仙物總游其間鵬鳥自得下飾朱雀白鹿虬龍比肩獸雙鳳麒麟青龍玉兔搗藥等奇禽靈瑞 左右日月高懸

榆林汉画像石题跋

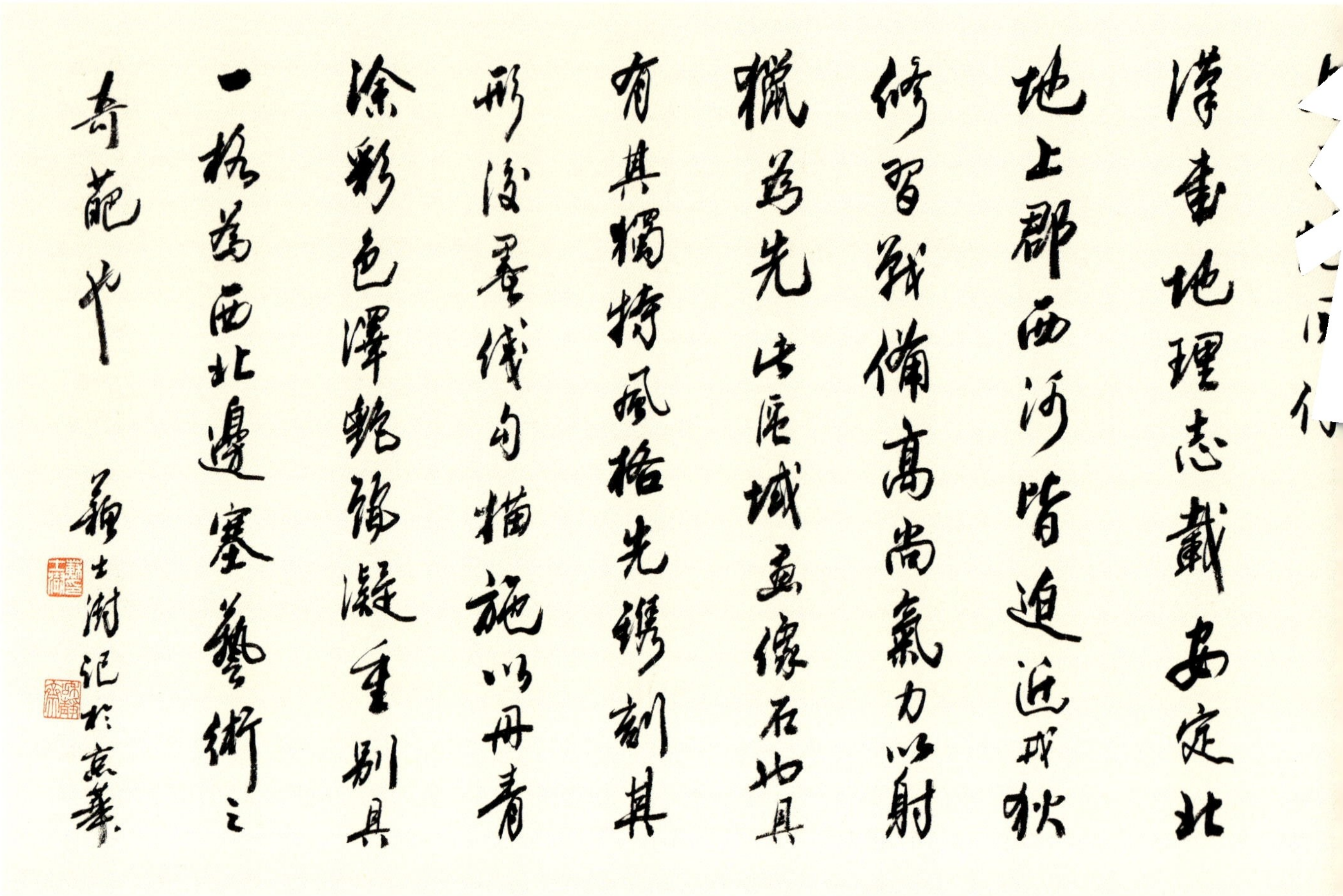
漢書地理志載安定北
地上郡西河皆迫近戎狄
修習戰備高尚氣力以射
獵為先此區域畫像石也具
有其獨特風格先鏨刻其
形後墨線勾描施以丹青
塗彩色澤艷麗凝重別具
一格為西北邊塞藝術之
奇葩也
蘇士澍記於京華

射阳汉画像石

尺寸：78cm ×170cm

释文：

日月之明。　苏士澍题

此为汉墓石门左扇背面画像，乾隆四十八年（1883年）江苏宝应朱彬发现于射阳平家庄，移画川书院，抗战期间佚失，为世人所重。画像竖式，上为孔子问礼于老子，并有榜题；中为杂技都卢寻橦，惊险超绝；下为美味庖厨，尽享荣华富贵。　士澍记

孔子为天纵之圣，天之木铎，其道泽被万世，古今不二。宋程颢云：『至如孔子同道，如日月之明。』思接八极的老子『家语』载『孔子谓南宫敬叔曰：『吾闻老聃博古而达今，通礼乐之源，明道德之归，即吾之师也。』

孔老思想影响华夏数千年，如日月之明，辉耀万方。　苏士澍记

日月之明

蘇士澍題

此為漢墓石門左扇背面畫像 乾隆四十八年（一七八三年） 江蘇寶應朱彬發現於射陽子家莊移畫川書院抗戰期間佚失為世人所重 畫像豎式上為孔子問禮於老子并有榜題 中為雜技都盧尋橦驚險超絶下為美味庖廚者享榮華宴資 士澍記

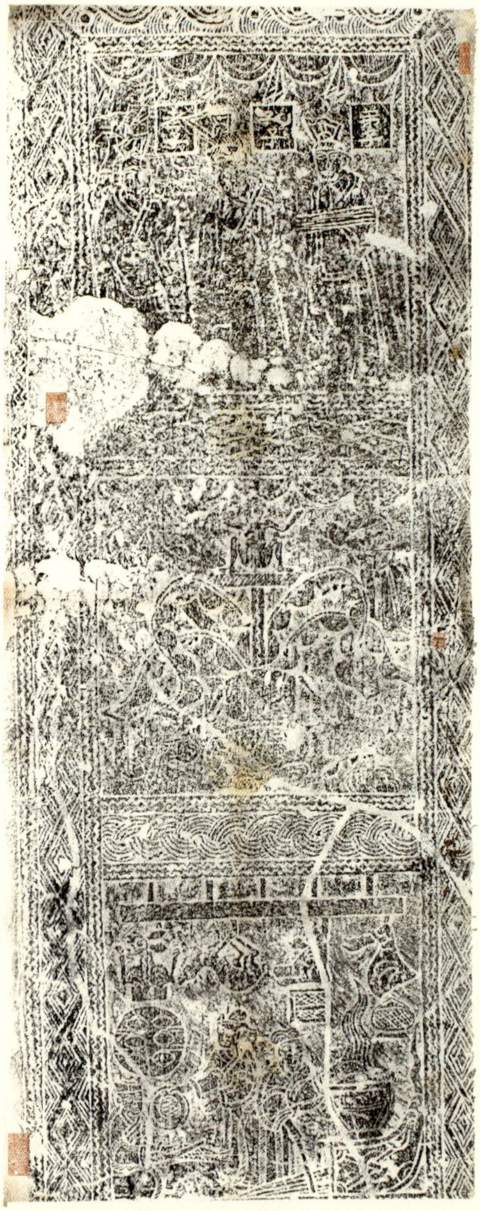

孔子為天縱之聖天之木鐸其道澤被萬世古今不二宋程顥云至如孔子同道如日月之明思接八極的老子家語載孔子謂南宮敬叔曰吾聞老聃博古而達今通禮樂之源明道德之歸即吾之師也孔老思想影响華夏數千年如日月之明輝耀萬方 蘇士澍記

此爲漢墓石門左扇背面畫像乾隆四十八年（一七八三年）江蘇寶應朱彬發現於射陽孚家莊移畫川書院抗戰期間佚失爲世人所重畫像豎式上爲孔子問禮於老子并有榜題中爲雜技都盧尋橦驚險超絕下爲美味庖廚者享榮華富貴

士澍記

射阳汉画像石题跋

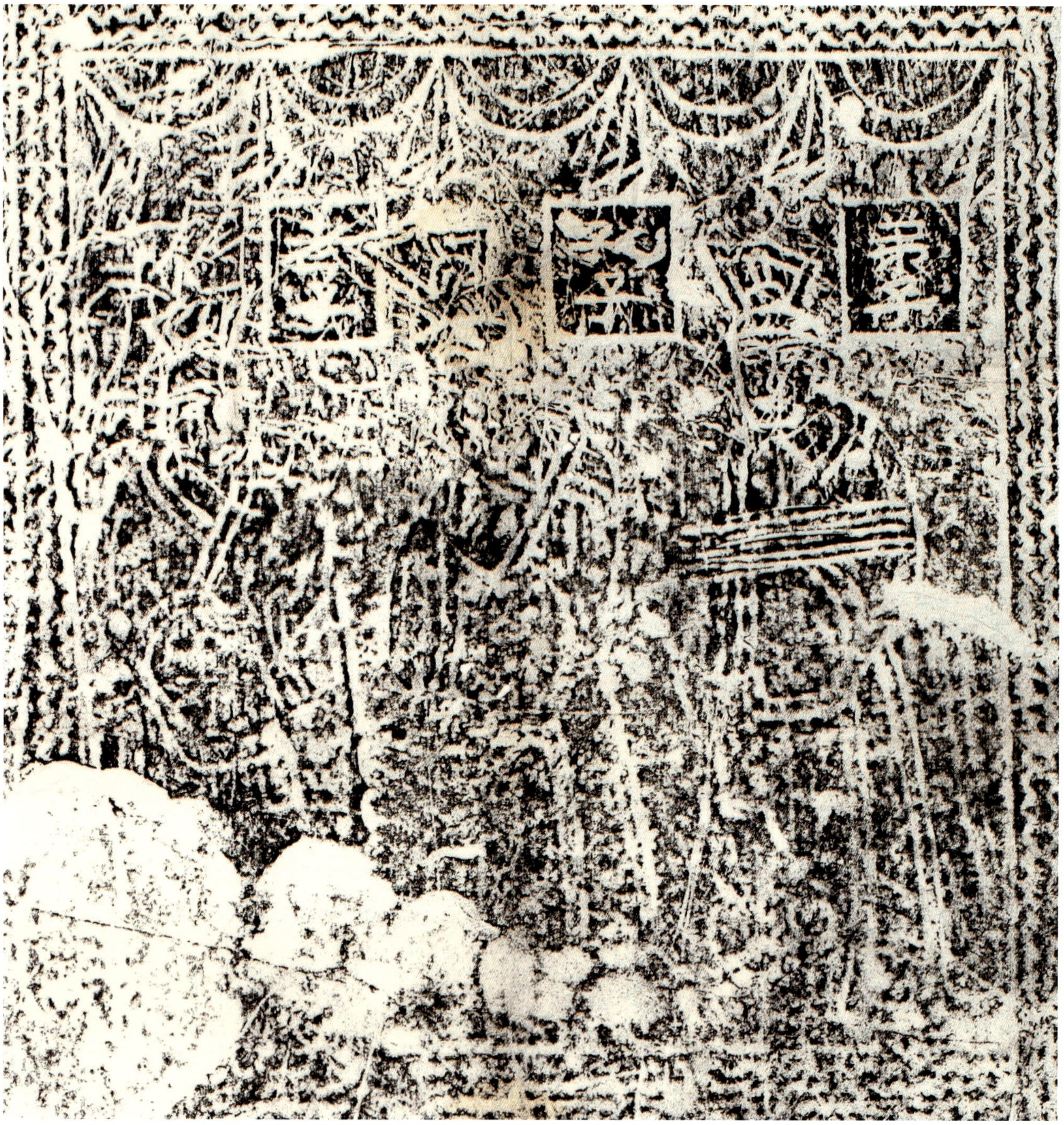

射阳汉画像石局部　孔子问礼老子

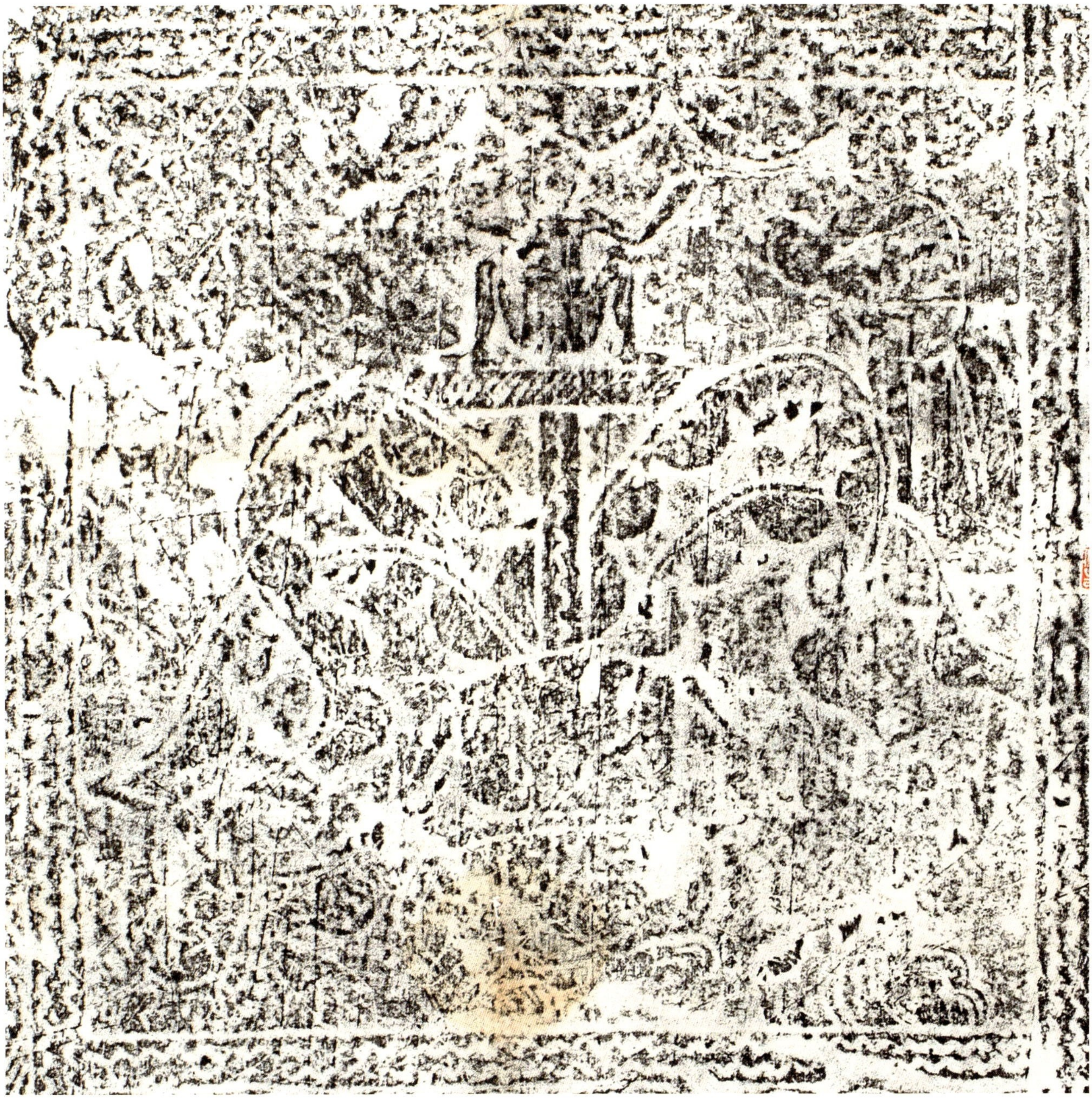

射阳汉画像石局部　建鼓舞

射阳汉画像石局部　庖厨图

稀寶
為世

孔子為天縱之聖天之
木鐸其道澤被萬世
古今不二宋程顥云至
如孔子聞道如日月之明
思接八極的老子據語
載孔子謂南宫敬叔曰

射阳汉画像石题跋

士澍记

雜技

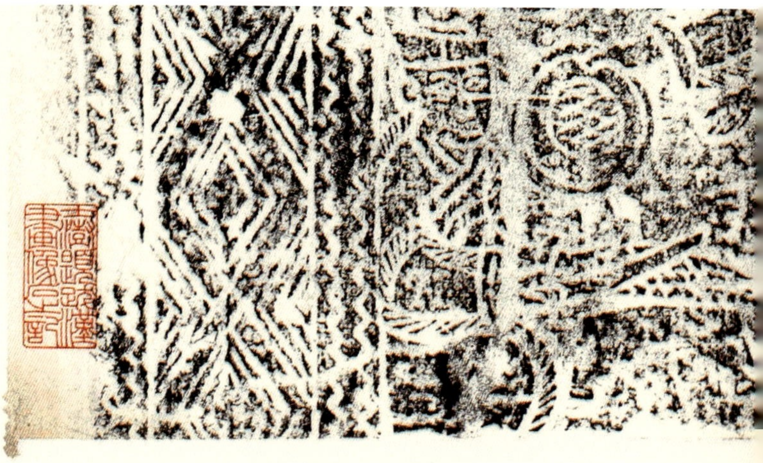

吾聞老聃博古而知今通禮樂之源明道德之歸即吾之師也孔老思想影響華夏數千年如日月之明輝耀萬方

蘇士澍記

参考书目

一、张岱年：《中国哲学大纲》，中国社会科学出版社，1982年。

二、柳诒徵：《中国文化史》，吉林出版集团，2016年。

三、栾保群祥注《山海经祥注》插图本，中华书局，2019年。

四、北京鲁迅博物馆、上海鲁迅纪念馆：《鲁迅藏汉画像》（一），上海人民美术出版社，1986年。

五、《中国画像石全集》，山东美术出版社、河南美术出版社，2000年。

六、蒋英炬、杨爱国、信立祥、吴文祺著，山东省石刻艺术博物馆、山东省文物考古研究所编《孝堂山石祠》，文物出版社 2017年。

七、傅惜华，陈志农，陈沛箴编辑《山东汉画像石汇编》，山东画报出版社，2012年。

八、张彦生：《善本碑帖录》，中华书局，1984年。

九、方若、王壮弘：《增补校碑随笔》，上海书店出版社，2008年。

一〇、袁珂编著《中国神话传说词典》，北京联合出版公司出版。

一一、骆承烈 胡广跃 编著《汉魂武氏祠画像石考释》，群言出版社，2006年。

一二、李发林：《汉画像考释和研究》，中国文联出版社，2000年。

一三、［美］巫鸿 ：《武梁祠》，生活·读书·新知三联书店，2006年。

一四、朱锡禄编著《嘉祥汉画像石》，山东美术出版社，1992年。

一五、高文，王錦生编著《中国巴蜀汉代画像砖大全》，国际港澳出版社，2002年。

一六、《中国墓室壁画全集》汉魏南北朝，河北出版传媒集团公司、河北教育出版社，2011年。

一七、朱锡禄编著《武氏祠汉画像石》，山东美术出版社，1998年。

一八、孙机著《从历史中醒来——孙机谈中国古文物》，生活·读书·新知三联书店，2016年。

一九、王中文主编《西汉文化研究》第二辑，文化艺术出版社，1999年。

二〇、武利华：《徐州汉画像石通论》，文化艺术出版社，2017年。
二一、孙青松、贺福顺主编《嘉祥汉代武氏墓群石刻》，香港唯美出版公司，2004年。
二二、孙青松、贺福顺主编《嘉祥汉画像石选》，香港唯美出版公司，2005年。
二三、王娟编著《汉代画像石审美研究——以陕北、晋西北地区为中心》，文物出版社，2013年。
二四、卜友常编著《汉代墓葬艺术考述》，上海三联书店，2015年。
二五、内蒙古自治区文物考古研究所编《和林格尔汉墓壁画》，文物出版社，2006年。
二六、山东省文物考古研究所编《东平后屯汉代壁画墓》，2011年。
二七、《壁上丹青——陕西出土壁画集》，科学出版社，2009年。
二八、王爱文、徐婵菲编《洛阳古代墓葬壁画》，中州古籍出版社，2010年。
二九、蒋英炬、杨爱国、蒋群著，山东省石刻艺术博物馆编《朱鲔石室》，文物出版社，2015年。
三〇、张道一：《画像石鉴赏》，重庆大学出版社，2009年。
三一、陈长山、黄雅峰：《南阳麒麟岗汉画像石墓》，三秦出版社，2008年。
三二、本书部分资料源于网络。